素质教育天地宽

基础教育内涵发展十讲

SUZHIJIAOYU TIANDI KUAN
Jichujiaoyu Neihan Fazhan Shijiang

旦智塔◎编著

兰州大学出版社

图书在版编目(CIP)数据

素质教育天地宽:基础教育内涵发展十讲/旦智塔编著. —兰州:兰州大学出版社,2012.8

ISBN 978-7-311-03946-2

Ⅰ.①素… Ⅱ.①旦… Ⅲ.①素质教育—文集 Ⅳ.①G40-012

中国版本图书馆 CIP 数据核字(2012)第 197575 号

责任编辑 饶 慧 王永强 张 仁
装帧设计 管军伟

书　　名 素质教育天地宽
——基础教育内涵发展十讲
作　　者 旦智塔 编著
出版发行 兰州大学出版社 (地址:兰州市天水南路 222 号 730000)
电　　话 0931-8912613(总编办公室) 0931-8617156(营销中心)
0931-8914298(读者服务部)
网　　址 http://www.onbook.com.cn
电子信箱 press@lzu.edu.cn
印　　刷 兰州大众彩印包装有限公司
开　　本 710 mm×1020 mm 1/16
印　　张 21
字　　数 260 千
版　　次 2012 年 8 月第 1 版
印　　次 2012 年 8 月第 1 次印刷
书　　号 ISBN 978-7-311-03946-2
定　　价 32.80 元

感/受/教/育/探/究/的/快/乐

（代序）

从2005年8月起甘肃省教育厅党组安排我分管全省的基础教育领域的工作，时逢国家推进新一轮基础教育课程改革，全面实施素质教育的改革和发展齐头并进的历史机遇期，这对我既是挑战，又是机遇。挑战主要来自作为一个省级教育行政部门的分管领导，首先必须认真系统地学习掌握素质教育的理论，深入探究素质教育的内涵和外延在学校实践的有效途径，把握素质教育发展的基本特征和规律。机遇是有更多的机会长期接触基础教育工作各个方面的任务，特别是经常能够与幼儿园、小学、初中、普通高中、特殊教育学校和少数民族地区学校等教学第一线的师生沟通交流，使我亲身体验和感受到素质教育理论在学校课堂教学实践的全过程。温家宝总理说过："素质教育是教育改革发展的战略主题，是贯彻党的教育方针的时代要求。《纲要》重申德智体美全面发展，具有重要的现实意义。德育、智育、体育、美育是一个有机的整体。德育的核心，是帮助学生树立正确的人生观、价值观,确立崇高的人生目标,使学生有高尚的道德情感,成为有责任心、有正义感、有奉献精神的人。”素质教育关系到每个人的综合修养、思维情感和各种技能水平,谢家麟说过:“什么叫科研,科研就是要解决种种困难和问题,在无路可走时走出一条新路。”这本小书的内容就是自己学习探究的成果和具体行动的答卷。我从以下六个方面感受和体验到教育探究的快乐。

第一,省教育厅肩负着全面实施“十二五”教育规划纲要、办人民群众满意的教育、建设西部教育强省等光荣使命和艰巨任务。在自身建设方面迫切需要增强行业指导引领能力,提升宏观决策水平,加强上下左右沟通协调工作,提高工作精细化程度,强化把握工作主动权,提高领导认可度和社会满意度等。全面推进素质教育就是这些任务中的重中之重,任重而道远。身处经济社会改革与发展的新的历史时期,时逢国泰民安、国强民富的太平盛世,过去的教育理想逐渐变成现实。我能够成为一名光荣的教育工作者,从事崇高的教育事业,承担教育的神圣使命,有机会为基础教育的改革和发展伟业贡献自己的微薄之力,深感荣幸和快乐。

第二,在建设学习型社会的过程中,教育工作者要牢固树立终身学习思想。中小学和幼儿园的办学理念、管理方式、工作模式都不同于企业,不同于行政单位,也不同于一般的事业单位。古人云:“所谓学,非颂章句,习笔札,作文辞也。在于正心、修身、齐家、治国、明明德于天下也。”提高教育工作者的综合素质和能力水平,是实施素质教育的基本前提,特别是从其他行业转岗从事教育行政管理工作的领导干部,必须从加强学习、加强研究、提高修养入手。要把学习作为一种责任、一种追求、一种境界、一种使命。把学习作为日常生活的主要情趣、长远持久的追求爱好,使自己成为学者专家型的领导,在神圣而崇高的教育理想和追求中穿梭、耕耘,为基层教育系统提供业务指导、智力支持和思路策划服务，不亦乐乎。

第三，树立大局意识，对整体工作从宏观到微观都要有清晰的思路。进一步提高工作能力和水平，要有开创新局面的信心和决心，对重点工作思路、目标、任务要形成上下左右的共识和合力。必须按"教书育人"工作的轻重缓急，善于抓住主要矛盾和重点环节，提高工作执行力、协调力、落实力、凝聚力和号召力。依靠全省上下的力量，发挥方方面面的优势和作用。要树立不满足现状的发展意识，在基础教育可持续发展方面有新的提高、新的发展和新的变化，探索和积累新的经验。当前要把巩固提高"两基"成果，推进义务教育均衡发展，不断提高教育教学质量，推进学校标准化建设作为根本任务，坚持经常性地深入学校、深入课堂和师生中间开展调查研究，做到全省基础教育基本情况底子清、情况明，心中有数。能够经常性地与广大师生共处共勉，其乐无穷也。

第四，对素质教育的思考和研究，完全符合省十二次党代会精神。甘肃省委书记王三运提出了"学习研究政策经验，谋划推动转型跨越。……不断提高各级领导工作的思维决策能力，谋划发展能力，执行落实能力"的要求。我们必须吃透素质教育的精神实质，理解素质教育的核心内容，注意素质教育的基本要求，明确素质教育的操作方式，发挥实施素质教育的集成效应。教育行政领导要努力由事务型变成研究型，对教育部的年度工作重点、省政府的年度工作任务、省教育厅的年度工作计划要有清晰的认识，要把保障学校日常教学工作运转与突击性、阶段性的任务紧密结合起来。在这个过程中可以了解教育的过去、分享教育的现在、谋划教育的未来，留下自己的足迹，实现自己的理想和抱负，从中感受人生价值的快乐。对基层教育工作者而言，我希望这本书能够起到理性导向和实践指导作用，以及认识素质教育内涵和外延的钥匙的作用。若能如此，那岂不其乐无穷乎。

第五,加强理论学习和政策研究,努力成为专家型的教育工作者。我认为,教育是不断发展变化的,力图将预设的目标变成现实的漫长过程。教育探究的目的在于为迫切需要解决的一系列重大而突出的问题寻找有效的解决方案。收集在本书的每一个讲座的主题和内容都是素质教育的重要组成部分,都有国家法规政策明文规定为教育部门职责的依据。每一个讲座都是一份基线调查研究的系统完整的专项报告,是基于紧密结合本职工作,围绕本专题设置的问题体系,在深入基层进行量化分析、问卷调查、实证研究的前提下,在每一个工作对象"在场"的基础上完成的阶段性成果。每一个问题都是必须得到基本解决的突出问题,都是一个相对独立、自成体系的素质教育的构成要素和基本内容。这些现状和分析、认识和观点、思路和办法在教育行政管理领导的讲话和最新材料中都比较少见,是经过认真梳理、验证和推敲的结果。每一个讲座的内容都需要在教育工作中实践和落实,都是按照教育学的原理,为每项工作提供了策划、启动、实施全过程的解决方案。每个讲座都是一个专项工作的发展思路、发展规划和奋斗目标,更是渴望把研究成果转化为政策措施的建议,是全省广大教育工作者共同的心血、汗水、辛勤实践和研究的结晶,殷切的期望。我们都有一个深爱教育的情结,以解决问题为导向,一分努力,一分收获,只要这些成果对决策者能够产生些许启发,那也将使教育研究者激情澎湃,更加快乐!

第六,享受充分发表个人观点的快乐。我在讲座的过程中,先后提出了一系列在现实中面临的需要研究和解决的紧迫性的突出问题:

1.学校要像学校、教师要像教师、学生要像学生的要求。

2.要建立与基础教育新课程相配套的制度重建。

3.中小学领导班子应该坚持带课。

4.应该补充更多的男性幼儿教师扎根保育第一线。

5.基础教育真课改与假课改衡量的标准。

6.学校课业减负,而家长乘虚而入使学生学业增负。

7.教育行政管理应该让真正懂教育的专业人士担任一把手。

8.中小学课程体系建设是新课改的突破口。

9.普及九年义务教育与扫除青壮年文盲应该制订并实施第二个攻坚计划。

10. 充分发挥校外青少年学生活动中心功能的途径。

11.民族教育的特殊性和难度在于提高教育质量。

12.建立第二个各级政府教育优先发展考核指标体系。

13.大胆探索区域教育均衡发展,率先基本实现现代化。

14.运用问题培训法来解决教师培训的针对性、有效性。

15.学习少数民族母语和职业中学的学生平民化的问题。

16.教育调研不能是汇报材料和数字的叠加、重复,应该跟踪研究课堂教学中师生的成长记录档案。

17.教育科研和教研成果的评价应以实用为最高原则,让学校、老师的科研真正成为教学的“助推器”。

18.校长队伍要从花钱、盖房向抓队伍、强管理、抓质量上转变。

19.如何把教育的难点转为教育的亮点,以教育质量取信(满意)社会,才有可能办人民满意的教育。

20.教育“三不”,即一不提空口号;二不做表面文章;三不搞花架子。

21.教育研究就像教育改革一样,绝不能割断历史,而应坚持民族教育的传统,“从传统教育理论中继承和改造一些有生命力的教育话语”。以创新为立足点,通过发现新的问题,勇于触动有风险的问题,遵循教育的特点和规律,寻找出解决问题的途径和办法。

22.教师绝对不是一个没有道德底线的、人人都能当好的职业。应该建立严格的教师准入制度和退出制度，注重考核教师综合素质和道德品质，坚决纠正象征性的教师资格证专业水平考试，什么人都能当教师的现象。

23.影响教育质量内部和外部因素的界定、教育质量量化评价指标体系和模型的建立以及基础教育内涵发展策略的确定。

24.心理健康教育是素质教育的必要条件，教师的心理健康是为人师表的基础。

25.基础教育着重解决的永恒主题：全力确保适龄儿童能上学，留得住，学得好。克服低年级与高年级倒金字塔的结构，使基础教育实现良性循环，走上良性轨道。

26.党和国家对中小学的教育方针、路线、政策是完全一致的，但是，中小学办学理念、办学宗旨、办学目标、校训、校风、教风、学风等校园文化体系各不相同，五花八门，与全面实施素质教育，培养创新精神，促进每个学生个性发展等相脱节。这个问题值得认真研究。

27. 教师撰写的教研论文与课堂教学解决的难题两个方面不成正比，也就是论文发表越多，解决课堂教学实际存在的问题越少，教育科研成果转化和教师教研论文解决实际问题收效甚微。

28.我省义务教育课程改革应该汲取各级政府经费保障严重不足；教师全员培训工作不够到位；城市学校大班额无法实施探究式、合作式学习；未能创新和建立中小学教学管理评价制度和学生学业质量评价机制体系，放松了小学毕业升初中的考试考核，直接影响高中阶段教育质量等四大教训。

29.基础教育新课改比想象的难度还要大很多，复杂很多，进展也缓慢得多，与新课改相匹配的学校制度重建以及基础教育新课改课程改革有待完善和深入。在教育内容的取舍、教学方法的转型等方面，要彻底改变新的课程体系在陈旧的体制内运行的怪圈。特别是普通高中新课改进展缓慢的制约因素(障碍)主要来自于教育内部的校长思想认识跟不上,观念保守、魄力不够、决心不大以及缺乏工作力度等内因呢?还是主要来自于各级政府外部推手缺位的外因造成制约因素(障碍)无法消除?或者二者兼而有之?

30.对建立现代学校制度和改革家庭作业要立项进行课题研究等。

代为序。

2012 年 5 月 1 日作者撰于甘肃教育大厦

目 录
MULU

第一讲

甘肃基础教育区域特征与发展趋势探究

Gansu Jichu Jiaoyu Quyu Tezheng yu Fazhan Qushi Tanjiu

第一次讲座

时　　间:2009 年 6 月 13 日

地　　点:西北师范大学教育学院

听讲范围:教育学院师生

第二次讲座

时　　间:2011 年 8 月 26 日

地　　点:西北师范大学教育学院

听讲范围:全省普通高中校长培训班

尊敬的各位校长：

大家好！

这次全省普通高中校长培训班的主要任务和内容是提高普通高中新课程实验通识和课程执行能力。我们邀请了省内外课程专家开展了一系列专题讲座。根据各位校长的要求，让我讲一讲全省基础教育发展的现状、形势和发展趋势。我把自己最近几年认真调查研究和深入思考分析的结果向大家作一介绍。

第一部分 甘肃省基础教育发展现状分析

甘肃是西部欠发达的多民族省份，“穷省办大教育”的特征明显。甘肃历届省委、省政府带领全省各族人民积极贯彻党的教育方针，大力发扬“人一之、我十之，人十之、我百之”的甘肃精神，全省教育系统保持“吃苦耐劳、艰苦奋斗，教师乐教（苦教）、学生乐学（苦学）、家长苦供、政府苦抓”的甘肃教育精神，在实践中探索，在实践中前进，在探索中前进，在创新中完善，全面推进素质教育，普及和巩固义务教育，大力发展职业教育，努力提高高等教育质量，深化教育体制改革，加快教育结构调整，促进教育和经济社会协调发展，走出了一条“穷省办大教育”的成功之路。研究和谋划甘肃基础教育科学发展，首先要做到对国家教育方针吃透、对甘肃的省情看准、把过去的工作成绩说够、把面临的问题和矛盾说清、把未来的目标任务和工作思路摆明、把工作措施和各级组织的责任靠实。

新中国成立特别是改革开放以来，我省教育事业发生了翻天覆地的划时代的巨大变化，取得了举世瞩目的历史性成就，有关这些巨变和成就的著述可谓举不胜数。党的十一届三中全会以来，随着我国实行改革开放基本国策，实施科教兴国战略和西部大开发战略的深入推进，甘肃教育建立了农村义务教育经费保障机制，确立了教育优先发展的战略地位和比较完备的国民教育两个体系；义务教育和高等教育改革与发展实现了两个历史性跨越；中等职业教育和民办教育改革与发展取得了两个历史性突破。我在这里就重点说说“十一五”、“十二五”两个五年规划期间在基础教育领域发生的一系列重大事件。

（一）全面贯彻落实了国家和省上两个五年教育事业发展规划，各级政府教育财政投入逐年增加，成为基础教育发展速度最快的时期。省委、省政府坚持以科学发展观统揽全局，大力实施“科教兴省”战略，坚持优先发展和保障教育的战略，不断推进教育事业的改革和发展，努力办好人民满意的教育。经过全省各级政府、教育系统广大工作者和社会各界的共同努力，基础教育取得了新的成绩，为我省经济社会发展做出了新的贡献。在经济相对贫困的情况下，地方政府想方设法增加普通高中教育投入，逐步改善了办学条件。2001 年至 2010 年甘肃省财政性教育经费支出占GDP的比例一直高于全国平均水平(2001年至2010年分别高出全国平均水平0.98,1.76,1.63,1.47,1.35,1.50,2.82,2.84,3.39,2.76个百分点)。全省普通高中生均预算内公用经费的年增长率普遍高于全国平均增长水平(其中2001年至2004年分别高出全国平均增长水平7.44,24.6,8.29,17.53个百分点;2006年至2009年分别高出全国平均增长水平30.45,22.67,36.8,1.61个百分点)。全省义务教育阶段学生生均预算内公用经费支出大幅度增长(其中普通初中生均预算内公用经费由2001年的37.43元提高到2010年的1292.78元,年均增长48.22%;普通小学生均预算内公用经费由2001年的20.84元提高到2010年的820.64元,年均增长50.4%)。

(二)新《义务教育法》颁布实施,全面建立、完善和落实农村义务教育经费保障长效新机制,“两免一补”政策惠及千家万户,义务教育阶段全部实现了免费上学。2006年9月1日起颁布实施新的《义务教育法》,以义务教育经费投入保障机制为核心内容,对义务教育的改革与发展提出了新的更高的要求,强化了各级政府的责任和义务,增加了教育行政部门的职责和任务。全省上下以全面贯彻落实新《义务教育法》为新的契机,认真贯彻国家的教育方针,调整发展思路,强化工作措施,切实把工作的重心转移到教育教学质量的提高上来,努力使全省义务教育发展再上一个新的台阶,办好让人民群众满意的教育。从2006年秋季学期起,全省农村义务教育阶段学生全部免除学杂费,家庭贫困学生还享受免费教科书和生活补助等政策;从2008年秋季学期起,全省城市义务教育阶段学生全部免除学杂费。至此,我省九年免费义务教育全部实现,成为我省教育史上的一个重要里程碑。2011年,我省制定颁布了《甘肃省义务教育条例》,依法治教又迈出了重要一步。

(三)实施“两基”攻坚战略,基础教育呈现跨越发展的态势。2004

年，省政府制订《甘肃省"两基"攻坚计划(2004—2007)》，把"两基"攻坚作为全省基础教育的核心工作和提高全省人口素质工作的重要措施。"两基"攻坚后期，省教育厅还采取"一县一策"的办法，加快民族地区"两基"攻坚步伐。2011 年，国家"两基"工作督导团对我省"两基"工作进行了全面检查验收，并予以了充分肯定。教育部部长袁贵仁宣布我省"两基"攻坚通过国家验收。办学条件进一步得到改善，基本完成了普及九年义务教育的历史性任务，义务教育学生净入学率、升学率与巩固水平进一步提高，彻底甩掉了教育落后的帽子。国家实施的"两免一补"政策以及加强"农村寄宿制学校建设工程"，提高了农村应届小学毕业生和失学学龄儿童接受普通初中教育的积极性。2010 年，全省普通初中毛入学率比上年提高 4.3 个百分点，全省普通初中净入学率为 97.41%，比上年提高了 0.83 个百分点。截至 2010 年 11 月底，全省常住人口为 2 557.52 万人，0~14 岁人口为 464.4 万人，占 18.16%。全省共有幼儿园 2407 所，在园幼儿 38.74 万人；小学 11582 所，在校生 237.04 万人；普通初中 1586 所，在校生 138.40 万人；特教学校 17 所，在校生 1.33 万人；普通高中建制学校 452 所，在校生 64.67 万人。在教育部 2009 年统计的各级各类教育 47 项办学指标中，我省有 16 项超过西部平均水平，全省基础教育正在从"有学上"向"上好学"转变。

(四)甘肃率先提出并实施学校布局"四个集中"的原则导向，使基础教育结构趋于完善和基本成熟。在积极探索和全面总结、分步推进中小学布局结构调整有益经验的基础上，"十一五"以来，甘肃基础教育不断优化布局结构，不断深化教育体制和基础教育课程改革，形成了比较完整的、行之有效的办学模式体系、经验成果体系、考试评级体系和教师培养培训体系。2007 年省政府提出了"高中向城市集中、初中向城镇集中、小学向乡镇集中、教学点向行政村集中"的"四个集中"原则，对中小学布局进行了较大幅度的调整。整合了各区域内的教育资源,按照先建后撤的原则,撤并了一部分农村规模过小的中小学,基本形成了比较完善的学前教育、义务教育、普通高中教育、职业高中教育、特殊教育、民族教育结构体系,使基础教育结构体系发生了翻天覆地的变化,为教育事业又快又好发展奠定了坚实的基础。2000年至2010年全省小学(包括教学点)减少9975所,初中增加316所,普通高中增加33所。

(五)全面推广义务教育阶段寄宿制办学模式,乡镇以上中小学实行寄宿制办学模式出现普及化的趋势。过去寄宿制的办学模式,是纯牧区为了解决马背学校、帐篷学校而创立的。最近几年,寄宿制出现普及化、低龄化的现象。2010年全省义务教育学校寄宿生总规模86.37万人。其中:小学寄宿生24.90万人,占小学在校生总数的10.51%;初中寄宿生61.46万人,占初中在校生总数的44.41%。与此同时,中央、省上以及各市州大力推进"农村寄宿制学校建设工程"成效显著,农村义务教育的面貌发生了巨大变化。2010年,全省义务教育阶段寄宿生总规模比上年增长1.5%,寄宿生占在校生比例比上年增加1.38个百分点。

(六)在实施中小学教师学历达标工程的基础上,重视加强教师队伍建设,积极引导高校毕业生补充基层教学第一线。我省通过创新农村中小学教师培养和补充机制,大力实施农村教师"特岗计划",西部志愿者计划等措施,为农村中小学补充了一大批大专学历以上的专任教师,有效解决了农村中小学教师短缺问题;同时通过实施教师"国培计划"和少数民族教师培训计划,有力提高了全省中小学教师特别是农村与民族地区中小学教师的专业水平和素质。据统计,从2000年到2010年,全省通过教师"特岗计划",为全省农村中小学招聘了1.4万名教师。据统计,全省中小学专任教师合格率从2001年的83.09%和92.35%,分别提高为2011年的98.66%和99.55%;生师比从19.12:1和24.14:1下降为16.64:1和16.89:1。2010年,小学教职工和专任教师人数略有增加,专任教师学历合格率继续提高;普通初中专任教师人数和专任教师学历合格率较上年均有提高;普通高中专任教师队伍逐步扩大,学历合格率逐年稳步提高,与全国的差距在逐渐缩小。2010年专任教师人数比2000年增长了1.54倍。

(七)新建的青少年学生校外活动场所成为实施素质教育的有益平台。近年来,我省重视国家课程、地方课程、学校课程三个体系建设,注重学生动脑、动手能力。从2001年至2010年,中央专项彩票福利金总投入经费21470万元,支持我省建设了8批84个校外活动中心。目前全省共有专兼职各类工作人员约1680人,由公务员、事业编制教师、岗位合同制人员、临时聘用人员组成。青少年学生校外活动场所成为开展青少年校外教育的重要阵地,成为对青少年学生进行思想品德教育,培养科学精神和实践能力,加强体育、美育教育和实施素质教育的重要基地。

(八)顺应民意,关注民生,普通高中教育健康发展,资源逐步向县城集中,办学条件极大改善。最近几年,我省实施的学校布局"四个集中"的政策,对彻底改变过去中小学布局过于分散、资源过于分散、教育质量难以提高的状况发挥了积极的导向作用,产生了集约效益和社会效益。一是办学规模持续扩大,2000年以来,甘肃普通高中招生人数、在校生人数逐年增加,普通高中教育规模快速扩大。2007年全省普通高中在校生人数占全省人口总数的2.35%,高于全国1.91%的平均水平。2010年全省普通高中在校生人数64万,比2000年增长了1.78倍。二是办学条件大为改善,普通高中体育运动场面积达标校、体育器材配备达标校、音乐器材配备达标校、美术器材配备达标校、理科实验仪器达标校及建立校园网的学校占普通高中学校总数比例等各项指标逐年提高。三是办学效益与教育质量逐年提升,高中阶段毛入学率、高等学校毛入学率、普通高中升入普通高等学校升学率逐年提高,生师比从2004年开始逐步降低。2010年甘肃省高中阶段教育毛入学率为71%，比2000年提高19个百分点。高考录取率从2000年的40.24%提高为2010年61.5%。甘肃省普通高中会考各科合格率、优良率逐年提升，整体教学水平不断提高。

（九）发展学前教育纳入到各级政府普惠性、公益性事业范围，把大力发展学前教育作为保障和改善民生的一个重大举措，相继做出了一系列重大部署。近年来，党中央、国务院高度重视学前教育，2010年11月国务院下发《关于当前发展学前教育的若干意见》，在进一步理顺学前教育投入体制、办园体制、管理体制等方面有了强有力的政策保障，在长期制约学前教育发展的体制机制方面取得突破，对推动学前教育的改革发展具有重大意义。我省制订了甘肃省学前教育三年行动计划，2011年4月，召开了全省学前教育工作推进会，印发了《甘肃省学前教育改革与发展五年规划(2011—2015)》，对全省学前教育改革发展的目标任务、主要政策和保障措施等做了明确规定。全省小学招生中接受过学前教育的比例持续提高，2008年达到60.99%，其中兰州、嘉峪关、金昌、武威、张掖和酒泉小学招生中接受过学前教育的比例在90%以上。2011年省政府在全国率先提出了"四个有利于"的政策导向，即"有利于利用小学闲置校舍、富裕师资办园，有利于乡镇街道统筹分级办园，有利于社会力量积极参与办园，有利于幼儿平安、方便、就近入园"，大力发展和普及学前教育。

（十）实施国家西部特殊教育学校建设工程和省政府为民办实事特殊教育建设工程，加大投入，扩大规模，促进特殊教育同步协调发展。据教育部门统计，截至2010年底，全省共有特殊教育学校17所，比2000年增加5所。在特教学校和普通学校接受教育的残疾儿童少年共13350人，比2000年增加6912人，增长率为107.36%。特教学校教职工525人，比2000年增加162人，增长率为44.63%。据第二次全国残疾人抽样调查统计，全省四类残疾儿童少年（视力残疾、听力残疾、言语残疾、智力残疾）入学率达72.76%。根据教育部、国家发展和改革委、中国残联的安排,我省已制定上报了特殊教育学校建设整体规划及“十二五”期间项目建设方案。力争到“十二五”末,实现全省特教学校总数达到44所,基本达到每个市州都有1所综合性特教学校,重点城市有2所,30万人口大县(区)有1所,残疾学龄儿童少年在特教学校就读学生总数翻一番的奋斗目标。还要认真落实残疾儿童少年助学政策,优先落实残疾学生和残疾人家庭子女免费接受义务教育政策,切实保障残疾儿童少年受教育的权利。

第二部分

当前我国教育宏观层面分析,实施素质教育面临十大共性矛盾和问题

素质教育是中国教育的发展方向目标和改革的战略主题,也是教育改革发展的时代特征。改革开放以来,党和国家高度重视教育事业的发展,坚持教育“面向现代化、面向未来、面向世界”的大方向,实施“教书育人、制度育人、管理育人、环境育人”的策略,使全国的教育事业发生了翻天覆地的变化,取得了举世瞩目的伟大成就。充分体现了社会主义制度的优越性,构建了日臻完善的具有中国特色社会主义的教育理论体系、法律体系、政策体系、制度体系、课程体系、结构体系、管理体制、保障体系、标准体系、学科体系、科研体系、实验体系、办学模式体系、经验成果体系、考试评级体系、教师培养培训体系,形成了一整套行之有效的教育制度和政策框架,为经济社会发展培养了大量各级各类人才,为经济建设和社会进步提供了有力的人才和智力保障。

素质教育享受教育条件、教育质量的公平,是最大的教育公平。素质教育是从数量扩张向内涵质量的提高的迈进,是最公平的教育。

教育质量公平有三个“基点”:一是素质教育是全面的教育,不是片面的教育;二是素质教育是差异教育,不是统一教育;三是素质教育是成功教育,不是淘汰教育。素质教育倡导全体性、全面性、主体性和长效性,对整个社会经济发展具有全局性的影响作用。素质教育的任务就是如何确定脑力劳动和体力劳动在社会生活中的地位和作用,如何解决脑力劳动和体力劳动之间的差别,如何实现脑力劳动和体力劳动的合理科学分工,如何探索和建立素质教育各要素齐头并进的长效机制和理论、政策、教育体系。素质教育的核心阵地在学校、在课堂、在教学。但是,今天我们痛心于基础教育重知识、轻能力,重书本知识、轻社会实践,重考试升学、轻全面发展的倾向仍有很大的市场。

育人为本的本质内涵:一要懂人,就是懂得人的认知、本性和天性的规律。二要识人,就是把握每个学生的个体差异,不同的兴趣和特点。三要提升人,就是要促进每个人健康成长,全面发展。基础教育新一轮课标、大纲确立了素质教育的战略主题。目前素质教育的实施正处在国家推进、重点突破、全面展开的过程之中,教育领域正发生着一系列积极而可喜的变化,全民族教育文化素质大幅提高。突出表现在四个方面:一是从1999年召开的第三次全国教育工作会议到新修订的《义务教育法》,素质教育已经提升为党和国家的重大决策和法律规定,进入了一个新的发展阶段。素质教育已经成为国家意志的体现,并正在成为全民族的广泛共识。二是素质教育观念日益深入人心,正在逐步转化为各地各部门的积极探索和生动实践。三是素质教育在青少年学生思想道德建设、基础教育课程改革等一些关键环节上开始突破,学校教育开始发生一些积极而重要的变化。四是我国教育普及程度实现了新的历史跨越,而且在快速发展中保持了教育的基本质量和优势、特色,尤其是农村地区中小学生素质有了明显提高,当代青少年在总体上呈现出积极健康向上的精神风貌。

教育是最牵动当今人们敏感神经的话题、关注的焦点和议论的热点之一,因为人们已经把教育与个人的终身幸福、家庭的安全、社会的和谐,特别是与国家竞争力联系在了一起。教育是世界性的课题,教书育人是人类面临的难题。这些年来教育事业一直颇受诟病,对学前教育、中小学教育乃至高等教育都多有微词,其他机构和行业对教育部门的年度综合评价名次排序不断后移,由此对教育系统形成了有形和无形压力。教育存在的问题到底出在政府、社会、家庭身上,还是出在学校、教师、学生身上?许多问题至今仍然没有明确而公认的答案。对此,教育系统必须进行全方位的深刻反思。按照基础教育的逻辑排序,我思索归纳的在宏观方面的共性矛盾主要有:

(一)在教育观念方面,仍然存在着传统的应试教育观念与现代素质教育理念之间的矛盾,办学理念和校园文化体系建设亟待规范。目前社会的教育观念仍然是考大学,家长追求应试教育与国家推进素质教育之间出现比较大的错位,应试教育根深蒂固,严重制约和影响着创新型国家建设与人力资源中国的建设。应试教育向素质教育转型举步维艰,困难重重,教育万能论思潮泛滥。人们把社会的浮躁之风、道德集体滑坡等归结为教育的失败,似乎教育是万能的,任何不良社会问题都可以归咎于教育,教育应该为一切社会过失承担责任。教育理论与教学实践成了两张皮。教育学家缺失基层教学实践经验,教学实践者缺失教育学家的理论修养和高度、深度。在理论上讲得通的道理,在教学实践中行不通。教育效果的假设问题,教育工作者或管理者所设计的教育目标、教育内容、教学过程对学生的实际效果能有把握吗?真的胸中有数吗?一方面素质教育是法定的教育基本国策,也是国家未来教育改革发展的战略主题,素质教育的目的是使教育回归本位。但是另一方面,家长望子成龙心切,愿意为了分数而牺牲一切。大众的教育追求往往聚焦在能不能考上大学,而并不是职业教育和高中毕业就进入社会就业。

从国际视角比较,中国的教育理念是以服从(顺从)为主的教育,西方的教育理念是以自主(独立)为主的教育。以美国为例,美国教育不是为了考试而是让人有头脑。中国教育一直强调死记硬背应对考试,强调看得见摸得着的硬技能。但建立创新型社会必须侧重思辨能力的培养,必须重视综合人文社会科学的训练。我国的学生存在"一个长处、三个不足"。长处是学生的基础知识和基本技能都比较扎实。不足一是学生的知识面比较狭窄,缺乏知识与知识之间的融会贯通;二是学生缺乏自己可以支配的时间与空间;三是我们的学生在"硬"的方面并不比国外差,如基础知识与技能,而在"软"的方面却比较薄弱,如学生的好奇心、求知欲、自信心、社会责任感与使命感等。

同时,人们习惯于用经济学的思维方式来思考教育,因对教育投入过大企求效益回报的心理作祟,认为教育高投入就应该有高回报,不懂得经济投资逻辑公式不适用教育这个客观事实。在这个过程中,随着就业竞争压力的增加,由于失业恐惧引发的残酷竞争,担心教育无用的思想在个别地方有所抬头,最终可能导致孩子成了牺牲品。各级政府宣示实施素质教育的重要,但政府和家庭之间在观念上却有一个基本的差别,对教育的看法、感受不同。反思中国教育改革,仍以培养高分学生为最终目标。

关于中小学办学理念和校园文化体系建设规范的问题。在中国教育理论体系中忽略了学校的功能定位,教育功能和学校的职责成为急需探索、必须探索的重大课题。学校教育应为幸福的人生奠基,为成功的人生铺路。要牢固树立快乐学习、健康成长的新理念。学校办学理念生动诠释学校教育的核心价值观,是教育中的基础性、命脉性的关键词之一,作为立校之魂犹如一双看不见的手。学校办学理念和学校办学模式值得系统深入的探讨。学校的办学理念和校园文化体系,拨动着学校教育的五线谱。

(二)在教育效益方面,仍然存在着人们对教育的不满意与办人民

满意的教育之间的矛盾。有教育研究专家指出："社会不满集中表现为教育焦虑，就是人们对子女教育的结果过分担心，具体表现在唯恐孩子上不了好学校，得不到公平对待，最终上不了好大学，以致最后无法在社会上很好地就业。"应当看到，中国的老百姓，有着强烈的支持教育发展的意愿。于是，对教育机会公平老百姓不满意，政府不满意，教育部门自身也没有成就感。教育成功与教育失败的最权威结论的话语权应该掌握在谁的手里？人们对教育的要求是否与国情、与国家政策导向相适应、相吻合，是否合情合理，符合国家稳定发展的大局？总之，人们对不公平的教育是不会满意的，甚至得出只有能够享受到优质的教育资源才是教育的成功，不能享受到优质的教育资源则是教育的失败这样的谁也无可奈何的结论。

(三)在教育评价方面，仍然存在着教育质量综合素质评价与升学考试单一评价标准之间的矛盾。事实上，存在着各级政府把考入重点大学作为对一所学校的最高评价标准，对推进素质教育和创新性教育仍然缺乏过硬的措施和手段。在教育的评价标准应该以培养什么人、如何培养人，把学生培养成为合格建设者和可靠接班人的目标的前提之下，与过去相比较难度越来越大。网络生活的冲击与学校德育落实不到位的问题比较普遍，市场经济意识、家庭多元教育对学校德育教育形成了严峻的挑战。没有质量的基础教育是空洞的教育，无意义的教育。教育质量的界定是处在探讨中的发展性观念，必须遵循数量服从质量的原则；监督与管理同步的原则；共性与个性统一的原则；还有，如何充分利用学生模仿记忆的最佳阶段和如何解决外语语言环境的欠缺(哑巴英语)等。

《新课程标准》提倡："要综合采用多种评价方式，考试只是评价方式之一。"但是，现阶段的考试成绩仍然在学生的评价中占据了绝对优势。因此教师在教学中，往往处于一方面要摆脱传统教学模式的束缚，一方面却不得不考虑传统的考试制度带来的精神枷锁的矛盾中。

两种评价的区别在于选拔性教育评价是为了选拔输送合格人才而进行的甄别选拔，而教育质量综合评价是对人才培养质量管理服务的评价，评价的主体除了学生还包括教师、课程等，在评价中施教者和受教者是互相促进的关系，评价的目的是发现教学工作中的问题，总结教学工作的经验，为指导教学工作、提高教学工作的质量和效益服务。究其原因：现代社会对人才的选择越来越注重其受教育水平的高低，一个人受教育水平的高低在决定其社会地位中的作用空前加大。如何衡量一个人的受教育水平有很多标准，如教师的喜好、同行的认可程度、选举的结果等，但这些标准在衡量教育资格和水平时效率低下，操作性差，客观程度不足，代价也很大。考试制度符合了现代民主观念，又凭借其简单明了、客观公正的特点，为现代社会所认可与接受。考试制度成为教育中一种简单有效的衡量标准，是衡量教育水平和资格的一条最主要渠道和评价标准。

但随着社会发展和教育需求的不断提高，现行的评价考试制度已经成为推进素质教育的瓶颈。教育部发布的新的评价与考试改革方案规定，考分和名次不再是衡量学生的唯一标准，升学率不能成为评价学校的唯一标准，成长记录将成为中考、高考招生择优录取的重要参考之一。新评价体系的逐步建立，标志着素质教育正在逼近核心环节。新《课程标准》指出：实施评价，应注意教师的评价、学生的自我评价与学生间互相评价相结合。

（四）在教育公平方面，仍然存在着推进教育公平与城乡和区域教育发展不平衡之间的矛盾。目前，人们最关注的主要停留在追求教育机会的公平上，还没有全面上升为普遍追求教育过程公平和教育结果公平的最高阶段。教育机会公平实际上就是区域之间义务教育普及程度和优质教育资源共享程度达到大致均衡。由此，教育部门的主要任务就是提供优质的教育资源，全面实施素质教育，实质性地提升教育教学质量和办学水平。推进教育公平与义务教育均衡发展应该成为“两基”攻坚完成之后各级政府办人民满意教育的攻坚目标和新的抓手。教育部门还要高度关注义务教育质量的均衡发展,保证义务教育起点均衡,师资力量均衡,信息资源均衡,发展目标均衡,寻找实现义务教育均衡发展的主要途径和措施办法。

在我们推进教育改革和发展的过程中,还面临着各种问题,其中教育公平便是一个从中央政府到每个人都十分关注的问题。党的十七大报告强调教育公平是社会公平的重要基础，胡锦涛同志明确指出要把促进教育公平作为我国最基本的教育政策。教育公平是一个时代的主题,也是世界教育的话题,更是我国教育发展的基本政策。教育公平从内涵来说有三个层次：首先是确保人人接受教育的权利和义务;其次是保证教育机会和条件相对公平;三是教育结果的相对公平。从这三个层次的含义来说,保证人人享有接受教育的权利和义务,随着普及九年义务教育的实施,这一问题我国目前已经基本解决了。现在我们需要解决的问题就是资源配置的问题,教育条件的差异问题,还有就是教育结果的差异问题。

我国教育条件的差异问题和资源配置不公的问题有四个层次含义:一是区域之间教育发展还不公平、不均衡;二是城乡之间教育发展不公平、不均衡;三是学校之间发展不公平、不均衡;四是学生群体之间接受教育不公平、不均衡。从这几个层次来分析,现在主要问题是城乡之间教育差距比较大，特别是农村教育和城市教育差别相对比较大,另外就是好学校和薄弱学校之间还有一定差距。

产生这些问题的主要原因,一是由我们国家社会经济发展不平衡等条件决定的。经济基础决定教育的发展,为什么我们过去不提教育均衡、教育公平呢？当时在各种条件制约的情况下,我们国家还没有能力和实力来谈这个问题。而现在随着我们国家的发展,我国经济社会的发展、教育的发展,普及了九年义务教育,才有能力来谈教育公平问题。二是城乡教育差距,这是由国家城乡二元结构之间的差距造成的。三是学校之间的差距是由我国过去教育政策造成的,比如重点学校政策是 1978 年提出来的。在资源制约的情况下，我们要快速发展,早出人才、快出人才,必须把有限的资源使用在重点学校建设。这一政策对于加速培养我国经济社会发展急需的人才，推动我国经济社会快速的发展,产生了一定效果,这是中国教育发展模式的一种探索。但是现在看来这种做法加大了学校之间的差距。今后,我们在发展模式的选择上就是要走内涵发展的道路，推进教育不断走向公平发展。

国家整体推进教育公平的发展思路和目标是什么?从《规划纲要》中看,比较现实的就是刘延东同志提出的“办好每一所学校,教好每一个学生”。从《规划纲要》的实施来讲有几方面:一是保障教育公平,重点放在区域内的义务教育;二是重视教育过程的公平,使学生在校内受到比较好的教育;三是关注教育结构(质量)的公平,把有质量的教育公平作为一个发展目标。这三个阶段也是世界各国在走的阶段,我们国家现在还处在第一个阶段,在争取保障教育机会的公平,有些发达地区已经开始重视到教育过程的公平。

在采取的具体措施方面有以下四点:一是同等待遇。《规划纲要》中提到我们在五个方面是差距比较大的,即区域之间、城乡之间、不同的教育类型之间、不同的学校之间、不同的群体之间的差距比较大。所以首先要获得同等待遇,比如城乡办学条件的统一,区域之间的统一,不同学校之间办学条件的统一,不同教育类型之间(职业教育、普通教育等)的公平的统一。二是倾斜,政府做的大量工作是倾斜。在公共资源的配置上,城乡之间向农村倾斜,区域之间向西部倾斜,不同教育类型之间向职业教育倾斜,还有就是向薄弱学校倾斜。群体之间向一些困难群体,比如流动人口、残疾儿童、学生困难儿童、贫困生、流浪儿童等等倾斜。三是城市反哺农村。东部区域要帮助西部区域,城市要帮助农村,好的学校要帮扶弱的学校,普通教育要给职业教育以支持，比较好的学生也要帮助差生。四是有选择性的教育公平。城市在发展的过程中还要给教育一定的发展，要给民办教育的发展一个选择的余地。通过三个发展阶段，不同地区有不同地区主要的核心目标，同时四个政策配套，这样就能把教育公平推到一个新的发展阶段。

另外，均衡是一个动态的概念，义务教育的均衡也是相对的，我们不能从一个极端再到另外一个极端。均衡发展不是降低质量，而是提高质量；均衡发展不是不要特色，还要鼓励学校办出特色；均衡发展也不是齐步走，不是平均主义，而是允许螺旋上升，允许不断向前迈进。质量一起提高更好，但是特色还是要保证，一所学校的特色是区别于另一所学校的本质，所以还是要提倡学校办得更有特色。

（五）在课程改革方面，仍然存在着实施国家课程体系与建立地方课程、学校课程体系缺位之间的矛盾。在实施新课标的过程中出现了学生满意与家长不满意的矛盾，学校减轻课业负担与家长增加学业负担之间出现新的较量。随着国家第八次基础教育课程改革的深入推进，学校课堂教学课时减少了，课外和家庭作业量减少了，学生学业负担减轻了，而且要求必须把总课时的16%~24%用作开发以提高学生动脑、动手能力为目的的地方课程和学校课程，或用于课外活动和综合实践活动。但是，许多家长乘隙而入，利用学校让给学生的课余时间请家教，让孩子参加补习班，或参加各种专业学习活动，在一定程度上增加了学生的学习负担。在实施素质教育方面，普通高中教育自我发展压力与应有的办学自主权极不相称。

关于家长教育追求与学业质量评价的问题。按照素质教育的要求，一是实施对学生品行的培养，二是实施对学生好奇心和求知欲的培养，三是实施对学生学习习惯的培养，四是解决如何培养学生多方面兴趣的问题。学校教育要给学生提供五种学习经历：一是品德形成和人格发展的经历；二是潜能开发和认知发展的经历；三是体育与健身的经历;四是艺术修养和发展的经历;五是社会实践的经历。

在我省基础教育课程改革中,义务教育阶段课改存在的一些突出问题,直接影响教育教学质量的提高。主要是对考试出现误区或把考试问题简单化处理,没有寻找和建立科学的评价机制和办法替代考试,却简单地把考试取消了。应试教育难以向素质教育转轨的根本原因在于,人民群众对教育的追求存在很深的功利性,主导的思维方式和深层次的心理动机是个人成就的一元化标准。在传统文化中,权力的价值远在知识之上,"学而优则仕"仍然成为教育的宗旨所在。做官是读书人的"正果",是光宗耀祖的"正路",是通往成功的唯一道路,是脱贫致富的捷径,始终诱发着众人挤到一条路上,成为终身奋斗的唯一目标。对每个学生的成长过程的评价,不能因为工作量大而怕麻烦,对每个学生的学习进步、素质、能力提高的评价,应该建立在对学生深入扎实地认识、了解、跟进式考察的基础之上。对学生进校门时的基本状况、每个年级每一年按学科学习成绩进行的评估、最大变化、毕业时的基本状况、总体进步进行整体评估。同时,对一些问题的成因和根源从学校领导、教师队伍、学生、家长等方面去客观务实地进行分析和研究,提出整改的对策措施。

国家课程体系也叫"国家统一课程",是自上而下由中央负责组织编制、实施和评价的课程,其特点是由国家统一制定课程方案、课程标准、课程开发,较多反映社会发展的总体需求。内容上强调学科知识体系的完整性,并借助行政的力量加以推广应用,有效保证了学校之间的平衡发展。缺点是开发的课程难以满足学生个体差异和学生学习需求,过分注重学科的知识体系,课程内容容易脱离生活实际;教师只是国家课程指令的执行者,容易误解国家课程的基本精神或消极抵抗国家的指令;教师和学校都对中央负责,校与校之间、教师与教师之间缺乏横向沟通,课程开发周期也太长。

校本课程体系也叫"校本课程",是学校以自身为基地,以国家及地方制定的课程方案基本精神为指导,以满足学生需要、体现学校办学理念特色为目的,采取民主原则和开放手段,由学校成员自愿、自主、独立或与校外团体或个人合作,采用选择、改编、新编教学材料或设计教学活动方式开发的课程体系。其优点是体现了“以学生为本”的课程理念,更重视学生学习需要,尤其强调学生个体差异和学习需求,同时兼顾社会需求,在课程设置及课程内容的选择和设计上,表现为课程内容丰富,弹性更大,教师和学生有选择范围,课程内容和教学方式更具趣味性、区域性。其缺点是容易忽视学科知识体系,教师参与课程开发和课程决策的能力校际差异大,校本课程的质量难以保证,缺少统一的评价标准,导致校本课程体系的规范性、执行力难以保证,存在“一放就乱”的问题。

事实上,国家课程体系与校本课程体系尽管形式不同,但内容上相辅相成、互为补充。国家课程体系为学校之间的平衡发展掌舵,校本课程体系为学校特色发展、学生兴趣发展创造了良好的氛围,二者不可偏废。所以,我们一方面要大力深化国家课程体系,促进各地区各学校均衡发展,公平竞争;同时也要允许甚至鼓励学校开发一定比例的校本课程体系,创设特色课程,提高学校教学品质,为家长和学生提供“菜单式”服务,实现真正意义上的学生、学校的双向选择,促进学校走特色化发展,满足学生多样性成长和社会对人才多元化的需求。另一方面,尽快出台校本课程体系的科学评价和监测机制,保证校本课程实施能扎扎实实落到课堂,尤其注意不能让校本课程体系沦为国家课程体系的附属,更不能让校本课程体系在学校可有可无。明确学校课程体系和国家课程体系没有孰轻孰重,只有两翼齐飞,才能使两个课程体系真正为我省创建科学的人才培养模式发挥重要的作用。

(六)在教育经费保障方面,仍然存在着“以县为主”的经费管理体制与贫困地区财政体制空转之间的矛盾。现在的义务教育一方面享受国家免费教育政策，另一方面教育乱收费屡禁不止，治理教育乱收费成为最近几年治理行业不正之风的重点内容和任务，也是社会普遍关注的焦点问题之一。政府的办学效益和学校的教育教学质量亟待提高。教育质量不高是政府投资效益差、教育系统内部缺乏精细化管理的主要表现，也是一切问题和矛盾的总根源。由于公共财政力量不足，地方财政自给能力偏低，受办学条件、办学机制和专业教师不足等制约，办学行为不够规范。政府如何促进教育投入效益最大化，加强对办学效益的监管和考核，学校如何严格依法、依规加强对内部实施精细化管理，成为当前面临的最直接、最具体的挑战和考验。

“以县为主”的教育经费管理体制，其优点是教师工资由县列入工资专户，统一管理，统一发放，同一县(区)教师都有统一的薪金标准，确保了教职工工资足额发放，有利于激发教师工作的积极性；以县为主统筹管理，保证学校公用经费开支、危房改造和学校建设的必要投入，也有利于区域学校的均衡发展。其缺点是在一些经济欠发达地区，可能导致“政府责任缺失”，主要表现为县(区)财力不足，支持教育有心无力，难以保证配套经费的下拨，无力扛起基础教育发展的大旗，导致“以县为主”教育管理实际上沦为“巧妇难为无米之炊”的空架子。

另外，在贫困和欠发达地区，很多县(区)都是吃饭财政，国贫县所占的比例较高，如：我省的两基尽管已经达标，但充其量只能算低级达标，距离现代学校要求还有很大的差距。一些县(区)级政府对本地教育的投入捉襟见肘，仅能做到“保运转”，“保工资”，无力保证教育投入改善硬件的“保增长”和提高教师素质的“保培训”，重大的教育项目实施因为筹不到专项资金，甚至不能列到县(区)政府的财政预算当中。一些县(区)为了节省开支，在教师编制十分短缺的情况下，不得不聘用不合格的代课教师，教育教学质量令人堪忧；更有甚者，有部分代课教师的工资要等到年底转移支付资金到位后再结算，这使教育教学的保质保量埋下了隐患。

所以,解决"以县为主"教育经费管理体制与贫困地区教育空转之间的矛盾的关键:一是加大国家对贫困地区教育投入力度,增加中央和省两级政府对贫困县(区)教育的投入,落实各级政府的职责,为真正实现"以县为主"管理体制创造条件,保证县(区)教育秩序的正常运转。二是支持地方积极拓宽财政性教育经费来源渠道,在加大公益性经费中教育经费投入的比例基础上,争取社会和民间办学力量和资金支持。三是建立教育投入的问责制,抓紧出台教育投入监督问责的具体办法和量化指标,对没有按照财政部出台的教育投入状况评析办法和量化指标履行教育投入的,或者教育投入不积极、不作为、失职、渎职等,都要有刚性的、可操作的问责措施。总之,只有在保证教育基本投入足额的情况下,才能有效避免贫困地区教育空转现象。

(七)在教育政策导向方面,仍然存在着人民群众对普通高中教育优质资源的强烈追求与国家对普通高中缺乏政策、项目、资金倾斜之间的矛盾。普通高中教育在整个教育体系中起着承上启下的作用,也是培养学生创新能力和全面素质的关键阶段。加快普通高中教育发展,深化教育教学改革,对于培养数以千万计的高素质人才和数以亿万计的高素质劳动者,提高我国国际竞争力,实现第三步战略目标,有着十分重要的意义。

截至2011年底,我国已全面实现了"两基"目标,义务教育得到快速发展,但是普通高中教育面临着较大的发展压力。根据《2010年全国教育事业发展统计公报》公布的数据,我国小学、初中和高中毕业生升入高一级学校比例分别为99%,48%和83%,呈现出两头大、中间小的格局,普通高中教育已成为各级教育协调发展的瓶颈。目前,教育教学质量相对较高的普通高中学校数量明显不足,许多家长反映中考比高考还难,每年招生期间矛盾尤为突出。优质教育资源的短缺已成为社会各界反映强烈的一大热点问题。

目前，初中与高中剥离的任务非常艰巨。高中阶段教育规模偏小,高中阶段教育普及率偏低,农村和少数民族地区考入一本院校的人数长期偏少而滞后。城市学校的“超大班额”问题普遍,择校竞争现象愈演愈烈,上优质高中难的问题突出,举债建设普通高中的现象比较普遍。产生这些问题的原因,一是我国教育缺乏对学生创新能力的培养。高考制度改革,会考制度改革,与高考成绩硬挂钩、软挂钩。二是优质高中教育资源不足,教育质量水平悬殊。三是国家对普通高中政策少、投入少、项目少。四是课程改革是目标,也是过程。应试教育向素质教育转型艰难、缓慢,公众对此的心态、精神、态度。五是办学自主权。

普通高中教育是基础教育的重要组成部分,虽然与义务教育有明显区别,但是也具有公益性的特点。发展普通高中教育,增加对普通高中教育的投入,应当加大各级政府的责任。许多地方的经验进一步证明,只要政府积极承担发展普通高中教育的责任,努力增加发展和建设普通高中教育的政府投入，就能在较短的时间里大幅度地扩大优质教育资源,使普通高中教育发生显著的变化。

普通高中办学是国家意志、政府行为,需要政策扶持和必要的经费投入作为保障。各地教育行政部门要积极争取当地人民政府对普通高中的投入,建立以政府拨款为主、自筹为辅的多渠道筹措经费的机制,不断加大对优质高中建设和薄弱高中改造的投入力度;重点加强实验室、科技活动室、阅览室的建设,努力改善办学条件;教育行政部门要协助当地政府统筹规划普通高中建设与布局，加强对普通高中建设的管理。校舍建设要坚持经济、实用、坚固、环保、够用的原则,使有限资金发挥最佳效益。在继续增加对普通高中教育投入的基础上,还可以统筹教育资源的优化配置,在盘活利用资源上下功夫。充分利用财政、金融、信贷等手段提高教育融资能力,改进现有学校基础设施投入模式,采取拨款与贷款相结合和政府贴息方式,发挥政府有限资金的扩张效应。

（八）在教育督导方面，仍然存在国家教育督学工作一手硬与督政手段一手软之间的矛盾。关键是应该解决对基层各级政府“缺位”的督促检查，解决好考核政府的教育指标陈旧、单一与教育系统越位之间的矛盾。在政府办教育的职能不能有效地发挥作用，教育行政管理部门的专业指导角色缺位的情况下，人们只能通过自主的方式来解决自己面临的困惑，天价的择校费也由此而生。还有如：对普通高中教育自行发展与职业高中教育基本义务（免费）的问题，公办教育与民办教育的生存发展环境条件不能均等的矛盾等等也需要研究解决。教育的打假求实，重新核实数据的问题，应引起足够的重视，教育系统要率先倡导说实话、报实数、求实效的作风，应在各类数据真实可靠的基础上，努力提高教育质量和工作水平。

（九）在实施素质教育方面，仍然存在扩大学校规模与提高教育教学质量之间的突出矛盾。重智育，轻德、体、美教育的现象比较普遍，很多中小学德育、音乐、美术、体育和英语等课程落实不够到位，严重缺失，义务教育阶段的学生厌学情绪和教师职业倦怠现象比较突出。教育的优质资源难以共享，而且存在大量的各县域内办学条件相对较差、教育质量相对偏低、社会信誉不高、内部管理低效的薄弱学校。薄弱学校产生的原因主要是学校教育发展政策执行不到位，教育资源配置失衡；校长教育与管理理念落后，学校管理制度不健全，不规范；教师敬业精神不强，教学方法落后；学生文化基础较差，学习积极性、主动性不高；校园和家庭文化氛围差；学校办学实力差，人心思走。一所优质的学校应该成为办学方向明确，办学实力雄厚，办学形式灵活，办学特色鲜明的现代化学校。薄弱学校改造，一要强化政府职能，建立教育资源的平衡机制，实现优质教育资源共享，促进教育资源的优化配置。二要加强校本管理，激发学校内在动力和活力。三要加强学校文化建设，改善薄弱学校文化管理。四要选配高素质的校长，这是关键,一个好校长就能带出一批好教师,进而办好一所好学校。校长的作用十分关键,对于学校发展具有至关重要的作用。

(十)在教育体系功能方面,仍然存在家庭教育的地位和作用与国家缺乏对家庭教育研究之间的矛盾。教育系统在学前教育方面存在"两个越位"和"一个缺位"的现象。一是幼儿园学前教育一部分工作超越了教育部门的职能,承担了本来由卫生部门才能完成的儿童保育工作任务。幼儿园的保教工作应该接受卫生和教育部门的双重专业指导,实施共同但有区别的责任管理。3～6 周岁儿童的保育工作主要是生命科学范畴,主要由卫生部门承担,教育系统不能代替卫生系统的职能,卫生部门对学前三年保育工作的责任可以逐年减弱。要充分利用卫生系统各级妇幼保健院 0~10 周岁儿童骨骼监测记录,用于指导教学工作。教育部门主要承担教育任务,对学前三年至一年教育工作应当逐渐强化。二是幼儿园学前教育一部分工作超越了家庭教育的责任。幼儿园主要负责完成学前教育的保育和教育的集中实施,让每个儿童学会生活、学会交际、学会与人相处、树立集体意识,为儿童上学做准备。而对他的亲情关爱、养成习惯等等保教任务应该通过家庭教育来完成。每个班都应该成立家长委员会,充分发挥家长的作用,对儿童的大部分重要的教育任务要由家长和幼儿园共同完成,幼儿园不能替代家长,也不可能替代,要避免出现教育内容、方式的叠加和重复浪费。

关于家庭教育、学前教育、学校教育分工协作的问题以及怎样做一个合格的父母教育子女的问题,国家研究出现"缺位",职责不明,重视不够。学前教育既是当前的短板,也是未来教育发展的重点领域。教育的确是对人的智慧的考验,总是存在困惑。我一直对教育存在三大疑问:

一是幼儿教育到底是学校教育的范畴呢,还是社会教育的范畴?卫生部门的保育、健康与学习教育理念在幼儿教育中的地位和作用如何分工?

二是教育思想伟人、教育理论大家、教育实践行家、教学研究专家、教育行政官员对教育质量的发言权谁说了算?过去是教育救国,现在是为了救自己(由过去"书中自有黄金屋"的传统观念,到现在的教育就是为了就业)还是为了强国?

三是家长对孩子教育支出的负担重不重?有些教育工作非开展不可,但是,当地政府没有钱,只好收取家长的钱。政府对教育投入增加了,社会、家长对教育支出的负担就减轻了。学校减负了,家长乘虚而入,千方百计对孩子增加学习负担。根据教育部课题组调查:我国近半中小学生睡眠不足,没有到达国家规定的每天9小时睡眠标准,每天22点之后才能睡觉。50.1%的家长认为,睡眠时间不足影响了孩子的日常学习和生长发育。这是学校的责任呢,还是父母的责任?

怎样的幼儿教育才是最有利于孩子的"特长培养"?家庭教育的地位和作用绝对不可忽视。现在的大部分家长缺乏生命科学、人的身心成长规律的常识,导致很多家长听信唯利是图者的谎言,对自己孩子的培养过早地采取拔苗助长的办法,对幼儿尚未成长、成型、成熟的体格和思维,进行所谓的能力开发、技能训练,造成孩子体格、智商、情商过早的透支,甚至对孩子终生留下后患。生命科学研究证明,孩子特长、潜能的培养成功与否,并不在于提前过早地去增加负担,强迫训练,这样往往造成半途而废的结果。教育研究结果表明,过早的透支学习兴趣,反而成为学生产生厌学情绪的主要原因之一,过早地接触电子产品不利于幼儿智力的开发。而应该善于发现孩子与生俱来的潜能,在孩子身心具备基本条件以后,加以挖掘培养,促进孩子特长的形成、发展,使其终生受益。

第三部分

从中观层面分析甘肃基础教育，具有八个主要特点和面临十大发展的难题

我省基础教育正处在由“有学上”向“上好学”转变的新的历史起点上，发展前景广阔，迎来了新的发展机遇期。从纵向比较，基础教育呈现跨越式发展的特点；从横向比较，各级各类教育与东部省份比较，客观上还存在着较大差距。根据省委、省政府提出的“在‘十二五’期间建设西部教育强省、人力资源强省”的奋斗目标，我们通过总结和分析“十一五”期间基础教育发展形势，判断和预测“十二五”期间基础教育发展态势，从中可以看到挑战与机遇并存的基本特点和发展趋势。

一、甘肃教育具有的八个主要特点

(一)甘肃教育发展面临的“四大挑战”

1.随着经济社会发展和日趋激烈的竞争，新的生产要素重组、经济结构和产业结构加速调整，对教育和人才培养模式、结构和质量提出的挑战。

2.实施“科教兴省”战略，建设社会主义新农村和实现总体小康目标，要求教育优先发展、提供优质教育服务提出的挑战。

3.构建和谐社会和城市化进程加快，人口和消费结构发生变化对办人民满意的教育提出的挑战。

4.教育自身发展尤其是可持续发展提出的挑战。

(二)甘肃教育发展要把握好的四个历史机遇

1.西部大开发战略深入实施，国家对西部教育政策的倾斜和投入

力度加大;《国家中长期教育发展规划纲要》的制定和实施;中央把甘肃藏区纳入第五次西藏工作会议范围;制定和实施第十二个教育发展规划,省委、省政府高度重视教育发展所提供的机遇。

2.人口变化特别是中小学学龄人口的减少,对教育发展的结构调整、模式变革和质量提高提供的机遇。

3.人民生活水平提高,消费结构变化,高层次、高质量和多样化的教育需求所带来的机遇。

4.随着我省经济社会持续发展和经济实力提升,各级政府不断加大教育投入所提供的机遇。

二、从甘肃基础教育层面分析,面临十大发展难题

我省"两基"攻坚工作顺利通过国家验收,基础教育发展重点将要转型转移到推进城乡义务教育均衡发展,实施学校标准化建设,促进教育内涵发展,全面提高教育质量的轨道上。

实践证明,教育事业的发展既离不开各级党政组织的正确领导,离不开各部门的协作配合,离不开社会各界的支持与参与,也不可能绕过经济社会发展当下阶段的政府和家庭的承受能力。"十一五"期间,甘肃基础教育在改革中实现了持续发展,取得了有目共睹的巨大成绩。但是由于经济欠发达,教育基础薄弱,在教育飞速发展的同时也出现了一些突出的矛盾。从教育业务角度分析,我省基础教育改革和发展,特别是欠发达省份如何办人民满意的教育,仍然面临着一系列的困难和问题。根据我省基础教育发展和变化的趋势,我最近对基础教育进行深层次的探索和思考,认为我省基础教育急需研究解决的重大课题有:

(一)甘肃基础教育发展总体水平在全国仍然比较靠后,与全国平均水平尚存较大差距,有些方面的差距甚至在拉大。教育发展阶段的判断应该进行纵横比较。在经济文化欠发达地区,国家一些经济社会

建设的发展战略难以真正落实。我国教育发展区域不平衡,我省差距还很大,主要表现在:甘肃 15 岁以上人口平均受教育年限低,只有 8.1 年,全国为 8.5 年。在教育发展方式的转变方面,教育模式的改革缺乏成果,教学方法的选择和怎么教的问题观念陈旧、保守。教育不公平的问题尤为突出,城乡之间、区域之间、校际之间教育发展阶段和质量都不均衡;高中阶段教育普及程度低;学前一年教育普及程度低;青壮年文盲比率高;普通高中在校生与中职学校在校生比例尚未达到大体相当;小学升入初中,初中升入高中,高中升入大学的比例失调和总量小;教师队伍学科结构不合理;中小学硬件和软件条件不达标等等。在进行纵向比较的同时,必须进行横向比较。

国内比较:甘肃基础教育虽然得到了快速发展,取得了很大成绩,发生了巨大的变化(“两基”攻坚、布局结构调整),但和全国教育平均水平比,教育发展水平和许多教育指标与全国差距很大,有些指标还有拉大的趋势。

质量差距,总量差距。我省“两基”攻坚的水平与质量存在明显差距。“两基”攻坚验收,工作低水平,数字高水平。如何通过核查真实的数据让甘肃教育回归本来面貌。“两基”攻坚之后入学率可以不变,但是,控制辍学数字必须调整为重点考核指标。

省内比较:“酒泉与临夏之比”。从 2010 年底对临夏州和酒泉市教育发展指标的比较分析中可见一斑。人均受教育年限:酒泉市为 9.01 年,临夏州为 5.10 年,相差 3.91 年。适龄儿童入学率:酒泉市为 100%,临夏州为 98.36%,相差 1.64 个百分点。小学辍学率:酒泉市为 0.39%,临夏州为 2.67%,高出 2.28 个百分点。青壮年文盲率:酒泉市为 1.60%,临夏州为 3.09%, 高出 1.49 个百分点。小学升入初中率: 酒泉市为 97.16%,临夏州为 78.94%,相差 18.22 个百分点。初中升高中率:酒泉市为 51.02%,临夏州为 49.5%,相差 1.52 个百分点。教师学历达标率:酒泉市普通初中专任教师学历合格率为 98.19%, 普通高中专任教师学历合格率为 95.84%；临夏州普通初中专任教师学历合格率为 96.59%,普通高中专任教师学历合格率为 86.32%,相差 1.6 个百分点和 9.52 个百分点。高中阶段教育普及率：酒泉市为 90%，临夏州为 33.3%,相差 56.7 个百分点。职业教育发展情况:酒泉市普职比例为 5.5:4.5,临夏州普职比例为 7:3。学前三年教育普及率:酒泉市城市为 96%,临夏州城市为 88.1%;酒泉市农村为 95%,临夏州农村为 0.6%。2010 年高考本科普通高校当年录取比例:酒泉市为 41.29%,临夏州为 36.4%。

(二)教育资源供不应求,与“上好学”、“人民满意教育”的需求相距甚远,地方财政支持能力较弱,制约缩小城乡教育差距。甘肃最大省情和教情特点就是省穷民穷,缺钱、缺水、缺人才,地方财政入不敷出,贫困人口多,贫穷程度深,脱贫致富难度大。为了实现人人“有学上”的目标已经做了长期艰苦的奋斗,达到人人“上好学”的发展阶段还有很长的路要走,对一部分地区而言甚至是一种理想和口号。各级政府对教育年度目标责任考核的指标单一、陈旧。义务教育均衡发展应该成为“两基”攻坚完成之后各级政府新的攻坚抓手,特别是对学前教育的地方投入今后将需要持续增加。“两基”的总体水平较低,青壮年文盲比例居高不下;幼儿教育思想混乱,主要观点达不成共识;学前教育体制不健全,“入园难”的问题突出,普及率偏低。到目前为止,各级政府仍然把入学率、升学率、辍学率作为唯一的考核指标,而随着群众对教育的认识提高,“三率”难度下降,办学条件和教育质量成为教育发展的主要瓶颈。人民对教育的要求越来越高,要办教师自豪、学生幸福、社会满意的教育。在经济相对贫困的情况下,各级地方政府想方设法增加基础教育投入，但农村义务教育经费难以满足事业发展的需要。一是农村寄宿制学校生活用房严重不足。随着农村学校布局的调整,一部分学校撤并,对寄宿制学校的需求大量增加。有些学校无力解决宿舍,学生上学和生活发生困难。二是部分地区还存在降低工程建设标准修建校舍的现象。一些地区特别是经济欠发达地区,由于农村学校修建任务繁重,经费保障不足,不得不降低工程建设标准,选择比较经济但安全度较低的建筑结构类型。三是农村学校教学设备不足。不少农村学校因为没有操场和文体器材,而无法组织学生开展正常的音体美教学活动。四是农村学校卫生条件较差,校园环境设施不配套。近几年,许多学校在改水改厕以及解决饮水难、做饭难等问题上有了一定进展,但要进一步改善卫生和生活条件,还有较大的资金缺口。此外,农村义务教育经费的拨付、使用和管理还存在一些问题。

(三)教育结构不尽合理,幼儿园、小学、初中、高中学段在校生比例严重失调。普通高中与中职学校在校生的比例达不到国家规定的要求,少数民族地区学生成才、考入大学的比例偏低。素质教育和义务教育均衡发展工作滞后,学前教育办学体制不健全、不规范,主要表现为管理体制不完善,面临新的发展难题;投资主体不明确,幼儿教育经费紧缺,农村幼儿园办园条件差;教师队伍不稳定,教育质量难以提高;民办幼儿园管理滞后,问题突出;幼儿教育管理力量严重不足,办园行为有待进一步规范;投入严重不足,地区之间、城乡之间、幼儿园之间的发展很不平衡。普通高中教育出现自我发展的趋势。国家大力推进职业教育并逐步对中职学校在校学生实行免费政策,提出中职生与普通高中在校生比例大体相当的要求,对普通高中采取控制招生规模和比例的政策。尽管如此,人民群众对子女进入普通高中接受教育,仍然是首要的选择。由于缺乏资金投入,导致普通高中普遍达不到新课程实验工作硬件与软件的标准,新增加的通用技术课程,既缺少本专业的教师,也缺乏必备的专门实验室。

(四)学前教育改革与发展任务空前艰巨。一方面要加快学前教育发展的速度。由于我省学前教育长期滞后,近两年又发展过猛,政府和教育系统的思想观念、教育理念、师资力量、经费投入、课程建设等方面的准备不足。按照学前教育的发展规划,我省“入园难、入园贵”的问题,需要举全省之力,加大投入、加大力度,经过10年的艰苦努力,在新增加40万个学位的情况下,入园难的问题才能得到缓解或基本解决。另一方面要规范幼儿园的办园行为。过去由于缺乏必要的规章制度,全省的各级各类幼儿园办园行为比较混乱。现在我省依据国家的规定出台了两个规范性文件,充分体现了省政府提出的“四个有利于”原则,学前教育发行教育券的试点和推广工作迫在眉睫。

(五)教育发展不均衡,城乡之间、区域之间、校际之间差别悬殊,严重制约教育质量的全面提升。农村大部分中小学办学硬件和软件条件达不到国家规定的标准,推进义务教育均衡发展面临解决大量存在的薄弱学校的问题。农村学生大量流入城市学校,外地学生大量流入兰州市,造成新的上学难、超大班额、择校等办学压力。公共财力有限,地方教育投入不足,应试教育向素质教育转型进展缓慢。甘肃地方财政大都属于吃饭财政,主要靠国家转移支付来维持正常运转。绝大部分县市区“以县为主”的教育经费管理制度出现“空转”,自我教育投入和自我发展教育的能力严重不足,教育基础设施落后,中小学危房比例偏高,“两基”攻坚和普通高中欠账、欠债金额较大。由于办学投入和学校经营等各种原因,导致学校之间的差距拉大。随着广大人民群众生活质量的不断提高,对子女接受优质教育的愿望日益强烈。但由于优质教育资源不足,导致了城镇学校的“超大班额”现象的普遍存在,严重影响了教学质量的提高。

1.小学毕业生升普通初中升学率、小学五年巩固率及初中三年巩固率。分地区看,兰州、嘉峪关、金昌、白银、武威、张掖、酒泉和临夏回族自治州小学毕业生升普通初中升学率达到了100%。2010年,全省小学五年巩固率为82.86%,其中女童为82.07%,比上年分别下降7个和6.9个百分点。河西地区要好于陇东地区。

2.初中净入学率和高中升学率。分地区看2010年的情况,陇南市和甘南藏族自治州初中净入学率比较低，均在95%以下，甘南藏族自治州最低，为76.65%。初中毕业生升普通高中升学率为48.31%，比上年提高了1.48个百分点。河西要好于陇东地区。

3.寄宿生情况。甘南藏族自治州、酒泉市、陇南市、张掖市小学寄宿生占在校生的比例超过15%，甘南藏族自治州最高，达到58.35%；农村小学寄宿生也达到15%以上，甘南藏族自治州达到59.37%。甘南藏族自治州、张掖市、陇南市、庆阳市、临夏回族自治州普通初中寄宿生占在校生的比例超过50%，甘南藏族自治州最高，达到82.08%；农村普通初中寄宿生除兰州市、天水市以外，均超过40%以上。

4.办学条件。2010年，普通高中生均校舍建筑面积为11.63平方米，比上年增加0.35平方米。全省有8个地区生均条件有不同程度的提高，白银、天水、平凉、庆阳、河西和甘南藏族自治州等6个地区生均条件有不同程度的下降。2010年，全省普通高中有专任教师37517人，生师比从上年的17.30:1下降为17.24:1。除兰州、白银、武威、张掖、酒泉、庆阳、临夏回族自治州、甘南藏族自治州以外，其他地区普通高中生师比均有不同程度的降低，嘉峪关、河西和陇南3个地区下降幅度超过1，临夏回族自治州普通高中生师比全省最好，为14.15:1，教师紧缺状况有所缓解。

(六)基础教育课程改革有待完善和深入，现代学校制度重建任务艰巨。我省义务教育课程改革从2001年开始，但是进展情况不尽如人意。义务教育阶段新的课程改革留下了四大教训：一是政府行为缺位，各级政府经费保障出现空缺，从省到县没有解决任何课改经费。二是对教师全员培训工作不够到位，新课改要求是促进每个学生的个性发展，而现在的中小学教育方法却变相成为千方百计控制学生的个性多样化。三是城市学校大班额随之而来，无法实施探究式、合作式学习。四是未能创新和建立中小学教学管理评价制度和学生学业质量评价机制体系，放松了小学毕业升初中的考试考核，直接影响高中阶段教育质量。这些教训,已经成为课程改革和素质教育必须突破的难点。

基础教育，特别是普通高中教育新课改比想象的难度还要大很多,复杂很多,进展也缓慢得多,与新课改相匹配的学校制度重建以及基础教育新课改课程改革有待完善和深入,在教育内容的取舍、教学方法的转型等方面，要彻底改变新的课程体系在陈旧的体制内运行的怪圈,解决家长增加学业负担与学校减轻课业负担之间的矛盾。假课改现象普遍存在，特别是普通高中新课改进展缓慢的制约因素(障碍)主要来自于教育内部的校长思想认识跟不上,观念保守、魄力不够、决心不大以及缺乏工作力度等内因呢？还是主要来自于各级政府外部推手缺位的外因造成制约因素(障碍)无法消除？或者二者兼而有之？

在常态下教与学带有强制性,教育的含义和构成要素离不开语言表达、文字记忆、行为规范、思维方式、体质健康、生活技能、判断能力、交际能力、审美能力、综合智慧等十个方面。按照这样的功能和责任定位,学校教育在外延发展和内涵发展方面起码有三个条件和要求,即学校教育“三像”的命题。学校像个学习的环境,有文化底蕴、文化气息,学校应该像课改以后的真正的学校;教师像个教书育人的样,能够体验教书育人的快乐和幸福感，教师应该像课改以后的真正教师;学生应该像课改以后真正的学生,真正做到四个学会(学会学习、学会生存、学会合作、学会做人)。这里所谓的“三像”其实不是一般意义上的最低要求,而是最高要求。真正意义上的“三像”就是学校办学的“硬件”和“软件”一切条件、教与学活动的一切过程都应该达到教育部规定的标准和要求。在此基础上实现普通高中教育质量全面、大幅提升,升学率和合格率达到100%的奋斗目标。

(七)教育体制改革首先要改革现行的教育人事管理制度和体制。应该赋予教育行政管理部门人事管理权，从根本上解决师资队伍专业结构不合理,不适应新课改的要求的瓶颈问题和障碍。教师队伍学科结构不合理,文凭与水平悬殊。没有高质量的教师就不可能有高质量的教育。缩小城乡教育质量差距,首要核心的问题是提高农村教师队伍的质量。一定要建设一支高水平、高质量的人民教师队伍。教师科研论文如何以评职称为主要目的转为以解决教学实践中存在、出现的问题为主,是各级教育部门的重大任务之一。有两个问题不解决,教育实现不了真正意义上的公平:一是农村中小学和少数民族地区教育人才外流严重,骨干教师留不住。要采取享受双倍工资待遇的办法,把高素质高学历的优秀教师补充到农村中小学和少数民族地区,扎根中小学教学第一线。二是教育教学改革首先必须改革管理体制,实现管理方式的转变和创新。教师第一学历普遍比较低,大部分教师的最高学历(为了达到学历合格)处于"所教非所学"的状态之中。如:理科教师的最高学历通过电大、函授等获取文科文凭的居多,不能完全适应本学科专业的教学要求。必须解决教师培训的针对性、有效性的问题,应该实施问题培训法。加强师德建设,提高教师准入门槛。现在只要参加象征性的专业水平考试就轻而易举地取得教师资格证,什么人都能当教师。教师选拔时必须注意考核其综合素质和道德品质,应当确立严格把关的标准和手段。教师不仅要自主,自达,自强,自爱,自尊;还要立人,达人,强人,爱人,尊人。教师绝对不是一个没有道德底线的、人人都能当好的职业。

教师是教育的第一宝贵资源,促进教育公平对教师队伍建设提出了更高要求。我省农村教师队伍还难以满足全面推进素质教育和提高教育质量的要求。一是农村教职工基本编制标准偏低。当前,城乡教职工基本编制标准不统一,小学、初中教职工和学生比例基本编制标准,农村分别是1:23,1:18,城市分别是1:19,1:13.5,农村低于城市。而农村学校由于相对分散、寄宿学生增加等原因,恰恰需要多配备教师。二是农村教师培训经费严重不足,培训没有基本保障。农村学校教师培训经费一般只占公用经费的5%,有的甚至更低。长期缺乏系统培训的农村教师,无法适应新课程改革的要求。一些农村学校教师的年龄结构、学科结构不合理,年龄老化与年轻教师缺乏现象普遍,外语、信息技术、音乐、体育、美术等学科的教师紧缺。三是农村教师补充退出机制不健全。目前,一些不合格人员占据着教师岗位,缺乏正常的退出渠道,无法腾出编制补充年轻、优秀教师。四是一些地方还存在不少代课人员。由于有些边远、艰苦地区派不进公办教师,聘用代课人员费用较低,因而出现了对教师队伍有编不补、低薪聘用代课人员的现象。据统计,目前全国中小学仍有37.9万名代课人员,其中81.8%分布在农村学校。代课人员的收入一般仅为公办教师的三分之一,甚至为五分之一。部分代课人员素质不高,难以保障教学要求。五是教师的津补贴政策还没有完全到位。实施新机制前,许多学校通过向学生收取各种费用发放教师津补贴;实施新机制后,由于严格公用经费开支范围并制止乱收费,学校失去了发放教师津补贴的资金来源,一些地区教师实际收入下降。随着逐步规范公务员津补贴,一些地方教师与当地公务员实际收入差距拉大。另外,一些地区农村教师住房条件普遍较差,医疗、失业和养老保险政策尚未落实,影响了农村教师队伍的稳定。

(八)"两基"攻坚各项任务完成质量较差,各项指标达标率比较低,对适龄儿童和家长出现了新的工作欠账。经过二十多年的努力,我省已全面普及了九年义务教育,实现了"两基"攻坚的宏伟目标,这标志着我省基础教育发展进入了新的历史阶段。从教育自身的改革和发展看,通过"两基"攻坚,中小学办学条件明显改善,提高教育质量、全面实施素质教育、促进教育公平成为今后教育发展改革的主要任务。从人民群众和社会发展的需求看,随着九年义务教育的普及,当前"有学上"的问题已基本解决,但"上好学"的问题会日益突出,择校也将进一步成为社会普遍关注的热点和难点问题。从各市(州)、县

(区)义务教育发展实际来看,一些地区和学校在"两基"攻坚工作中完成质量较差,因此,随着"两基"目标的实现,当前和今后一个时期基础教育发展必须实现发展重心的转移:从注重普及转变到注重提高。

从2003年以来,我省"两基"攻坚虽然取得了很大成效,但是,绝大多数少数民族贫困县,财政没有自给能力,农牧民群众贫困面大,教育基础薄弱,地理位置特殊,生存环境恶劣,虽已实现"两基",但也是低水平的,巩固提高的任务非常艰巨。农村教师队伍整体素质不高,一部分教师的业务水平难以适应素质教育的要求。一些寄宿制学校的学生食堂、锅炉房等辅助设施还不能满足实际需要,取暖、饮水等存在很大困难,管理也比较粗放。特别是受5.12汶川大地震影响,不少县的校舍都程度不同地受到了损毁,校舍短缺的矛盾更加突出。义务教育普及程度偏低、文盲率较高的问题也比较突出。教师资源匮乏、教师培训落后在一定程度上制约了教育质量的提高。因此,我省巩固"两基"成果任务十分艰巨。

义务教育还有很多工作要落实,很多问题要破解。2011年底,全省基本完成"两基"攻坚任务,通过了国家检查验收。但是,辍学和失学随保障而迎刃而解了吗?由于"两基"攻坚的25个县都是边远贫困地区和少数民族地区,很多指标都是突击完成,跨越常规发展阶段,低层次、低起点,巩固、提高普九成果工作难度大。一方面,随着国家就业政策的改革和大中专学校毕业生就业难,少数民族地区群众送子女上学的积极性受到一定的影响,失学、辍学略有反弹,被劝返的大龄学生出现第二次失学的现象,新的文盲仍然在产生。另一方面,扫盲工作出现"一手硬、一手软"的问题,没有专门机构、人员和资金投入,而且缺乏督查手段,没有实行一票否决制,导致青壮年文盲比例高,达不到国家4%的规定。

(九)教育规划纲要实施和建设西部人力资源强省、教育强省的进展缓慢,教育体制改革成效甚微。根据我省教育规划纲要提出的发展目标,经过测算,未来 5 至 10 年内,我省教育发展和人力资源开发总体水平,将处于西部地区第四位到第五位;各级各类教育的主要发展指标和基本办学指标将略高于西部平均水平,达到或基本达到全国平均水平;具有比较优势的发展指标和办学指标将在西部地区处于领先地位,略高于全国平均水平。但目前,我省城乡之间、区域之间、各级各类教育之间发展阶段和水平很不平衡。一方面的差距,主要体现在城乡教育基础差别过大。学前教育发展差距主要体现在城市入园率高,农村入园率低;义务教育阶段的差距主要体现在农村学校教师队伍素质差,城市学校教师队伍素质相对高。各地之间"普初"、"普九"时间前后相差很远,普九高中阶段教育比例悬殊,高考录取比例特别是重点高校录取率差距大。另一方面的差距,主要体现在整合教育资源、调整学校结构布局进展不平衡上。由于政府投资不足,未能满足大规模、高效益办学条件的需求。因此,要实现规划纲要提出的奋斗目标,就需要对西部 11 省、市、自治区的教育发展阶段、水平、各项指标、各项标准进行比较研究,在此基础上提出甘肃教育强省的指标体系、工程项目体系、保障措施体系,以及时间表、路线图,解决教育改革发展五年规划与年度工作计划相脱节的问题。

(十)农村教育仍然是教育事业最薄弱的环节,存在着许多亟待解决的困难和问题。城乡之间、区域之间教育发展不协调,农村义务教育阶段学校办学条件仍然较差,相当大一部分农村贫困地区和民族地区、边远地区学校的校舍、教学设施、仪器设备达不到国家规定的基本标准。农村教师整体素质亟待提高,待遇偏低、骨干教师缺乏等问题突出,严重制约了教学质量的提高。学校的实习实践场所和师资队伍普遍紧张,教师队伍配置不均衡。农村教育管理体制有待进一步理顺。

教育信息化和现代化建设是城乡教育均衡发展的重要标志。但目前,我省农村地区、边远地区、少数民族地区中小学计算机和多媒体、网络硬件配备与城区学校差距很大,有些学校甚至为零。网络环境下教与学的应用软件和网络资源严重不足,教学层次低,推进缓慢。

现阶段农村教育仍存在办学模式单一等弊端,西部地区义务教育阶段与发达地区比较,西部流失率高、入学率低,辍学和从业是贫困家庭无奈的选择。由于农村人口文化水平低,从而直接影响生产率水平的提高和劳动者创新能力的提升,导致农村经济发展缓慢,其结果是难以形成对教育进行投资的财源,农村中小学教育经费短缺程度更为严重。如此恶性循环,农村地区经济发展就会更加缓慢,财政的支配能力就会更弱,也就无力支撑教育事业发展的大量需求。随着农村剩余劳动力向东部、向城市转移的人数增多,流动人口的子女就学问题根本没有能力去解决,农村地区优质教育资源短缺的矛盾更加突出。农村教育长期低水平的发展,又在很大程度上影响农村地区经济的发展。

第四部分
从教育实践的角度分析甘肃基础教育的发展趋势、未来发展的基本思路和“十大措施”

一、从教育实践的角度分析甘肃基础教育的发展趋势

(一)学前教育需求扩大,幼儿园建设纳入政府公益性事业,普及学前教育的任务非常紧迫。随着社会需求的增加,“入园难、入园贵”的矛盾凸显出来。《国家中长期教育发展规划纲要》确定了“在2020年之前普及学前一年教育,基本普及学前两年教育,有条件的地方普及学前三年教育”以及四大工作目标和任务。2010年国务院十条意见中,一方面对学前教育的阶段性目标定位在解决“入园难”的问题;另

一方面参照了《义务教育法》的法律条款，对学前教育定性为“公益性和普惠性”，正式纳入“国民教育体系”和“重要的社会公益事业”。积极扶持民办园提供普惠性服务，正式纳入“十二五”期间各级政府在实施教育事业优先发展的新领域和重要组成部分，已成为教育行政部门需要重大突破的工作任务。大力发展学前教育是我省教育现代化的必然选择。按照《甘肃省学前教育三年行动计划(2011—2013)》建设目标，未来三年需要新建900所标准化幼儿园，未来十年全省1 229个乡镇各建设一所功能齐全的中心幼儿园，全省16 165个村委会都可以建立民办幼儿园。

(二)全省小学适龄儿童人数下降，农村中小学校数量减少。在教育资源整合和学校布局调整的过程中，各地实施“四个集中”原则、“先建后撤”三年工作计划进展极为不平衡。受人口总量减少因素的影响，从2000年开始，小学一年级新生招生数逐年下降。2010年新生招生减少到361 331人，比2000年小学一年级招生647 847人减少了286 516人。据分析，除了2000年可能将当年的一部分小学附设的学前班学生统计为小学生之外，全省人口增长放慢直接反映出各级各类学校生源减少、招生规模减小的实际问题。从2000年开始，除了普通初中由1270所增加到2010年的1586所(增加316所)以外，小学和普通高中数均明显地减少。2000年有小学21 557所，到2010年缩减为11 582所，减少9975所；2000年普通高中建制有419所，2010年普通高中建制452所，实际办学的只有380所。全省从小学六年级向下递减，绝大部分的学校一年级在校生普遍比六年级的在校生少。这个问题直接关系到初中和高中教育，甚至关系到未来高考的生源问题。因此，在制定教育中长期发展规划时有必要对全省人口增长未来趋势进行分析和预测，避免教育投入造成浪费。

(三)民办基础教育的发展徘徊不前，少数民族地区和贫困县教育发展出现萎缩。一方面，随着新《义务教育法》的颁布实施，处在基础教育领域、义务教育阶段的民办教育，实现了由“人民教育人民办”向“义务教育政府办”的彻底转变，义务教育阶段的民办中小学大幅度减少，民办普通高中大部分以复读学生为主，招生计划减少。2010 年，全省民办幼儿园 1 199 所，在园儿童 80 486 人；民办普通小学 16 所，在校生 8 517 人；民办普通初中 19 所，在校生 13 019 人；民办普通高中 52 所，在校生 38 387 人。

另一方面，有本民族母语的教育教学提高质量的任务特殊，教育发展难度大，实现跨越式发展形势依然严峻。我省少数民族地区和部分贫困县，财政自给率在 10%以下，地方小口径财政支出中无法安排预算，教育投入的“三个增长”落空，“以县为主”的教育经费管理体制出现“空转”现象，教育发展规划目标难以完全实现。随着就业政策的变化，少数民族地区城镇人口和工薪阶层教育价值取向的变化，在实施汉藏“双语”教育过程中，以藏语为主的“第一模式”基本为农牧民子女，领导干部和城镇居民子女基本选择以汉语为主、加授藏语的“第二模式”。甘南藏族自治州部分县和天祝县“以藏语为主”的办学模式名存实亡，这与从小学开始加授英语，高考只能考英语，学生学习难度增加不无关系。

民族地区教育实现跨越式发展形势依然严峻。甘肃民族地区自然条件恶劣，经济基础薄弱，地方财政困难，教育经费投入严重不足，普通高中学校办学条件改善、教学设施补充、教学仪器达标等方面地方财政无力保障；教师数量不足、质量不高，“双语”教师和高层次人才奇缺。少数民族地区学校普遍存在学生刻苦勤奋、教师敬业奉献、学校精细化管理、家长帮助督促等“四个不如”的问题，归根结底是教育成本高，质量差。而影响教育(学业)质量的外部因素有家庭和社会因素，内部有教师和学生、教学内容与教学方法、潜在的课程、教育设施、学校管理等因素，这些都成为制约民族教育质量提高的瓶颈。

优质教育资源在短期内解决不了，教育质量在短期内难以提高，就要采取“借船渡河”、“架桥渡沟”的办法，借用外力发展自己。只有每个年度促进“快速”发展，才能实现跨越。只有实现“跨越”发展，才能实现“同步”发展。因此，必须量化各项发展指标，寻找与全省平均水平的差距；确定跨越的具体内容；动态分析全国发展平均水平的指数。还要寻找民族教育发展的“瓶颈”的体制性“障碍”，主要是寻找造成“差距”的原因。要提高“双语教育”发展规划的执行力，在制度保障上落实中央、省上新出台的支持民族教育跨越式发展的特殊优惠政策；拓宽双语教育藏汉语文兼通型的教师队伍；加强励志教育，提高教育质量，实现学校、教师、学生“三像”目标；积极争取全国、全省对口支持牧区教育；要大力实施高中向城市、初中向城镇、小学向乡镇、教学点向行政村的四个集中原则，彻底打破小而全、高度分散、高额成本、效益过低、质量过差的恶性循环，跨越到规模适度、适当集中、模式独特的现代教育发展方式。

（四）中小学生业余生活依赖网络文化。网络作为现代社会的技术新生儿，既有有益于人类发展的一面，也有危害人类利益的一面。在网络技术日新月异、高度发达的时代背景下，根据最新调查，我国超九成未成年人使用互联网，首次触网年龄已经提前到10岁（含10岁）。使用互联网的未成年人其家庭互联网普及率达82.0%，被调查学生个人专属手机拥有率达72.8%，而且其中80%的人有使用手机上网的经历。可见，除了电脑以外，手机已经成为未成年人上网的重要渠道，未成年人接触互联网的机会大大增加，甚至已逐步成为未成年人学习、生活中的必需品（电脑和手机甚至可以说已经成为青少年的“新器官”）。青少年学生实际上已经离不开网络文化、网络生活，大部分青少年都有自己的QQ网友群体，有自己的网络语言，网络成为兴趣最大的个人支配的自由空间，出现了喜欢上网、忽视读书的严重现象。网络文化对青少年学生所带来的负面影响，主要表现在：一是信息泛滥，青少年无所适从。二是互联网的隐蔽性，导致青少年不道德行为和违法犯罪行为增多。三是互联网的虚拟性,将造成青少年亲情淡化的倾向。四是互联网丰富的内容,制约和削弱了青少年的创新能力。五是文化渗透,这对崇尚新知识、思想活跃,人生观、价值观、道德观尚未完全成熟的青少年是必须面对的严峻的文化考验。

(五)中小学生家庭作业的改革和补习、复读的问题。陕西师范大学教育学院彭文静教授在《结构功能理论视角下的中小学补习教育》一文中对中小学补习教育的成因进行了分析和研究,指出:由于我国优质教育资源分配不均,重点中小学数额有限,在家长迫切得到需求和一部分教师利益的驱动下,我国义务教育阶段选择课外补习教育的学生已经占到三分之二以上。其主要原因是:

1.从经济方面讲,当一部分家长发现自己的孩子存在知识薄弱的情况时,有经济能力就报名参加相应的课外辅导。

2.从文化方面讲,家长在自己的孩子年龄尚小时就很注重文化知识的教育。

3.从教育方面讲,教育自身存在质量不高的问题。在学校较大规模的班级,特别是超大班额班级授课的形式下,学生个体的需要很难得到重视和满足。让学生自愿选择自己喜欢的辅导班,学生的学习积极性也就自然而然地被调动起来了。

4.从心理方面讲,“不能让孩子输在起跑线上”是很多家长的心声,看到别人的孩子上补习班了,家长就开始着急,甚至学习成绩出现波动也归结为因为没有参加课外补习教育。

课外补习教育可以对学生在学校中尚未完全掌握的知识进行修补,可以为学生提供发展特长的机会,也可以充实学生的课余生活,必须用辩证的思维分析,用理性的态度对待。家长心目中,对孩子在学校受到更好的、更权威的、更为社会认可的教育的观念没有发生(也不会发生)动摇和改变。

课外补习教育是典型的应试教育。补习教育大多数是针对文化课进行的，这是因为当前重点中小学只将文化课成绩作为选拔学生的标准。迫于升学压力,追求和实施智育至上,文化课成绩决定一切,与“三个一切”、与促进学生德智体美劳各方面全面发展,保持学生身心和谐的教育目的之间有很大的差距。

从发展趋势分析,课外补习教育的影响正在逐渐加强,形式与内容也日趋丰富。广义的教育活动分为学校教育和非学校教育两大类,课外补习教育是学校教育的延伸和扩展，多样的形式和丰富的内容可以满足学生各方面的兴趣和求知欲,具有巩固知识、开拓眼界、提升能力的作用。教育应该培养社会成员共同的价值标准与促进学生个性发展之间的关系如何处理的矛盾,的确是个最大的难题。根据我国国情,在短期之内不可能取消课外补习教育,学校教育应该吸收、利用课外补习教育形式和内容上的长处,认识其存在的合理性,改善其不合理的成分，防止出现针对考试科目的应试性质的课外补习教育越来越多的倾向,防止成为变相的课堂教学,使课外补习教育走上与学校常规教育优势互补、促进教育内部结构均衡健康发展的轨道。

(六)中小学校园文化建设步入体系化格局。从20世纪90年代末开始,全省中小学普遍注重以“办学理念”为核心的校园文化建设,研究制定了由“办学理念、办学宗旨、办学目标、校训、校风、教风、学风、学校精神”等构成的校园文化体系,为学生全面健康发展营造了浓厚的文化氛围。这是阵地宣传教育和励志教育的主要形式,也是标准化学校建设中软件建设的主要内容,更是素质教育过程中的品性教育、兴趣培养、健康体魄和习惯养成教育方面的需要。

(七)职业教育在校生平民化。大力发展中等职业教育是“普九”之后普及高中阶段教育的一个最重要的选择，是加快普及高中阶段教育、全面推进素质教育、完善国民教育体系的主要举措。“十一五”以来,我国职业教育在办学理念、办学模式等方面取得了可喜的发展成绩,但是仍存在诸多问题,其中职业教育在校生日益显露平民化趋势就是一个突出的问题。究其原因主要有以下几方面：

一是社会上重普教、轻职教的问题很突出。国家在《职业教育法》等有关规定中，虽然把职业教育作为促进经济、社会发展的重要基础和教育事业发展的战略重点，但在现实中，重普教、轻职教，重研究型人才、轻技能型人才的现象仍很突出，成才的观念依旧是初中毕业升普通高中，高中毕业升普通大学。劳动人事制度仍将学历作为就业和选才的主要标准，社会普遍不将技师人员视为人才，不把职业教育当正规教育，存在着鄙薄职业教育的观念。生产服务一线劳动者和技能型人才的社会地位和收入还比较低，导致有一定社会背景、社会地位和家庭经济条件好的学生千方百计进入普通高中，而没有社会地位、背景和家庭经济条件不好的学生只能无奈地上职高。

二是现行的招生制度存在不足之处。高中阶段学校和高等学校招生时，常常将职业学校的招生批次排在最后，使社会上认为职业学校只能录取成绩差、素质低的学生，因而使得很多学生不愿意上职业学校。再加上普通高中资源有限，普通高中入学门槛过高，使报考普通高中无望的平民子弟不得不上职业学校。

三是人们对职业教育毕业后的就业信心不足。受经济发展的制约，技能人才的需求不多，再加上校企合作的保障制度还没有建立起来，职业学校培养目标制定、专业设置不符合企业的发展需求，致使职业教育就业形势不太乐观，很多家庭经济条件好的家长和学生不太愿意上职业学校。

四是国家对中等职业学校家庭经济困难学生的资助政策成为目前所占比例较大的中低收入家庭和农村居民家庭的子女选择职业教育学校的主要原因之一。以 2007 年为例：2007 年，国务院印发了《关于建立健全普通本科高校、高等职业学校和中等职业学校家庭经济困难学生资助政策体系的意见》，进一步确立和完善了中等职业学校学生资助政策体系。2007 年秋国家用于中等职业学校的学生资助的经费约180亿元，约1200万中职一、二年级的贫困学生得到资助(所有农村户籍的学生和县镇非农户口的学生以及城市家庭经济困难学生每年能够享受1500元的资助)。其中,中职学生受资助面达到90%。这对中低收入家庭的学生无疑是一个巨大的吸引。

(八)教育行政管理政令畅通和发挥业务指导的权威性的问题。现在教育工作角色错位现象不容忽视,一定要在思想上、言行上对自己的职责进行清晰而准确的定位，既不能出现县上干应该由市上干的工作,市上干应该由省上干的工作;也不能教师干应该由家长干的工作,校长干应该由教育局长干的工作,教育局长干应该由政府干的工作。

首先，要搞清楚怎样才能确保教育行政管理的政令畅通的问题。国家对教育事业的组织、领导、监督和管理由各级教育行政机关负责执行,主要任务是:贯彻教育方针,推行教育法令,拟定教育规章,编制教育计划,审核教育经费,视察、指导和考核所属教育行政单位和学校工作,任用教育人员,处理和协调各项教育工作上的问题等。只有贯彻落实党的教育方针,才能推进教育改革发展,才能科学发展,才能让人民满意;如果政令不通,教育部门再好的思路也等于零,再好的通知要求也落不到实处。这是一个需要认真思考和探讨的问题。教育行政管理的条与块的关系:教育部、省教育厅、市州教育局、县(市区)教育局可以说是一条战线,但是,没有行政管理权限上的隶属关系。各个市州及其所辖县(市区)教育局又是各为其主的块块关系。

在某一个时间阶段,社会对教育政策概念的理解,难免出现一些误解或者片面的认识。譬如：实施素质教育主要是各级政府的责任，如果停留在教育系统的层面,无法取得突破性的进展;“办人民满意”教育,是针对义务教育阶段人人有学上,上好学,接受良好教育而提出的目标和要求,并不是人人都能考上清华北大才是“人民满意的教育”;均衡发展是针对义务教育阶段提出的城乡之间教育资源配置要相对均衡的目标和要求，当前，国家并未提出各级各类教育都要均衡发展。

改革开放以来，国家逐步富强，人民逐步富裕唤醒了民众的教育意识。教育的重要性决定了全社会对教育的高度关注。教育部门承受着双重压力，一方面，承受着扩大教育优质资源，提高教育质量，促进学生全面健康发展，推进教育科学发展，办人民满意教育，建设教育强省等有形压力。另一方面，承受着外部环境不宽松，政策导向掩盖了一些国家教育意志与民众的教育功利化、家长对教育选择的决定之间的矛盾，教育改革只能成功不能失败，学生安全责任重大等无形压力。

其次，要清楚界定教育部门体现和发挥业务指导的权威性问题。教育部的专家对全世界的教育研究的脉搏抓得非常准，同时也把全国的、各地市的教育抓得非常准。我们省教育厅也是一样的，我们对全国的教育发展情况，要比各市、各教育局了解得全面。站在全省的角度，我们甘肃的教育在整个国家的教育体系里面占有什么位置？哪些方面是具有优势的？哪几个方面有差距，哪几个方面是劣势？我们都是心中有数的。而且我们对教育的发展是非常稳妥的，不搞大起大落，不搞行政命令，都是按照教育发展的规律和我省的省情、教情，以及教育部对整个教育的要求和借鉴各省的成功经验来做。我们任何一个文件都是经过认真研究反复论证后下发的，是具有权威性的。贯彻落实国家的教育方针、国家的教育改革发展目标，特别是国家的课程改革和纲要的要求，我们每一个学校要在省教育厅有力有效的业务指导下，才能生根开花结果。现在，教育厅对上下左右的经常性的深入沟通出现了断路和断层。

二、甘肃基础教育未来发展的基本思路和“十大措施”

我省“十一五”教育发展规划确定的发展思路是：正确认识甘肃属

于欠发达地区和区域经济发展不平衡的现状，正确对待不同区域内的不同区间、不同人群教育发展的不均衡问题，充分体现分区规划、分类指导、分步实施、整体推进教育发展的原则。酒泉、张掖、嘉峪关、金昌、兰州等市及部分农村地区，力争与全国先进的教育发达区域保持同步，积极发展高质量、高层次、高水平、均衡化的教育；武威、天水、白银等市及部分农村地区，适度超前发展，赶超目前的全国平均水平；庆阳、平凉、定西等市及部分农村地区，全面普及九年义务教育，全面提高教育质量，力争使学前教育和高中阶段教育的普及程度大幅度提高；陇南、甘南、临夏等市州及部分农村地区，全面普及九年义务教育，办学条件得到明显改善，"两基"成果得到巩固。

这是一个非常好的发展思路，非常遗憾的是随着国家发展战略的调整和未能把省教育厅的规划上升为省委、省政府的发展思路，原来的规划基本没有执行，规划不如变化的特点明显。特别是对教育的资金投入，由于甘肃是典型的"穷省办大教育"，教育发展始终处于依赖国家投资的拉动型的被动态势。但是，在总结工作中往往把未能落实和实现的"规划、目标"当做已经完成和实现的"工作成果"，这种做法实在要不得。在总结"十一五"发展变化时，应该按照原定的教育发展规划，将国家投资的拉动作用和本省投入分开进行分析，然后才能实事求是地评价五年来教育发展的成绩。甘肃基础教育的未来要更新教育观念，用发展的眼光、动态的思维，掌握工作主动权，努力创建面向21世纪的新基础教育。

(一)转变教育观念，党委、政府认真执行优先发展教育的战略方针，始终把培养人才作为根本使命。教育发展仍然缺乏落实的硬性措施，存在规划措施中的自我陶醉现象。如何保障目标的落实，地方保障不了，省上怎么办？要解决发展目标和发展资本可持续提高的问题，政府班子换届了，政策措施不更换，能够保持连续性。要政府的核心指标就是要确保5%的经费投入增长落实到位，对硬性措施要有各部门的平行。党委、政府如何真正重视学校教育。一是党委、政府齐抓共管教育事业，由党政一把亲自抓教育，至少由政府常务领导抓教育。二是每学期定期召开一次党委常委会、政府常务会专题教育工作会议,研究解决突出问题。三是把教育连续列入为民办实事内容。四是各级政府要下定决心以科学规划促进教育科学发展，实施四个集中的原则,加快学校布局结构调整,做好城乡教育资源整合。

刘延东国务委员对学习贯彻《教育规划纲要》,转变观念方面提出了“五性”的要求,对教育工作具有很强的针对性和指导意义。在人才培养中,要更加注重创新性,改变死记硬背的学习方式,增强学生的创新精神和创新能力,培养跨学科思维和批判性思维;注重综合性,改变单一知识教学,既注重专业深度,又拓展知识广度,既着眼能力素质的提高,又注重学生个性特点的发展;注重实践性,改变动手能力不强的问题,增强学生解决实际问题的能力;注重开放性,改变比较封闭的培养方式，培养学生的国际视野和尊重多元文化的博大胸怀;注重选择性,改变学习渠道过窄、教学管理僵化的问题,为学生创造更加灵活多样的学习机会。当前,各级政府应该着力解决三个环节的问题。一是城市中小学校大班额的问题。高中课改课题要研究化解大班额的问题,一个教师给50个学生讲课的效果与给70个学生讲课的效果有什么区别?师生比例多少最科学?二是着力解决标准化学校建设。三是着力提高教育教学质量。

(二)全面贯彻实施教育中长期改革和发展纲要,充分发挥教育功能,始终把服务社会作为重要职责。2010年7月,党中央、国务院召开了新世纪第一次全国教育工作会议,颁布实施了《国家中长期教育改革和发展规划纲要 (2010—2020年)》(以下简称《国家教育规划纲要》)。2010年底,省委省政府以《国家教育规划纲要》为指导,紧密联系全省经济社会发展实际,制定出台了《关于贯彻落实全国教育工作会议精神,加快我省教育事业科学发展的意见》和《甘肃省中长期教育改革和发展规划纲要(2010—2020年)》。2011年1月,省委、省政府召开了全省教育工作会议，全面安排部署贯彻落实教育规划纲要和深化教育体制改革工作。贯彻落实国家和省上的规划纲要是今后10年全省教育工作的主线和重点,教育系统需要充分利用、紧紧抓住教育改革发展的重大战略机遇期，把全面落实教育规划纲要作为重要职责和头等大事,促进教育事业蓬勃发展。贯彻落实的主要思路是:

一是紧盯目标不放松。各类教育发展目标要紧扣我省纲要提出的"到2015年,全省教育总体发展程度达到西部平均水平,部分办学指标达到西部先进水平。到2020年,教育总体水平达到或基本达到全国平均水平,超过西部平均水平,主要办学指标和人力资源开发指标位于西部前列,基本实现教育现代化,进入西部教育强省和人力资源强省行列"的总体发展目标。省教改领导小组已经提出制定《甘肃省"西部教育强省和人力资源强省"指标体系》和制定监测评估办法。要对各类教育核心指标每年与西部12个省(市、自治区)进行比较,要与国家平均水平进行比较,明确差距,找出问题的核心,制定切实可行的措施和办法。对2015年总体达到西部先进水平的可能性进行量化预测,为实现教育规划纲要2020年目标打好基础。

二是落实政策,寻求新的政策支持。比较迫切的一项工作是要全面梳理国家、省上对教育改革发展的各项政策,搞清楚中央和省上已经给予甘肃教育发展的政策,哪些政策落实到位了,哪些政策没有落实到位,是什么原因导致已经出台的政策没有落实到位。哪些方面需要政策支持但目前没有,是需要中央政策还是省委省政府出政策,需要理出思路。国家和省上的教育规划纲要分别是中央、国务院和省委、省政府出台颁布的,纲要本身就包含很多政策,这些政策需要细化,在与相关部门协调的基础上出台细则。《教育部关于落实〈国务院办公厅关于进一步支持甘肃经济社会发展的若干意见〉支持甘肃教育事业发展的意见》虽然政策提得比较宏观,但可以以此来进一步争取,进一步明确相关政策。

三是通过项目支撑,增强教育可持续发展能力。国家教育规划纲要确定了 10 个重大项目, 现细化为 37 个子项目 (其中延续项目 20 个、新设项目 17 个);我省规划纲要确定了 14 项重点工程项目,这些项目列入规划纲要,就意味着得到了中央和省上的认可支持。下一步的工作是如何争取国家 37 个子项目向甘肃倾斜支持, 如何把省上的 14 项工程落到实处。国家项目中新增项目主要针对民生,涉及基础教育的有:推进农村学前教育发展、民族地区贫困地区农村小学生营养改善计划、普通高中家庭经济困难学生资助、边远艰苦地区学校教师周转房建设等。省上 14 项重大工程涉及基础教育的有 9 项:实施品德教育工程,加强学生思想品德教育;实施幼儿园改扩建工程,加快发展学前教育;实施义务教育均衡发展工程,促进教育公平和巩固提高教育质量;实施中小学校舍安全工程,大力改善中小学办学条件;实施普通高中素质教育工程,着力提升普通高中教育质量;实施师资建设工程,提高教师队伍整体素质;实施民族教育基础能力建设工程,加快民族教育发展; 实施特殊教育保障工程, 保障残疾人受教育权利;实施教育信息化工程,以教育信息化推进教育现代化。

四是加大财政教育投入,健全完善财政教育投入保障机制。国务院印发了《关于进一步加大财政教育投入的意见》(国发〔2011〕22 号),省政府研究出台了《甘肃省人民政府关于进一步加大财政教育投入的实施意见》,突出了教育优先发展的战略地位,要求健全公共财政教育保障机制,切实增加教育投入,推动学校办学条件的改善和教育普及水平提升,促进教育公平和教育事业发展。规定:(1)严格落实教育经费法定增长要求, 切实提高财政教育支持占公共财政支出的比重;(2)全面落实教育费附加制度,足额征收教育费附加;(3)全面开征地方教育费附加;(4)从土地出让收益中按比例计提教育资金,地方各级政府分成的国有土地使用权出让收入中扣除征地和拆迁补偿等费用后，按10%比例计提教育发展专项资金；(5)从福利彩票和体育彩票公益金中计提教育资金，地方各级政府留成的福利彩票和体育彩票公益金，按10%比例提取教育专项资金。

五是通过强化组织领导，突出教育事业的优先发展战略地位。省政府成立了由副省长任组长，教育厅、发改委、财政厅、人社厅等20个省直部门和部分高校、科研院所主要负责人为成员的省教育体制改革领导小组；全省14个市(州)、86个县(市、区)政府成立本市、县教改领导小组，各级政府教改领导小组统一协调贯彻落实教育规划纲要，推进教育体制改革，将贯彻落实纲要上升到各级政府重点工作的层面。在省、市、县三级教育行政部门成立教改领导小组办公室，承担贯彻落实的具体工作。从而形成中央→省→市→县四级政府的贯彻落实组织机构，为纲要的全面落实提供组织保障。各级党委和政府建立了定期研究工作的制度，至少每半年听取一次教育工作汇报，切实把教育摆在优先发展的战略地位，切实保证经济社会发展规划优先安排、财政资金优先保障、公共资源优先满足。

六是充分发挥专家学者的参谋作用，为落实纲要、深化改革提供智力支撑。省政府成立省教育咨询委员会，为全省教育重大决策提供咨询意见，对重点、难点教育问题进行专题研究，为省政府决策提供支撑；省教改领导小组针对我省承担的12项国家教改试点项目分别组织成立了12个试点项目专家团队，由专家参与改革试点的全过程，为改革试点保驾护航。

七是围绕纲要，制定落实规划纲要的各项子规划。目前已经制定的有《全省“十二五”教育事业跨越式发展的实施意见》、《学前教育三年行动计划》、《学前教育“十二五”规划》、《高等教育“十二五”规划》、《职业教育“十二五”规划》等。下一步基础教育领域需要制定《义务教育均衡发展规划》、《特殊教育发展规划》、《普通高中教育发展规划》、《民族教育发展规划》等。

八是逐项落实《教育规划纲要》任务指标，明确责任分工，强化纲要的落实。去年，省政府办公厅印发了《甘肃省中长期教育改革和发展规划纲要省直部门任务分工》，对我省教育规划纲要确定的166项任务分别分解到各厅局落实；省教育厅印发了《甘肃省中长期教育改革和发展规划纲要教育厅内部任务分工》，进一步明确了落实纲要的责任主体、主要职责及牵头单位。目前各项任务牵头处室正在制定实施方案，关键是要将实施方案做细做实，实施方案涉及到很多政策，需要进一步协调。

（三）巩固“两基”攻坚成果，提高九年义务教育普及率质量，进一步夯实教育基础。

一是采取有效措施，巩固“两基”成果。“两基”成果的取得，经过了多年的艰苦奋斗，来之不易。“两基”攻坚之后，如何巩固成果，是一个重要而困难的工作。如何继续控辍保学、如何继续发扬“两基”攻坚过程中各部门共同支持教育发展的良好局面、如何继续保持学校领导和教师良好的精神面貌等等，都需要采取有效的措施。特别要及时总结“两基”攻坚过程中好的经验和做法，在一些完成“两基”攻坚工作中各项指标达标率不高的地区加以推广。

二是加快“四个集中”步伐，促进义务教育均衡发展。促进均衡发展是当前教育改革与发展的重要任务，实现义务均衡发展的途径也是多种多样的。经过试点和调研论证，我省确立了中小学布局调整的“四个集中”原则：高中向城区集中，初中向城镇集中，小学向乡镇集中，教学点向行政村集中。“四个集中”模式是一条符合我省实际的促进教育均衡发展的有效模式和促进我省基础教育均衡发展的有效方法。当前要进一步加快“四个集中”的步伐，特别要在城市化过程中将学校建设纳入规划，保证学校的数量和办学条件。

三是加强体制创新，提高教师队伍的整体素质。当前我省中小学教师队伍的主要问题表现在三个方面。首先是教师队伍的整体素质不高;其次是教师队伍的结构性矛盾突出,超编和紧缺并存,余缺难以互补,特别是城乡之间、重点学校和薄弱学校之间在师资队伍和校长水平方面的差距较大;再次,中小学教师特别是农村学校教师的专业培训与提高机制尚未建立。当前提高我省中小学特别是农村中小学教师队伍的整体素质,需要进一步加大体制创新的力度。第一,提高入职门槛,严把教师入口关;第二,设立特殊津贴,鼓励优秀人才到边远贫困地区中小学任教;第三,建立有利于农村教育发展的教师管理体制;第四,开展多种培训,切实提高在职教师的素质。

四是建立长效机制,确保师生安全。确保师生的生命安全和财产安全是一切教育的前提。要继续实施"校安工程",排查危房,按照最新标准改造或重建学校,确保校舍安全。除了校舍安全以外,还要关注师生的饮食安全、校外寄宿安全,严防下课或放学时的拥挤踩踏事件、校门口的突发事件以及火灾、学生之间的斗殴事件等安全问题发生。要采取各种有效措施,坚决杜绝各类安全事故。学校安全问题,不仅是教育部门的责任,还需要多管齐下,各部门齐抓共管方能奏效。对于不同的安全任务,要明确不同的责任部门,真正做到责任到人,警钟长鸣,常抓不懈。

五是以提高质量为核心,全面推进素质教育。随着"两基"目标的实现,我省基础教育应将提高质量作为今后教育改革与发展的重要目标。要进一步转变教育观念,树立新的人才观、质量观和学生观。要认识到,提高质量并不只是提高分数、提高升学率,而是以促进学生身心健康发展为目标,全面推进素质教育的实施。在此基础上,要不断改革教学方法,培养学生的学习兴趣,激发学生的学习动机,调动学生学习的积极性,让学生生动活泼地学习,积极主动地学习。

(四)继续以探索建立学业质量评价机制为突破口,努力把新课程改革落实到位。具体的评价方式可总结为"五个结合"。一是笔试与口试相结合。现阶段,对学生的终结性评价视分数为命根,变成了单一的分数评价。可以改变笔试的测试内容,以考查学生在阅读和写作方面的能力为主。口试主要考查学生的朗读、背诵和口语表达、交际能力,并且提高在评价中的比重,使笔试与口试处于同等重要的地位。二是自评与互评相结合。让学生对自己的能力做一个全面的自我基本评价,在自我评价的过程中认识自己的学习情况。互评是让学生做"考官"来检验学生的自评结果是否客观。三是过程与结果相结合。这就要求教师重视对学生学习过程的评价。对于学生的平时课外阅读、综合性学习、实践活动等情况,都要记载下来,作为学生学习情况的过程性资料。四是描述和成绩相结合。以前学生学习的结果只是单一的考试成绩,以分数形式记录。老师给学生的评语,只是一个整体评价,所涉及到的关于学生情感、态度和过程等情况的描述也是以班主任老师所教的学科为主,对于其他学科上的描述性评价不够。所以要求教师能够客观准确地对学生的情况尽可能多地反映出来。五是学校与家长相结合。教师对学生的评价只能代表学生在学校的表现,从评价的全面性来考虑是不够的。如果让家长也参与到对学生的评价中来,不仅可以增进家长与学校之间的联系,还可以促使家长掌握学生在家中的学习情况,对学生的评价也更加全面。六是对建立现代学校制度和改革家庭作业要立项进行课题研究。

(五)科学地做好教育规划,始终把解决新的问题作为主攻方向。制定"十二五"教育发展规划,要力求在"十一五"规划执行情况的基础上,突出研究解决教育出现的新情况、新问题、新矛盾,努力与国家中长期规划、我省"十二五"国民经济和社会发展规划相衔接。努力使规划结构更加合理、内容更加完善、范围更加广泛、特色更加明显、更适合我省实际,能充分体现人民群众最关心、最直接、最现实的教育需求,使教育发展既体现连续性,又富有创新性。要注意处理好六对关系。

1.处理好我省教育发展规划与党的教育方针的关系。坚持党的教育方针、政策，紧密结合甘肃教育发展阶段的实际，凸显甘肃特点，注重措施的针对性和可操作性，突出重点领域项目建设。

2.处理好新的规划与既定特殊优惠政策的关系。甘肃教育投入对国家的依赖性很强，各市州对省上的依赖性很强，应该用好、用足、用活国务院支持甘肃的特殊政策，国务院和省委、省政府支持藏区发展等优惠政策，建立教育科学发展、均衡发展省级试验区。

3.处理好国家投入和地方投入的关系。在教育统筹方面政府承担更多的责任，主要解决的是地方教育自筹资金和项目与国家项目建设对接的问题。明确教育相关部门责任，发展和改革委、财政部门和教育部门达成广泛完全共识，形成合力抓工程和项目建设。

4. 处理好教育投入与学生人均比例的关系。教育是对未来投资，是为了学生而投资，因此，教育建设工程项目投入力度的大小应该以各级各类学校在校生的人均投入比例来算账。

5.处理好学校规模与教学质量的关系。现在一部分学校规模远远超过了教育部规定的限额，这对怎样提高教育教学质量提出了严峻的挑战，要建立大规模管理和运行的各项新的制度和长效机制。

6.处理好标准化与特色化的关系。要努力推进全方位、系统化的学校标准化建设，主要内容是办学理念标准化——学校校舍、设施设备等硬件标准化，图书、课程等软件标准化，管理标准化，教师学历、专业、能力标准化，教学标准化，学习标准化，过程标准化，质量标准化，评价标准化等等。

学校像学校的一个重要标志是，中小学校领导班子成员一律坚持带课。学校领导班子不带课是对教学骨干力量的极大浪费，一个校长不一定是优秀领导，但肯定是一个优秀教师。一个合格教师核心要求是精心教书，潜心育人。

做一个能够为人师表的合格的人民教师，首先要适应新一轮基础教育课程改革。新课改的旗帜是素质教育，新课改的亮点是三维课程目标。新一轮课改提出了“知识与技能、过程与方法、情感态度与价值观”的三维目标,明确指出“改变课程过于注重知识传授的倾向,强调形成积极主动的学习态度，使获得基础知识与基本技能的过程同时成为学会学习和形成正确价值观的过程”。这也许是理论上的共识，理想中新课程的亮点。但是,在现实课堂教学的实践中,“情感态度与价值观”没能有效地影响实际的教学实践,知识的获取与情感态度和价值观的培养仍然无法“和谐地统一起来”,不但不是深度教学发生的变化亮点,而且成为难以逾越的难点。

学生具有强烈的学习主动意识,才能形成教与学的动力,才能产生教与学的实效,才能实现学生对课程和教师的选择性。学习之“苦”是一种持之以恒的精神,是一种锲而不舍的功夫。公开竞争、优胜劣汰是教育的规律。做一名合格学生关键是好学上进,刻苦努力,具有创新能力,既有较高的综合素质,又有较高的学业水平。

实现“三像”的外部条件的关键是家长教育观念的转变,家长的教育追求与学校教育教学目标达成思想上的共识和行动上的一致。当前,教师、学生、家长在学习主动性上存在很大的差异。家长望子成龙、望女成凤,动力最足,要求极其迫切,要求自己的孩子在本班级甚至年级学习成绩名列前茅。

(六)强化四个重点环节。

1.突破甘肃城乡教育二元悬殊格局,把促进城乡教育均衡和公平作为“十二五”期间教育工作的中心任务。

2.走甘肃自己教育发展的创新和探索之路,解决学前教育、民办教育、高中教育、职业教育结构问题,促进各级各类教育协调发展、优势互补、良性循环。

3.始终把提高教育质量作为核心任务,各级领导应该带头走进课堂,深入课堂抓教育,通过严抓、苦抓、常抓各学科的45分钟的课堂教学,促进由追求数量向追求质量转变。

4.在体制调整上抓三件事,即建立县域教师交流制度;把学区管理权归还乡镇政府;实施“帮弱立强”工程。

(七)关注实施建设西部教育强省战略的问题。建设西部教育强省,是省委、省政府审时度势,科学谋划后提出的关于全省教育改革发展的总体战略目标,也是一项复杂而长期的系统工程,必须依靠省委、省政府实施“教育立省,教育兴省”的战略。省政府应该正式把“建设西部教育强省”放在我省“十二五”甘肃经济社会发展和“科教兴省”发展战略的优先地位。进一步理顺完善教育发展思路,深入研究和制定建设西部教育强省的科学规划、目标体系、实施策略、实现途径和形式,采取有针对性的措施和办法,加快发展步伐,力争使我省教育事业发展的各项指标走在西部前列。

(八)关注培养名师队伍和名校长群体。重视和加强培养教育各学科的骨干力量,培养一批对全省基础教育有影响力、在全国有较高知名度的名校长、名师等专家队伍已经成为教育部门的当务之急。应该坚持教育家办教育的方针,组织部门应该倡导“教育家办教育”,对配备教育行业的领导干部采取“去行政化、官员化”等措施,重点加强各级教育行政部门领导班子的专业化能力建设。

(九)关注学前(幼儿)教育发展存在的问题与发展策略。大力发展幼儿教育是我省教育现代化的必然选择,只有从当前我省经济社会发展条件和特点出发,才能探索出一条符合农村幼儿教育发展的有效途径。强化政府职能,突出教育行政部门的主导作用,确立幼儿教育的重要地位。拓宽筹资渠道,加大教育投入。大力开发幼儿园课程资源,充实幼儿教育内容与资源。确立幼儿教师的法定地位,推动农村幼儿教师专业成长。夯实学前教育基础,重视和加强家庭教育的指导工作。加大教育科研工作力度,推进幼儿教育的现代化。完善管理制度,加强政府宏观管理,逐步健全内部管理机制,提高幼儿园教育质量,促进民办幼儿教育良性发展。

要建立健全0岁儿童至高中毕业的青少年学生成长、教育、发展的跟踪监测记录档案和系统数据资源库。克服和纠正过去教育科研、教研、调研基层汇报材料和不可靠的数据叠加的盲目、模糊的现象，应该从家庭0岁教育开始，设计发育、成长、发展、变化等监测指标体系，依靠卫生部门，配合家长对不同类型的儿童进行跟踪观察、监测研究，建立数据库(包括智商和情商)。从3周岁起，依靠卫生部门，配合各级各类幼儿园，对儿童保教工作全过程进行跟踪监测研究，建立数据库(包括智商和情商)。从6周岁起立足于课堂教学的全过程，对小学阶段、初中阶段、高中阶段学生分别进行认知规律、成长规律、创新能力、生活技能等的监测、记录、分析，研究不同类型学生的全面发展情况，获取可靠的第一手资料和科学的研究判断依据。

(十)从省政府层面推进义务教育均衡发展，义务教育均衡发展的规划和标准上升为各级政府的目标任务。一是缩小城乡、区域差距。推进义务教育均衡发展是未来基础教育发展的主攻方向。我省农村人口数量占到全省人口数的一半多，但是很多农村孩子上学条件差、师资力量不强。在推进城市化建设中，如何缩小城乡间教育差距，保障农村学生平等受教育权益？二是要继续加大对农村教育的扶持，从办学条件上要制定城乡统一的办学标准，而且这个办学标准比以前的城市和乡村的标准都要高，把中小学建设成为当地最结实、最漂亮的公共设施。三是要统一城市、县镇和农村教师的编制标准，而且要就高不就低。四是加大对农村教师培训的力度，这是非常关键的。教师的水平成为制约农村教育质量的关键因素，广大教师教书育人质量必须要合格。同时，要继续推进免费师范生的试点，继续实行中西部农村教师特色岗位计划，吸引优秀的青年从事教育工作，到西部去，到农村去。五是要加强教育科研和教研工作，为基础教育提供专业支撑，这是基础教育内涵发展的必然要求。我省虽然建立了从省教科所到各市州的教育科研机构、县(市、区)的教研机构，但是全省教育科研课题规划缺乏科学统一的管理体制,各市州教育科研机构名称、级别、人员配备差异很大,难以适应教育可持续发展的需要。由于一代人与一代人的成长社会环境、家庭生活条件、思想价值追求不同,对新出现的一些重大问题很难轻易定论,也难以找到正确答案,这就要求教育科研部门为政府提供科学的决策依据。

第二讲

甘肃学前教育发展的
历史沿革、现状形势和未来任务纵论

Gansu Xueqian Jiaoyu Fazhan de Lishi Yange Xianzhuang Xingshi he Weilai Renwu Zonglun

时　　间:2012 年 4 月 9 日

地　　点:甘肃省委党校多功能厅

听讲范围:宋庆龄基金会“起跑线”计划

——沙特阿美基金幼儿园园长培训班

尊敬的各位园长：

大家好！

幼儿园是教育系统最基础性的办学单位，处在城乡教育机构的最基层，很高兴与大家在兰州见面，见到大家就像见到了可爱的孩子们一样亲切。最近几年，我们在教育管理工作中与幼儿园有更多的接触，也开展了一系列的基线调查研究活动。我的体会是，不论是公办幼儿园，还是民办幼儿园，都是教育系统不可或缺的组成部分。实际上幼儿园是一个各类教育人才荟萃的地方，那里有大批的幼教专家，他们对幼儿教育，特别是对幼儿园管理、对学生保育和教育方面有很多探索，既有理论成果，也有实践经验。希望大家在培训中把遇到的困惑和问题要敢于向专家提问，做好交流，让专家释疑解惑。下面，我向各位园长作"树立科学的学前教育理念，努力做一个合格的幼儿园园长"的专题讲座。

近年来，党中央、国务院高度重视学前教育，把大力发展学前教育作为保障和改善民生的一个重大举措，相继做出了一系列重大部署。2010 年 6 月胡锦涛总书记对学前教育工作做出重要批示，2010 年 11 月 21 日国务院下发《关于当前发展学前教育的若干意见》，2010 年 12 月 1 日国务院召开学前教育工作电视电话会议。特别是“国十条”的颁布实施，在进一步理顺学前教育投入体制、办园体制、管理体制等方面有了强有力的政策保障，在长期制约学前教育发展的体制机制方面取得突破，对推动学前教育的改革发展具有重大意义。“十二五”规划中学前教育的发展目标能否如期实现，关键就看三年行动计划的落实情况。这就迫切需要进一步统一认识，增强责任感和紧迫感，以编制和实施学前教育三年行动计划为有力抓手，加大力度，加快步伐，把发展学前教育的各项工作真正落到实处，切实解决“入园难”问题。

第一部分 新中国学前教育事业发展的历史沿革

首先我们一起来回顾一下学前教育发展的历史进程，以利于客观准确地认识和判断甘肃学前教育发展的历史阶段和基本情况。

一、1949—1965 年，幼儿教育得到空前重视

（一）建立和发展了新中国的幼儿教育制度，明确了幼儿教育在教育体系中的地位和作用。1951 年，政务院在《关于改革学制的决定》中规定：“幼儿教育是我国学制的重要组成部分，实施幼儿教育的机构是幼儿园，招收 3 足岁到 7 足岁的幼儿，使他们的身心在入小学前获得健全的发育。”

（二）形成了政府、单位、集体为主的多渠道的投入体制和办园体制。1955 年《国务院关于工矿、企业自办中小学和幼儿园的决定》中提

出:"鼓励工矿、企业独立或联办中小学、幼儿园,列入地方教育事业规划。"由此学前教育供给呈现出多渠道投资、人员多头管理,业务上由教育部门统一管理的格局。

(三)以城市和企事业单位为主,幼儿教育事业稳定发展。有关规定要求:优先接收父母双方参加工作的幼儿入园,对家庭困难的儿童减免保教费、延长在园时间等,使幼儿教育向工农子女敞开大门。除1958年至1960年"大跃进"时期出现大起大落外,总体上是100万~200万数量级上的学前教育。

二、1966—1976年,幼儿教育遭到严重破坏

"文化大革命"期间,幼儿教育也陷入极度混乱状态,新中国确立的幼教事业方针政策和规章制度遭到批判,幼儿园的一日生活制度、必要的卫生保健措施、合理的饮食营养、必要的安全保护手段、有计划的教育内容和活动被全盘否定,幼儿园教育内容和活动被一些政治性的内容所取代。

三、1977—1992年,多元结构的幼儿教育持续发展

(一)确立了教育部门主管、有关部门分工负责的管理体制。1979年,五届人大二次会议《政府工作报告》提出"要十分重视发展托儿所、幼儿园,加强幼儿教育"。1979年10月,中共中央、国务院转发了《全国托幼工作会议纪要》,决定在国务院设立托幼工作领导小组。1987年,国务院召开了全国幼儿教育工作会议,确定教育部门是幼儿教育的主管部门,明确了"地方负责、分级管理"和有关部门分工负责的原则。

(二)完善了多元主体办园、多渠道投入的办园体制。1988年,国务院办公厅转发国家教委等部门《关于加强幼儿教育工作的意见》(国办发〔1988〕38号),再次强调:"幼儿教育既是教育事业的重要组成部

分，又具有福利事业的性质，必须在政府的统一领导下，除地方政府举办幼儿园外，主要依靠部门、单位集体和个人等方面的力量发展幼教事业。"同时要求地方政府根据"两个增长"的精神，妥善安排幼儿教育所需经费。

（三）制定了一系列幼儿教育的法规和规章制度。陆续制定下发了《幼儿园管理条例》、《幼儿园工作规程》、《托儿所、幼儿园建筑设计规范》和《教育部关于发展农村幼儿教育的几点意见》等一系列幼儿教育法规和规章制度，形成了较为完善的幼儿教育法规和规章制度体系，规范幼儿园的审批登记、办园标准、编制标准、人员素质、卫生保健、教育目标和教育内容，推动幼儿教育管理更加规范化和科学化。

（四）城乡幼儿教育持续快速发展。改革开放以后，经济社会的快速发展和有关政策极大地调动了各级政府和事业单位、居民委员会、村民委员会举办幼儿园的积极性，城乡幼教事业呈现出前所未有的良好势头。1992 年全国幼儿园在园儿童已有 2428.21 万人，比 1978 年增加了 2.1 倍。总体上是 1000 万～2000 万数量级上的学前教育。

四、1993 年以来，适应社会主义市场经济体制的幼儿教育在改革中稳步发展

（一）企事业单位办园和集体办园大幅度减少，民办园快速增长。1993 年后，随着社会主义市场经济的确立，民办园迅猛增长。据统计资料，2009 年全国民办园发展到 8.93 万所，比 1993 年增加了 4.3 倍，年平均增长率为 26.6%。

（二）因地制宜，学前教育事业发展模式不断创新。面对经济体制改革带来的困难和挑战，各地在普及九年义务教育后，因地制宜，改革创新，积极探索学前教育发展和改革的新举措。

（三）社会需求快速增长，带动学前教育多样化发展。广大家长对学前教育重要性的认识不断提高，让孩子接受学前教育、甚至是优质

学前教育的需求不断增强。随着义务教育保障机制的建立和完善,广大家长对提供质优价廉的学前教育的呼声和需求更加高涨。

五、甘肃省学前教育发展规模演变情况

根据《甘肃教育志》记载,1953 年至 1957 年,幼儿教育以工矿、企业、机关、团体自办为主,发展重点在工矿地区和大中城市。1957 年全省有幼儿园 82 所,在园幼儿总计 7283 人,教职工 1170 人。

1958 年 11 月召开的全省教育工作会议上,提出了“加速普及幼儿教育”的口号,1958 学年末全省幼儿园发展到 29240 所,在园幼儿总计 678779 人,教职工 54639 人。

1961 年底,全省有幼儿园 216 所,在园幼儿总计 14628 人,教职工 2149 人。

到 1981 年,全省有幼儿园 453 所,在园幼儿 63964 人;小学附设学前班 1472 个,在班幼儿 41155 人,在园(班)幼儿共 105119 人。

1994 年,全省幼儿园发展到 1026 所,幼儿班数 10322 个(其中小学附设学前班 6876 个),在园(班)幼儿 376156 人。

1999 年,全省幼儿园发展到 2040 所,幼儿班数 12778 个(其中学前班 7248 个),入园(班)幼儿 320918 人。

2005 年,全省幼儿园发展到 2451 所,幼儿班数 4181 个。

2007 年以后,部分地区充分利用农村中小学布局调整的富余校舍和教师资源推进农村规范化幼儿园建设,部分农村幼儿园办学条件得到了极大的改善。

2010 年底,全省共有幼儿园 2407 所,在园幼儿(包括学前班)38.74 万人,幼儿园教职工 19672 人。其中,公办幼儿园 1343 所,占幼儿园总数的 54.7%;公办在园幼儿 23.4 万人,占在园幼儿总数的 65%。农村幼儿园 1480 所,占幼儿园总数的 60.3%;农村在园幼儿 14.6 万人,占在园幼儿的 40.1%。

第二部分

全国目前面临的形势、主要问题及成因分析

我国学前教育发展还相对落后,发展规模和速度也明显落后于其他教育阶段,在世界九个人口大国中也位于墨西哥和巴西之后。"九五"和"十五"期间,全国幼教事业发展规划目标都没有按期实现。"十一五"期间,全国三年毛入学率55%的规划目标也将推迟实现。

一、学前教育面临的形势

(一)入园需求迅速增长,学前教育成为重要的民生问题。随着经济社会的发展,人们对学前教育重要性的认识不断提高,需求日益迫切。作为教育公平的起点,学前教育逐步成为广大家长和社会关注的焦点,已经成为直接影响民众生活的幸福感,关乎教育公平、社会稳定和民生建设的重要问题。

(二)普惠性学前教育资源短缺,"入园难"问题突显。幼儿教育事业发展严重滞后于其他各级各类教育,城乡普惠性学前教育资源严重不足。公办园稀缺,过度依靠市场机制使得城市公办园一位难求,并加剧农村学前教育的弱势地位。幼儿园招生时频现家长彻夜排队的现象,"入园难"成为人民群众对教育公平的最大诉求。

(三)公共财政投入严重不足,"入园贵"矛盾突出。学前教育旧的投入体制打破后,没有及时按照学前教育的公共产品属性转变政府职能,构建新的保障机制。在教育经费总量中学前教育经费所占的比例仅为1.2%～1.3%,十年徘徊不前。学前教育成本主要由家长承担,"入园贵"呼声日甚。

(四)事业发展严重不平衡,城乡与区域差距加大。各级财政长期

没有单独列支学前教育专项经费，难以有效地解决幼教事业发展中出现的新情况、新问题，难以有效地支持经济欠发达地区。宏观调控乏力，整体上呈现越是经济欠发达地区，学前教育的公共投入越少，城乡和区域差异十分显著。

（五）幼儿教师地位待遇不落实，数量不足，队伍不稳定。各地长期未对幼儿教职工进行核编，与之相关的教师待遇问题长期积累，幼儿教师的职业吸引力大大降低。特别是企事业单位办园、农村幼儿园和民办幼儿园的教师难以享受应有的合理收入、社会保障、职称评定和培训提高等方面的待遇，基本权利无从保障，队伍很不稳定。

（六）职能部门不到位，政府责任不落实。学前教育长期没有纳入政府的公共服务体系，政府的投入责任、规划责任、保障公平的责任不同程度缺失，各有关部门分工负责的管理体制长期不落实。涉及学前教育条件保障、教师队伍、收费管理、安全保卫等方面的政策措施长期弱化。

二、学前教育发展存在的主要问题

实事求是地准确把握甘肃省情，是科学制定学前教育发展思路和措施的前提。甘肃最大的省情就是省穷民穷，是经济社会欠发达的西部多民族省份，经济基础薄弱，社会发展滞后，城乡差距很大，与全国发达地区不在同一个起跑线上。幼儿教育是基础教育最薄弱的环节，缺资源、缺教师、缺投入、缺机构、缺人手成为学前教育发展的瓶颈问题。发展学前教育就要关注最弱势群体，研究最困难群体的切身利益，解决弱势群体最迫切需要解决的问题。

（一）学前教育整体发展水平不高，普及水平低、“入园难”的问题比较突出。全省地区之间发展不平衡，城乡差距较大，与全国同步发展差距依然比较大。特别是农村幼儿园发展滞后，区域之间、城乡之间发展极不平衡，幼儿园办学水平参差不齐、公办幼儿园数量过少、学前教育发展缓慢、办园理念落后等问题十分突出。

(二)管理体制不完善,面临新的发展难题。学前(幼儿)教育是国家对社会力量办学开放度最高的领域，国家要求每个乡镇和社区都要兴办标准化的中心幼儿园。而我省目前大部分乡镇没有建立幼儿园,公办幼儿园数量少,近几年民办幼儿园数量增加较快,存在审批不严、监管不力的问题。

(三)投资主体不明确,投入机制不健全,幼儿教育经费紧缺,农村幼儿园办园条件差。各级财政没有设立幼儿教育发展专项资金,投入明显不足,办园设施多年得不到改善,生存和发展面临危机。

(四)教师队伍不稳定,教育质量难以提高。就全省而言,幼儿园教师专业素质不高,队伍不稳定,培养渠道过窄,培训经费不足,教师编制严重不足。

(五)民办幼儿园办园条件不达标,办学行为不规范。民办幼儿园游离于教育部门管理监督之外,普遍存在小学化现象。教师和保育员职责不分,教师资历、学历不合格,建筑、活动场所面积、设施不达标,导致办学条件、管理水平和教学质量偏低,安全隐患十分突出,高收费、乱收费现象严重。

(六)幼儿教育管理力量严重不足。教育行政部门没有专设幼儿教育管理人员,无力履行基本的管理职能,服务、检查、指导和管理工作中缺乏主动性,更无法针对幼儿教育存在的新情况、新问题及时研究并提出改进措施。

(七)一些地方幼儿园小学化倾向严重。在超前识字、读诗诵经、外语教学、艺术教育等方面存在违背幼儿教育规律的做法,误导了学前教育的健康发展,阻碍了幼儿的身心成长。

三、主观和客观成因分析

第一,对学前教育重要性的认识不到位,没有把学前教育纳入教育整体规划之中，长期存在缺乏资金投入和项目建设，幼儿园靠低标准的收费维持生存，改革发展的成果没有得到享受。

第二，甘肃是西部经济欠发达省份，社会事业发展和公益事业发展相对滞后，与发达地区差距较大，城乡差距较大。

第三，义务教育普及时间迟，普及水平不高，教育事业发展整体水平不高。

第四，贯彻国家学前教育发展的法规、政策不够到位，工作欠账比较多。

第五，学前教育具有不强制、不免费的特点，许多政策界限不清，制度、体制、机制不完善。

第三部分 甘肃学前教育面临的发展形势和任务

一、未来十年学前教育发展的规划目标

优质学前教育资源不足，是造成“入园难”、“入园贵”的主要原因。尊重学前教育规律，按学前教育规律办事，进一步提高学前教育质量是扩大优质学前教育资源的根本举措。

《教育规划纲要》确定了“在2020年之前普及学前一年教育，基本普及学前两年教育，有条件的地方推行学前三年教育”以及四大工作目标和任务。经过努力，在“十二五”期间和未来十年内，使甘肃学前教育整体发展水平在缩小与发达地区差距的基础上，基本达到全国平均水平，处于西部省份前列。在未来三年，新建900所标准化的公办幼儿园，每个幼儿园按500万的政府投资额度计算，总计需要投资45亿元。未来五年，全省1229个乡镇各建设一所功能齐全的中心幼儿

园,发展空间相当巨大。学前教育事业发展的主要目标是:2015年学前三年毛入园率达到60%(按35万新生婴儿计算,为21万人),学前两年毛入园率达到70%(按35万新生婴儿计算,为24.5万人),学前一年毛入园率达到85%(按35万新生婴儿计算,为29.75万人),总计在园幼儿为75.65万人。按照学前教育儿童满3周岁 (入园当年的8月30日)入园的规定,对2005年至2010年出生的新增人口变化进行分析。现在在园的幼儿小班为2007年出生的,总数为34.36万人;幼儿中班为2006年出生的,总数为33.47万人;幼儿大班为2005年出生的,总数为32.56万人。2011年秋季应该入园的幼儿为2008年出生的, 总数为34.71万人;2011年学前三年教育幼儿园适龄儿童人数为101.01万人。国家规定的办学标准:托班20人;小班25人;中班30人;大班35人。按照这个规模提出三个年龄段的班级数、教室面积、教师编制、幼儿园总数的近期三年、中期五年中长期规划,要针对100万人左右的规模来谋划。

目前我们需要做什么?重点是针对未来十年学前教育发展,把分年度任务分解出来,提出具体实施的时间表、路线图、量化指标、落地地图。

二、要树立正确的儿童观,进一步深化对学前教育重要性的认识,形成共识,认识到位

学前教育是影响孩子一生发展的事业, 是一个循序渐进的过程。要树立正确的儿童观、教育观、质量观,引导家长更新教育观念,尊重儿童的天性和认知规律,珍惜童年生活的独特价值,支持幼儿园开展科学保教, 自觉抵制拔苗助长、违反儿童身心健康的错误观念和做法。

学前教育作为一个独立的学段,有自己的教育理念、教育目标、教育内容和教育方法,既不能被其他学段所取代,也不能照搬照抄其他

学段。学前教育研究人员要静下心来,力戒浮躁,抵制各种利益诱惑,加强学前教育理论研究,努力探究学前教育的规律,探讨并树立正确的儿童观和教育观,为学前教育的健康发展提供科学的实践策略和理论支持。

三,要强化工作责任感,进一步处理好发展幼儿教育的十大关系

(一)处理好教育政策与教育理念的关系,树立科学的幼教观。教育行政管理政策体系,不等于教育教学理论体系,更不能把理想思路体系当成教学实践成果体系。学前教育既然由教育部门主管,不能处在只有政策、没有理念的状态。

(二)处理好保育与教育的关系,确立幼儿园教育的地位和作用。政府政策导向和教育行政部门专业指导上要克服"小学化"的倾向,明确幼儿教育不同于普通教育的政策界定和学科界线。要明确幼儿园儿童学什么、怎么学的问题和教师教什么、怎么教的问题,积极正确引导,纠正"小学化"现象。

(三)处理好近期目标与长远规划的关系,基本普及学前教育。国务院十条意见明确了"提供'广覆盖、保基本'的学前教育公共服务"这个目标,提出了以县为单位编制学前教育三年行动计划。这就需要根据全省人口增长的周期性规律来谋划幼儿教育发展规模,认真研究制定出台一系列贯彻国家政策的指导意见和配套文件。

(四)处理好公办教育和民办教育的关系,创造并举发展的环境。政府高度重视建设骨干幼儿园体系,加强对民办园的管理,创造有利的发展环境,真正做到一视同仁,对民办幼儿园的评价要客观公正,要扶持与规范并举。

(五)处理好幼儿教育与家庭教育的关系,大力推进幼儿家园共育。幼儿教育是家庭教育的延伸,每个家长都想让自己的孩子赢在起

跑线上。既要丰富幼儿园的教育内容，也要促进幼儿园与家长的联系,充分发掘和利用家长在幼儿教育中的作用。

(六)处理好加快发展与规范办学的关系,实施标准化建设工程。要抓紧制定学前教育办学标准,加大标准化幼儿园的建设。要制定出台相对统一的准入标准,给地方政府更多的自主权,为县级政府审批提供可操作性的标准和程序,真正做到有章可循,尤其是要明确民办幼儿园提供公益性服务的问题。

(七)处理好普及学前教育与提高服务能力的关系，提高保教质量。要实施项目带动策略,建立健全学前教育评价体系,加强幼儿园的规范化管理,决不能再走中小学先普及发展再治理大班额的路子。

(八)处理好公共投入与家庭负担的关系，不断扩大幼儿教育资源。学前教育发展关键是投入问题。建立办学多元主体的体制机制，打通多元投资的渠道。按照政府主导,机关单位、企事业单位、社会力量多元的办园主体的投资渠道,建立纵向横向联动、互动工作机制。

(九)处理好教育部门与相关部门的关系，形成幼儿教育工作合力。将学前教育作为各级政府和相关部门工作实绩的一项重要指标纳入考核范围,可以进行大胆的教学创新、教学实验和教学探索,提倡办学特色化和多样化。

(十)处理好分类指导与示范带动的关系，开创特色多样的新格局。幼儿教育要实行分类指导、分类管理、分类统计、分类推进。继续完善省级示范幼儿园建设标准,建立实施幼儿园年检制度,按照中西东南四个区域分类推进学前教育普及和均衡发展。

第四部分
促进学前教育科学发展的主要措施

学前教育是整个国民教育体系的重要组成部分,是终身教育的启蒙阶段,大力发展学前教育,将为教育事业的整体发展奠定坚实的基础。省政府于2012年3月30日在张掖市临泽县召开了全省学前教育工作现场推进会。全省教育系统一定要进一步认清学前教育的发展形势,深刻理解中央和省上发展学前教育决策的重大意义,切实增强紧迫感和责任感,把思想统一到省上的决策部署上来,把行动统一到贯彻本次会议精神上来。认真贯彻法规政策,为学前教育快速健康发展提供政策指导。

2012年3月,省政府科学谋划,制定出台了《甘肃省人民政府关于加快学前教育改革与发展的意见》,省政府办公厅印发了《甘肃省学前教育五年发展规划》。全省教育系统要着力做好以下几方面的工作:

一、全面实施学前教育三年行动计划,夯实学前教育工作基础

三年行动计划是新中国成立以来国家发展学前教育力度最大的重要举措。实施三年行动计划重在行动,既要立足当前,解决热点难点问题,也要注重制度建设,强化规范管理。

(一)要加强统筹规划。按照方便就近、安全适用的原则,科学测算入园需求和资源缺口,结合实际,合理规划幼儿园布局、规模和数量。充分利用好中央和省上支持学前教育发展的政策、资金,统筹中央项目与地方项目,做到相互支撑、形成合力。在实施好省上学前教育为民办实事工程的同时,积极争取地方政府将学前教育纳入为民办实

事工程。

(二)强化监测评价。对三年行动计划进展情况、重大项目实施效果和保教质量都要研究制定相应的监测评价指标体系，确保工作有序推进;要提高资金使用效益,把钱花在最需要的地方,坚决避免铺张浪费。

(三)开展监督检查。教育督导部门要研究制定学前教育督导评估实施方案，把行动计划和项目实施纳入督导检查范围，明确督导重点,强化督导问责,为推进学前教育发展提供强有力的监督保障。

二、实施学前教育工程项目,扩大学前教育资源

(一)加强组织领导,完善工作机制。省教育厅在深入分析全省学前教育现状和存在的问题,广泛征求各方面意见的基础上,研究制订了《甘肃省学前教育三年行动计划(2011—2013年)》和《甘肃省扩大学前教育资源规划(2011—2015年)》。及时成立了学前教育三年行动计划编制实施工作指导小组，切实加强对全省学前教育三年行动计划实施工作的组织领导和业务指导。

(二)办好民生实事,着力扩大资源。2011年,省委省政府将改造建设80个乡镇幼儿园列入为民所办的27件实事之一。截至2011年底,80所乡镇幼儿园全部竣工或完成主体工程。

(三)精心实施学前教育重大项目。坚持"广覆盖、保基本"的原则,新建、改扩建一批安全适用、规模适当的幼儿园。中央已经全面启动学前教育四大类七个重大项目，省教育厅将加强对各地教育部门的指导,充分整合利用现有农村闲置校舍和其他富余公共资源改建、扩建幼儿园,依托农村小学或教学点增设附属幼儿园,配备必要的保教与生活设施,满足基本办园需要。改扩建项目必须达到抗震设防标准,能改建的就不新建,能扩建的就不单建,既不为争项目盲目布点,造成资源浪费;也不贪大求全搞超规模、超标准的豪华建设,防止因拉大办

园差距产生新的择园现象。要坚持质量第一,在加强硬件建设的同时,安排好保教条件等软件建设,确保建成一所、合格一所、使用一所。

(四)鼓励社会力量举办幼儿园。要正确处理公办与民办关系,努力提供公益性普惠性学前教育服务。各地教育部门要支持机关、团体、部队、国企、事业单位以及街道等利用国有资产或集体资产举办幼儿园,鼓励优质公办幼儿园举办分园或合作办园。对办园条件、保教质量、收费标准达到同类公办幼儿园水平的民办幼儿园,要制定相关政策,积极引导其提供普惠性服务。

(五)推进学前教育体制改革试点工作。省教育厅将进一步加强对我省承担的国家教育体制改革试点项目的指导,支持试点地区开展工作,在政策、资金和指导力量上予以倾斜,鼓励有条件的地区针对办园模式、投入体制、管理体制和工作机制进行改革。抓住群众反映强烈的突出问题,大胆创新,拿出解决办法和有效措施。及时总结推广好的经验和做法,力争在解决农村留守儿童和进城务工人员随迁子女入园等重点难点问题上率先突破,在实现学前教育发展目标上率先加快发展。

三、推进幼儿教师队伍建设,加强学前教育师资力量

教育大计,教师为本。要加快建设一支师德高尚、热爱儿童、业务精良、结构合理的幼儿教师队伍。

(一)扩大幼儿园教师队伍。2011年,我省实施了“幼儿教师特岗计划”,面向社会公开招考了400名幼儿教师。今年还要进一步加大“幼儿教师特岗计划”实施力度,扩大招考数量。教育部门要积极争取编制、人力资源与社会保障等部门支持,创新教师补充机制,通过“转、聘、培、招”等途径,逐步配齐配全幼儿园教职工。各地要指导当地民办幼儿园按照实际需要和岗位需求,自主择优聘用各类教职人员。

(二)建立健全幼儿教师资格准入制度。省教育厅将按照《幼儿园

教师专业标准(试行)》,抓紧制定我省幼儿园教师资格认证标准,完善幼儿园保育人员及安全保卫人员等从业标准。各级教育部门要严格执行幼儿教师资格认定制度,按照“国家标准、省级招考、县级录用”的原则,严把保教人员入口关。

(三)提高幼儿教师整体素质。省教育厅将进一步加强高等师范院校、高等职业技术学院的学前教育专业建设,为普及学前教育培养足够数量的合格教师。要认真组织实施“幼儿教师国家级培训计划”,科学制定幼儿教师培训规划,创新培训模式,全方位开展专业培训。充分利用省、市、县三级教师培训网络,鼓励并依托有条件的高校、教师培训机构,加大幼儿教师培训力度,提高幼儿教师专业素质。

四、加强学前教育管理,提高办学质量

(一)加强幼儿园科学管理。省教育厅将根据国家基本标准和社会对幼儿保教的不同需求,制定全省幼儿园办园标准,实行分级管理、分类指导。教育部门要制定幼儿园准入管理办法,完善并严格幼儿园登记注册、审批和年检制度;对年检不合格的幼儿园责令其限期整改、停止招生或吊销办学许可证;对未经审批和办园手续不齐的幼儿园,要进行整顿规范或依法予以取缔。要强化幼儿园安全监管,进一步明确安全管理责任,落实安全防范措施,健全安全规章制度,特别是要加强幼儿上下学交通安全教育,切实保障师生生命安全。

(二)规范幼儿园收费。学前教育收费一直是人民群众关注的热点。教育部门要严格执行《幼儿园收费暂行管理办法》等相关规定,积极会同价格监督部门加强对公办幼儿园收费行为和经费使用情况的监督。要切实加强对民办幼儿园的收费管理与监督工作,按照非义务教育阶段家庭合理分担教育成本的原则,核定办园成本,完善备案程序,实行收费公示制度,主动接受社会监督。要依法监督并坚决查处乱收费行为,幼儿园不得以开办实验班、特色班等名义擅自设立收费

项目或提高标准,不得变相收取建园费、赞助费等费用或推销各类幼教用品。

五、教育行政部门要切实加强对幼儿园保教工作的管理和规范

教育部门要按国家幼儿园建设标准设计建设幼儿园,配齐配好各类保教设施设备,实行科学管理和科学保教。要严格执行《甘肃省幼儿园保教管理指导意见(试行)》、《甘肃省幼儿园教育指导纲要(试行)》,坚持以游戏为基本活动,严禁在幼儿园提前教授小学教育内容等违反幼儿身心发展规律的做法,防止和坚决纠正幼儿园小学化倾向。要充分利用《甘肃省幼儿园快乐与发展课程资源包》,开展科学保教,不乱编、乱发幼儿教辅材料,防止形成幼儿学习负担。要严格兴趣班、特色班审批程序,严格控制幼儿园超班额。要充分发挥优质示范园依法办园、规范办园、特色办园的示范引领作用,开展师资培训、保教研究和科学办园等方面的对口交流与帮扶,提高办园质量。

六,关于学前教育近期工作的重点任务

大力发展幼儿教育是世界性的发展趋势,是经济社会发展的需要,也是教育自身发展的需要和必然趋势。

(一)组织动员全省教育系统,特别是幼儿教育系统,广泛深入地开展幼儿教育发展大学习、大讨论、大调研、大推进活动。组织专门力量,对全省学前教育发展现状、发展需求、客观条件进行全面、系统、深入的调查研究,摸清最新状况,最新情况,最新动态,大局发展趋势,拿出全省学前教育发展的规划目标、政策框架、发展思路、结构布局、行动路线图、时间表、任务书、保障源,分类指导,区域推进,重点在发展农村学前教育上取得突破,全面提高学前教育质量。

(二)抓紧制订“以县为主”的学前教育三年行动计划,建立和完善

县、乡、村三级学前教育服务网络。一个乡镇建设一所功能齐全、规模较大的标准化中心幼儿园,试点建设学前教育示范县区。规范现有幼儿园的办学行为,改建、扩建一批现有幼儿园,使其提高办学能力和办学水平;新建一批高标准和标准化幼儿园,继续推进省级示范幼儿园建设。

(三)建立健全幼儿教育专门工作机构、科研机构、专家团队。尽快建立省、市、县三级幼儿教育工作领导小组及其办公室,幼儿教育工作指导中心及其专家委员会;争取设立教育行政部门幼儿教育专门管理机构,在教育科研系统设立幼儿教育独立研究机构,加强和充实幼儿教育专门力量,解决有人办事的问题。积极争取在省级政府财政设立幼儿教育发展专项资金,列入当年财政预算,解决有钱办事的问题。建立政府相关部门联席会议制度,落实部门分工负责的问题。

(四)要大力加强学前教育课题研究。确立学前教育理念,建立甘肃学前教育理论体系、法律体系、政策体系、制度体系、课程体系、结构体系、管理体制、保障体系、标准体系,学科体系、科研体系、实验体系、办学模式体系、经验成果体系、考核评级体系、教师培养培训体系,形成一整套行之有效的教育制度和政策框架,做到统筹规划,有法可依,有章可循,规范办学,提供保障。可谓任重道远,形势紧迫。

(五)深刻认识幼儿教育教师培养的特殊性,建立自成体系的教师培养模式和培训机制。幼儿教师绝不是低层次保姆型的教师,她们除了必须具备教育学、心理学专业水平之外,还要具备全面系统的生命科学生理学方面的知识水平和专业技能。幼儿师范院系必须以幼儿教育学科专业高层次研究型人才作支撑,在缺乏幼儿教育高层次人才队伍的情况下,幼儿教育教师的培养难度很大,要有计划地培养和建立全省幼儿教育高层次人才队伍。

(六)开通甘肃省教育厅"西部幼教网",弥补幼儿教育专业化资源不足的问题。组织专家统筹规划、周密策划网站栏目体系、资源库建设,实现常态化,办成幼教政策宣传主渠道,业务指导、规范引领的窗口,幼教成果展示的平台,幼教交流的平台,办成全国一流的幼教网站,成为幼儿教师的良师益友。在运营模式上大胆改革,整合社会力量和资源,促进公办和民办幼儿教育共同发展。

第五部分 要准确定位幼儿园学前教育的性质和地位

过去我国对学前教育发展的政策少,资金投入也比较少。从经济社会发展第十二个五年规划开始,国家从政策上、经费投入上开始重视学前教育的发展。从宏观上讲,学前教育在整个教育理论系统中处在宏观层面,对如何开展幼儿园学前教育缺乏具体的理论指导,这一点从目前的幼儿课程和读物等资源中就能够看出来。不论是公办幼儿园还是民办幼儿园,不论是规模上千孩子的幼儿园还是只有几十个孩子的幼儿园,从幼儿用的教材到老师用的参考书等,缺乏科学统一的目的性和针对性。通过一节课的活动对孩子到底能够产生什么影响?在理论上比较模糊,以致于无法判断哪些活动是科学的、最好的,哪些有可能误导,缺乏评价和衡量的标准。再如,此次培训活动中提出的“起跑线”这三个字,也是比较敏感的,从理论上讲可能是成立的,我们每个人的每个阶段都是起跑线,每天都是起跑线,对有些园长来说这次培训班就是一个起跑线。但是,从人的成长和竞争的角度来说,把幸福快乐的童年还给孩子,就不应该把竞争的起跑线往前移。现在家长对孩子的教育就是“起跑线”的理念,就是想尽一切办法不能让孩子输在所谓的“起跑线”上。但仔细想一下,孩子的成败与否就一定要在6周岁以前决定吗?实际上,在幼儿园对孩子提供的保育和教育,小班以保育为主,这主要是家庭父母和家庭成员的责任。大班主要是为即将进入小学一年级做好准备。教育部一再强调幼儿园不能“小学化”,本意就是不能把小学教育的模式照搬到幼儿园去。只要求让孩子在寓教于乐当中快乐生活,健康成长,以快乐为主,以玩为主,不能在孩子幼小的心灵里边留下任何影响健康成长的不利因素。

一、以学前教育活动的内容和特点,来明确对幼儿园有一个比较准确的、能够基本达成共识的定性和定位

(一)幼儿园不是学校,不是小学,就不能让幼儿写字,不能搞竞争,不能搞强制。要让孩子在自觉自愿,在充满大爱、充满母爱的环境中培养习惯,懂得与人交往,懂得融入社会,所以这是为上小学的学前准备阶段。幼儿园园长应该对本单位有一个非常明确的认识,定性和定位都要搞清楚,还要对幼儿园在人的成长中的地位和作用搞清楚,如果不清楚,就会导致教育的盲目性。

(二)对幼儿园学前教育的年龄规定是月对月的3~6周岁,而不是0~3岁。过去理论上的混乱,教育理念上的模糊,经常把学前三年教育和0～3岁的早期教育混为一谈。对幼儿园学前教育我们在决策上的定位就是为小学读书做准备,为孩子的一生奠定基础。

(三)幼儿园学前教育不是家庭教育,不可能替代家庭教育。幼儿园学前教育的保育和教育活动是介于家庭教育和学校教育之间的特殊性的教育,其保教理念、办园制度、管理体制和教育内容应该独立门户,自成体系。在河西地区的一些幼儿园开展了针对0～3岁的孩子的亲子教育或者叫观摩教育,就是把0～3岁的孩子带到幼儿园来,在家长在场的情况下,让孩子参与幼儿园学前教育孩子的活动,体验幼儿园教育。这完全是通过家长的自觉的个人行为到幼儿园观摩。每个班基本上都有30甚至50人规模,远远超出了教育部规定的大、中、小班级的规模,幼儿园教师、保育员和工作人员对每个孩子都实施像父

母一样的亲情关爱和教育是根本无法做到的。这就把家庭教育和幼儿园学前教育分开得很清楚。我经常说,老师们要把幼儿当做自己的亲生孩子一样,要投入发自内心的感情,但实际上这是不可能完全做到的。因为亲生的孩子有血缘关系,从心理学上说有母子感应,其他人无法代替。孩子需要的是父母的味道(气味),老师的味道是不一样的。人们很容易把幼儿园的教师和保育员当成阿姨、保姆,这对幼儿园的教师极不公平。的确,幼儿园的教师对幼儿的吃喝拉撒都要管,不能嫌脏、累、麻烦,但是,她(他)们的待遇、地位与之不相称,这与社会上部分人对幼儿园的定位不准有关。

(四)幼儿园作用的定位,应当是家庭做不了的事情在幼儿园能够做得到,小学做不了的事情在幼儿园能够做得到。幼儿园的作用在整个人的成长过程中是不可替代的、不可或缺的,幼儿园就是让幼儿最幸福、最快乐的地方。幼儿最喜欢的是吃和玩,幼儿园有丰富的教育资源,有齐全的玩具设备,这里就是幼儿欢聚的乐园,是幼儿健康成长、嬉戏的乐园。

二、结合甘肃实际,从政策、体制层面对学前教育进行准确定位

根据国务院十条意见的精神,对幼儿园已经有了比较明确的政策界定。

(一)幼儿园必须提供普惠性的保教资源和服务。幼儿园不是盈利机构,不管是公办还是民办幼儿园,不管是党政机关还是企事业单位举办的幼儿园,都是政府主导的社会公益事业,都要提供普惠性、公益性的幼儿保教服务,这就意味着必须提供低收费的、优质的教育资源。这是国家在“十二五”初期对幼儿园定位的最大突破。从2011年以来,我国在部分城市试点发行学前教育代金券制度,就是给每个3～6周岁的幼儿每年发给一定数额的教育代金券,你拿上这个代金券到

哪里都可以上幼儿园，公办幼儿园可以把代金券当钱使用，民办幼儿园可以拿代金券到财政上去支出。我省正在兰州市进行学前教育代金券发行工作试点，取得经验后省政府将逐步在全省范围推广。

(二)幼儿园显然还不是义务教育的范畴。幼儿园从政策上说是公益性的、普惠性的，是整个经济社会发展的组成部分。因此，当前国家将学前教育正式纳入了国家的发展规划纲要中，地位很高。以后学前教育和幼儿园是随着经济社会的发展而同步发展，有了政策和法律依据，并且还有了经费投入。但也应该认识到，幼儿教育也绝对不是义务教育，这与幼儿教育的普惠性不矛盾。义务教育是免费教育，学前教育和高中教育一样，必须由家长承担合理的收费。

(三)要从理论上、从政策导向上确立幼儿园保教工作的基本理念。现在很多幼儿园也像中小学那样，提出了所谓的“办学理念、教风、学风”这套东西，究竟什么样的幼儿园学前教育的理想信念能够成为幼儿园保教工作的理念，需要进一步研究。我个人认为其复杂性在于学校教育的理念内涵是德、智、体、美，而幼儿教育也涉及同样的德、智、体、美；小学教育的方针是“全面发展、素质教育”，幼儿园的教育同样也提出“全面发展、素质教育”。同时，对幼儿园又提出“防止小学化”的政策限制。而真正意义上的全面发展又包括心理学层面的能力发展、生命科学层面的全面发展、教育学层面的全面发展、社会学层面的全面发展、政治学层面的全面发展等而更加复杂化。还有幼儿的全面发展提出了“社会适应能力发展、认知方面充分发展、生理方面健康发展”等比较抽象的概念，尚缺乏具体的智商、情商、骨骼等作为教育参照的量化指标系数。

胡锦涛总书记针对中小学教育提出了“快乐学习、健康成长”的新思想，受此启发，我觉得幼儿园学前教育的理念应当是“快乐生活、健康成长”，这也是被教育专家所认同的。幼儿园的教育主体是幼儿，但是中国传统文化传承离不开教师、家长的“爱心保育”和“礼乐教化”。

中外启蒙教育、幼儿园“三分教七分养”的理想状态等都是围绕“养成教育”的主题展开的，因此，幼儿园的学前教育一定要防止“拔苗助长”式的危害幼儿身心健康，提前“透支”情感、能力现象的发生。家长更不应该付出对幼儿今后发展、成人、成才毫无作用，纯粹是浪费成本的盲目的代价。

(四)从保育和教育两个不同角度来明确学前教育的责任分工。对学前的0～3周岁婴幼儿的保教，应当以妇幼保健、卫生部门为主，教育部门可以不介入。我省原来在省卫生厅设有幼教委员会，下设办公室，70%的工作是由省卫生厅负责的，所以保育工作实际上属于生理科学、医学科学的范畴。如果说0～3岁幼儿的保育与教育部门有关的话，那可能就是建立在儿童心理学的原理之上。中国传统的早期教育，除了神童以外，大部分幼儿的成长都是属于自然教育，就是等到幼儿基本懂事了才实施教育。现在每个家庭都有条件，对孩子的健康成长、情商的发育、智商的发育、营养的摄入等等都是属于生理的、医学的科学，而这些也是教育学科没有办法解决的问题。实际上，如果我们连自己教育的保教对象都不能了解，还能谈得上对他们认知规律的把握吗？能谈到幼儿的成长规律吗？因为你没有参照的标准嘛。所以，学前教育离不开医学科学、生命科学。

(五)从幼儿健全的人格和性格养成的角度来配备教师队伍。现在的幼儿园都是以女老师为主，至少女性在90%以上，小学教师的情况也类似。为此，有些专家提出，经过国外的科学实验，对孩子的养成教育，父亲的男性角色对孩子的意志的形成和健全的人格的形成有着不可替代的作用。所以，从现在开始要让更多的男性教师扎根幼儿园，直接从事保教工作。我们中国的孩子也不能缺少父爱，这也是对幼儿园的定位。我觉得这应该是从教育的管理层面上来思考的问题。

第六部分

对甘肃幼儿园学前教育业务指导新政策的解读

根据《国家中长期教育改革和发展规划纲要（2010—2020 年）》、《国务院关于当前发展学前教育的若干意见》精神和教育部《幼儿园管理条例》、《幼儿园工作规程》、《幼儿园教育指导纲要（试行）》相关政策规定，为促进我省学前教育科学发展，省教育厅全面落实省委、省政府的安排部署，积极推进我省学前教育三年行动计划的实施，在抓紧抓好幼儿园基础设施建设、努力扩大学前教育资源等重点工作的同时，组织专家队伍精心开展了以课程体系为核心的保教质量建设。

一、坚持以国家法规、政策为指针，为学前教育健康、可持续发展提供制度保障

（一）健全管理制度，实现科学管理。2011 年开始，省教育厅建立了幼儿学前教育专业专家库，在对全省的学前教育发展做了系统的调研，对国家层面上的文件进行了认真研读的基础上，形成了几个大的规范性文件：

1.省政府出台的《甘肃省人民政府关于加快学前教育改革与发展的意见》（〔2012〕42 号）。

2. 省政府办公厅印发的《甘肃省学前教育三年行动计划（2011—2013 年）》。

3.省教育厅于 2011 年 12 月组织省内外最高层面的幼教专家制定的《甘肃省幼儿园指导纲要》，历时一年完成了研制工作，已经省教育厅印发。

4.《甘肃省幼儿园保教管理指导意见》。

《纲要》和《意见》这两个文件就是直接针对幼儿园的日常工作的需要而制定的。

(二)构建课程体系,开发课程资源包。在制定了《甘肃省幼儿园教育指导纲要(试行)》的基础上,省教育厅组织省内外高层次幼教专家开发了包括大、中、小班每学期的教师用书、幼儿读物、操作材料等内容的《甘肃省幼儿园快乐与发展课程资源包》,逐步建立起符合我省学前教育实际和幼儿年龄特点的课程体系,为教师改进教育过程,提高教育质量提供了智力保障。在幼教课程资源开发过程中,注意把握了以下几个方面:

1.坚持先进性和科学性相结合。既体现了先进的幼儿教育理念,又注意结合幼儿心理学、幼儿卫生学、幼儿园课程论、幼儿教育原理等,在幼儿教育的科学性方面严格把关。

2.坚持为幼儿的终身可持续发展服务。《资源包》中所列出的各个教育环节,不仅全面实现《纲要》和《指南》中所提出的五大领域目标,而且着重强调激发幼儿的学习兴趣,鼓励幼儿积极探索,形成积极的自我价值感,在感受快乐的同时获得发展。

3.坚持结合幼儿的生活实际,体现我省的地域性。对《资源包》进行科学定位,尊重教师的工作需要,打破其他教材固有的条条框框,实事求是地按照教师的工作流程和工作内容编写,最大限度地方便教师使用,为幼儿教师每日工作提供教学参考指南,从源头上防止出现"小学化"现象。

二、对省教育厅制定印发的《甘肃省幼儿教育指导纲要》的解读

依据教育部《幼儿园教育指导纲要(试行)》,省教育厅结合实际制定了《甘肃省幼儿园教育指导纲要(试行)》。从幼儿园的教育原则、教育内容与要求(各领域目标、各年龄段内容与要求、指导要点)、教育组

织与实施、教育评价等方面细化了教育部的教育指导纲要内容,突出我省的保教实际,增强了操作性,是全省各级各类学前教育机构开展保育教育工作的指南,也是全省教育行政部门督导、检查、评价幼儿园教育工作的基本标准。现将《甘肃幼教纲要》定性定位、基本原则、五大领域、组织实施、评价标准等解读如下。

(一)关于对幼儿园学前教育的定性和定位。制定《纲要》的目的是为幼儿园提供政策指导依据、业务管理依据、行为规范依据和发展评价依据。在《纲要》总则中,对幼儿园学前教育的基本定性为:"幼儿园教育是基础教育的重要组成部分,是学校教育和终身教育的奠基阶段。幼儿园应为幼儿提供健康、丰富的生活和活动环境,满足儿童多方面发展的需要,在快乐的童年生活中获得有益于身心发展的经验。"

幼儿园学前教育的目标:"幼儿园教育应与0～3岁儿童的早期教育和小学教育相互衔接。坚持科学育儿,遵循幼儿身心发展规律,促进幼儿全面而富有个性地发展。"

(二)关于幼儿园学前教育的"六大原则"。教育部对幼儿园学前教育确定了以下原则。

1.尊重与关爱的原则。尊重、关爱、保护、理解幼儿,并满足他们的合理需要,让他们享受日常成长的幸福过程。坚持鼓励、启发与诱导的正面教育,使幼儿获得快乐和自信。

2.保教并重的原则。将保育和教育融为一体,做到教中有保、保中有教,重视幼儿健康教育。

3.以游戏为主的原则。以游戏为基本活动,引导幼儿在游戏过程中主动感知、操作、探索、发现。杜绝小学化倾向。

4.整体教育的原则。幼儿教育五个领域是不可分割的整体。幼儿园教育目标、教育内容与教育环境相互联系,与幼儿的生活相互渗透,形成整体。内部师资与外部社会形成教育的合力。

5.环境育人的原则。既要为幼儿创设一个丰富的、目标化的物质环境，更要为幼儿营造一个宽松、温馨的精神环境。

6.因地制宜的原则。结合当地本土资源实际，开展灵活多样的各类教育活动，形成地域特色。开展丰富多样的教育活动，体现园本特色。

（三）关于幼儿园学前教育内容“五大领域”。幼儿园的教育内容是全面的、启蒙性的，教育部划分为健康、语言、社会、科学、艺术五个领域。各领域的内容相互渗透，从不同的角度促进幼儿情感、态度、能力、知识、技能等方面的发展，同时注重幼儿学习品质的培养。

第一个领域——健康。

1.坚持“健康第一”的理念，幼儿园学前教育为首的内容确定为健康教育的目标。

（1）身体健康，在集体生活中情绪安定、愉快。

（2）生活、卫生习惯良好，有基本的生活自理能力。

（3）知道必要的安全保健常识，学习保护自己。

（4）喜欢参加体育活动，动作协调、灵活。

把健康放在第一位，健康教育，健康快乐。实际上现在国家对中小学基础教育领域也提倡健康教育，我认为可以理直气壮地解读为“健康第一，学习第二”。那么，幼儿园保教就更应该坚持“健康第一位，快乐第一，安全第一”的办园理念。一个人如果没有健康，其他的一切都会失去价值和意义。

2.各年龄班规定了不同层次的内容和要求。小班、中班、大班都规定了健康教育——“身心健康”、“习惯养成”、“安全保健”、“运动能力”等四个方面的内容与要求。中班健康教育的内容和要求与小班略有不同，大班健康教育的内容和要求又与中班略有不同。

第二个领域——“语言”。

1.语言领域的目标为：

（1）乐意与人交谈，讲话有礼貌。

(2)注意倾听对方讲话,能理解日常用语。

(3)能清楚地说出自己想说的事。

(4)喜欢听故事、看图书。

(5)能听懂和会说普通话。

2.小班、中班、大班各年龄班规定了不同层次的内容与要求。例如:小班和中班设计了"倾听"、"表达"、"前阅读"三项内容,分别提出了不同的要求。对大班增加了"前书写"的内容,"知道书写和阅读时的顺序是从上到下、从左到右,用正确的笔顺写自己的名字,初步练习使用铅笔"。

3.指导要点。

(1)幼儿园的语言教育应该以引导幼儿学好母语为主,让他们在自然的状态下、在多种活动中正确感知语音,帮助幼儿学习、使用普通话。

(2)准确把握不同年龄段语言教育的重点。善于把握教育时机,注重在一日生活的各项活动、互相渗透的各领域教育中激发幼儿语言表达的内部动机,发展幼儿语言表达能力。

(3)理解、接纳不同幼儿在语言发展方面的差异,尊重来自不同语言环境的幼儿,耐心、诚恳地倾听他们的表达。与语言有障碍幼儿的家长密切配合,给予指导。

(4)创设一个使幼儿想说、敢说、有机会说,并能得到积极应答和肯定的精神环境,让他们能够充分表述自己感兴趣的话题。鼓励他们能够较多地与教师、同伴进行个别交流和自由交谈。

(5)安排一定时间让幼儿进行儿童文学欣赏,以保证他们经常接触优秀的儿童文学作品。

第三个领域——社会。

1.幼儿园学前社会教育领域的目标为:

(1)能主动地参与各项活动,有自信心。

(2)乐意与人交往,学习互助、合作和分享,有同情心。

(3)理解并遵守日常生活中基本的社会行为规则。

(4)能努力做好力所能及的事,不怕困难,有初步的责任感。

(5)爱父母长辈、老师和同伴,爱集体、爱家乡、爱祖国。

2.小班、中班、大班各年龄班提出了不同的内容与要求,包括"自我意识"、"人际交往"、"行为规则"、"社会常识"等四个方面。

3.指导要点。

(1)创设一种接纳、关爱和支持的良好人际交往环境,将社会领域的教育渗透在一日生活的各项活动及各个环节之中，避免单一呆板的言语说教。

(2)为幼儿提供共同活动的机会和条件,鼓励和支持幼儿与成人、同伴交往,注意观察幼儿的交往行为,并适时给予具体的指导。

(3)注重幼儿社会性发展的个体差异,善于抓住日常生活中的教育契机,对幼儿进行随机教育。

(4)主动与家长、社区密切合作,充分挖掘和利用当地丰富的社会资源,拓展幼儿的社会认知,丰富幼儿的情感,共同促进幼儿良好社会性品质的形成。

第四个领域——科学。

1.科学教育的目标为:

(1)对周围的事物、现象感兴趣,有好奇心和求知欲。

(2)能运用各种感官,动手动脑,探究问题。

(3)能用适当的方式表达、交流探索的过程和结果。

(4)能从生活和游戏中感受事物的数量关系并体验到数学的重要和有趣。

(5)爱护动植物,关心周围环境,亲近大自然,珍惜自然资源,有初步的环保意识。

2.各年龄班内容与要求。规定了"探究品质"、"自然常识"、"数学启蒙”等三个方面的内容和要求。

3.指导要点。

(1)幼儿的科学教育是科学启蒙教育,重在激发幼儿的认识兴趣和探究欲望。

(2)创造条件,选择和使用当地易得、丰富的材料与工具,让幼儿实际参加探究活动,使他们感受科学探究的过程和方法,体验发现的乐趣。

(3)科学教育应密切联系幼儿的实际生活进行,利用身边的事物与现象作为科学探索的对象。

(4)幼儿园数学教育的重点是引导幼儿对周围环境中的数学现象产生兴趣,建立初步的数概念,学习用简单的数学方法解决生活和游戏中的简单问题。

(5)教师要关注科学探索活动中幼儿的安全教育,注意操作材料的安全性。

第五个领域——艺术。

1.艺术教育的目标为:

(1)能初步感受并喜爱环境、生活和艺术中的美。

(2)喜欢参加艺术活动,并能大胆地表现自己的情感和体验。

(3)能用自己喜欢的方式进行艺术表现活动。

2.各年龄班内容与要求。规定了小班、中班、大班“感受与欣赏”、“表现与创造”等两个内容和要求。

3.指导要点。

(1)了解和尊重幼儿艺术活动的特点,关注并鼓励幼儿自发的艺术活动,欣赏幼儿用自己的方式表现与创造,克服以成人标准评价幼儿艺术活动的倾向。

(2)调动幼儿主动参与艺术活动的愿望,丰富他们的审美体验,根据他们的发展状况和需要,对其表现方式和技能给予适时、适当的指导。防止对幼儿进行枯燥的技巧性训练、甚至为功利而表演的倾向。

(3)为每名幼儿提供平等的表现机会,鼓励他们用不同的艺术形式进行自主表达,尊重每名幼儿的想法和创造,肯定、接纳他们独特的审美感受和表现方式,分享他们创造的快乐,在此基础上引导幼儿之间相互交流、相互欣赏、共同提高。

(4)充分挖掘本土民间艺术资源,进行当地民间艺术传承教育。

(四)幼儿园学前教育的组织与实施。

1.幼儿园环境创设。

(1)形成平等、宽松和愉快的班级氛围。

(2)幼儿同伴是他们成长环境的重要组成部分。

(3)班级中的各项常规要求要有利于引发和支持幼儿积极、主动地参与活动,同时有利于形成幼儿自理、自主、自律的行为方式。

(4)幼儿园的工作人员应相互尊重、相互配合,形成和谐的人际关系和良好的园所文化氛围,使幼儿受到潜移默化的影响。

(5)幼儿园环境应有利于幼儿的健康成长,做到清洁、安全、无噪音影响、无污染,符合安全、卫生要求。用具、设备适合幼儿的身高,色彩和谐、简洁。

(6)各班室内环境应体现本班幼儿的年龄特点与教育目标、要求,为幼儿提供充足的、不同类型的、不同层次的玩具和材料,引导幼儿进行探索活动。

(7)户外活动场地安全、宽阔,设施和运动器械安全,种类丰富多样,基本能满足不同年龄班幼儿游戏和锻炼的需要。

(8)充分利用幼儿园周围自然环境和社区的教育资源,拓展幼儿生活和学习的空间。

2.一日生活中的教育。通过“生活活动”、“活动区活动”、“集体教学活动”、“户外活动”等开展教育。四类活动相互铺垫、准备和延伸。各类教育活动要关注幼儿的年龄特点, 在不同年龄班采用不同的活动方式。小班要多采用游戏口吻,教育过程游戏性更强;中班要增强目标化活动区活动的组织;大班要加强集体教学,加强对问题的讨论和归纳,为幼儿升入小学做准备。

教学活动是幼儿园教育活动的重要组成部分。它的组织与实施是教师有目的和有计划地引导幼儿生动、活泼及主动活动的学习过程,也是教师创造性地开展工作的过程。教师应根据国家、本省的要求,从本地、本园的条件出发,结合本班幼儿的实际情况,制订教育工作计划。在实施教育工作计划的过程中,根据幼儿的学习情况和表现,可做适当调整。

3.幼儿园与家庭、社区的合作。一是与家庭的合作,二是与社区的合作。

4.入园适应与入学准备。幼儿园应引导家长帮助幼儿做好入园前各方面的准备,共同进行入园教育。可通过教师家访、入园亲子活动等,使幼儿熟悉幼儿园,熟悉老师和小朋友。对有特殊需要的幼儿,应当允许家长来园陪同一段时间,以减轻幼儿初入园时的分离焦虑。

幼儿入学准备涉及学习兴趣与愿望、学习能力、学习习惯、社会适应能力、物质准备等多方面的准备,它是一个长期、渐进的过程。幼儿园要有计划、有步骤地开展幼小衔接活动,与小学密切合作,通过参观、访谈、主题活动等多种形式,引导幼儿为入小学做好准备。

(五)建立幼儿园学前教育的评价标准和评价机制

教育评价是幼儿园教育工作的重要组成部分,是了解教育的适宜性、有效性,调整和改进幼儿园工作,提高教育质量,促进幼儿发展的必要手段。教育评价应伴随幼儿园教育工作的全过程。《甘肃幼教纲要》提出了评价的原则与要求、评价方法、教育工作评价、幼儿发展评价等标准。

三、对甘肃省教育厅制定印发的《甘肃省幼儿园保教管理指导意见(试行)》的解读

依据教育部幼儿园管理、工作规程和安全管理等相关法规和政策规定，结合我省幼儿园保教管理实际，指导幼儿园学前教育有章可循,省教育厅制定了《甘肃省幼儿园保教管理指导意见(试行)》。从幼儿园工作人员的入口要求、课程管理、教育活动管理、生活指导与卫生保健管理、安全管理、教师专业发展、规范管理与督导检查等七个方面对幼儿园和教育主管部门提出了明确具体的要求，是我省幼儿园保育教育管理、课程编制与实施、质量监控与督导及保教用书选用的政策依据。现将《甘肃幼教管理指导意见》的理念目标、基本思路、总体框架、规范要求解读如下。

(一)关于幼儿园管理工作的总体原则。整体框架内容共七章四十一条。

首先,提出了幼儿园保教工作的基本理念和目标。“幼儿园保教工作是在尊重幼儿的人格和权力、关注个性差异的前提下,遵循幼儿身心发展规律,以游戏为基本活动方式,坚持保教并重,对幼儿实施体、智、德、美全面发展的教育。通过科学的保育与教育,发展幼儿生活自理能力、与人合作的能力、发现与解决问题的能力,具备良好的生活习惯,具备富有个性的创造力与想象力,并充分享受成长的快乐,为幼儿身心和谐发展奠定基础。”

其次,对幼儿园管理、保教等工作人员提出了基本条件。“幼儿园按照国家和地方的编制或配备标准设园长、教师、保育员、医务人员、事务人员、炊事员和其他工作人员。幼儿园园长应具备大专毕业及其以上学历,具有幼儿园教师资格,有三年以上幼儿园工作经历和一定的组织管理能力,并获得幼儿园园长岗位培训合格证书。幼儿园教师必须具有《教师资格条例》规定的幼儿园教师资格。幼儿园保育员应

具备高中毕业及以上学历,并受过幼儿保育职业培训。幼儿园医师应按国家有关规定和程序取得医师资格，医士和护士应具备中等卫生学校毕业学历或取得卫生行政部门的资格认可。炊事员应有一定的配餐技能,懂得儿童营养知识,具有三级以上的厨师职称,并有岗位资格证书、健康证。全日制幼儿园每班配备2名专任教师和1名保育员,寄宿制幼儿园每班配备2～3名保育员。”

(二)关于幼儿园学前教育活动课程的实施与管理。

1.对严格执行《幼儿园教育指导纲要》提出了明确的要求。

2.规定了“幼儿园必须选用甘肃省中小学(幼儿园)教材审定委员会审定通过的幼儿园保教用书”。

3.对幼儿园环境构造,实现环境育人提出了标准。

4.对家长提出了“要引导幼儿适当参与社会生活,丰富生活经验,发展社会性”的导向。发挥家长委员会的作用,要求幼儿园做到保教工作与家庭教育相结合。

5.对幼儿园常规工作提出了“制定目标明确、内容具体、指导要点突出、针对性强的班级学期计划、月计划、周计划和日活动计划”等要求。

6.对幼儿园教师提出了幼儿的教育活动目标和要求,对幼儿园其他工作人员提出了明确的要求。

7.对幼儿园学前教育活动评价规定了内容指标体系和具体标准。

幼儿园怎样贯彻《纲要》,设置相关的课程,这里面最核心的一条就是防止幼儿园课程“小学化”。我们决不能简单地理解“小学化”。我就幼儿园的课程在什么样的情况下，以什么样呈现形式和内容的课程体系才不是“小学化”的问题,专门向有关权威幼儿专家咨询过,让他们解释或界定一下。但是,到目前为止还没有一个人能非常清晰地说清楚,而且能够得到公认的界定。防止“小学化”,核心问题应该是规范名目繁多的早教市场，防止在小学第一学段才能实施的各种类型和教育内容提前在幼儿园实施。

(三)关于幼儿园生活指导与卫生保健管理规范的要求。

1.规定了幼儿园严格执行《托儿所、幼儿园卫生保健管理办法》,建立健全幼儿生活指导与卫生保健工作制度,保证幼儿身心健康。

2.重视幼儿生活和活动常规的建立。

3.科学合理地安排幼儿园一日作息制度。要根据动静交替的原则,合理安排游戏、活动以及各种生活环节的时间。两餐间隔时间不得少于3.5小时;午睡时间,冬季1.5~2小时,夏季2~2.5小时;正常情况下,户外活动时间不得少于2小时,寄宿制幼儿园不得少于3小时,其中,体育或体能活动时间不少于1小时;室内室外的自由游戏和自主活动时间不少于2小时。

4.幼儿园卫生保健工作应做到:严把卫生消毒关,保证幼儿学习生活环境的卫生、安全和整洁,室内空气畅通,厕所无异味,幼儿餐具、玩具、用具必须定期消毒;严把疾病预防关,坚持每天对幼儿进行晨检和日间巡查(寄宿制幼儿园要进行夜间巡查)。

5.幼儿园要定期进行幼儿健康检查。每年体检一次,每半年测身高、视力一次,每季度量体重一次;对每个幼儿建立健康档案。对幼儿身体发展状况定期进行分析、评价,及时向家长反馈结果。

6.为幼儿提供膳食服务的幼儿园,应根据幼儿年龄特点,编制营养平衡的幼儿食谱,定期进行营养素摄入量分析,保证幼儿合理膳食。努力改善和提高幼儿伙食质量,每周向家长公示幼儿食谱,按月公示伙食费支出情况。幼儿园必须提供安全充足的饮用水,为幼儿随时自主饮水提供方便。

7.幼儿园要制订与儿童生理特点相适应的体格锻炼计划,根据儿童年龄特点开展游戏及体育活动。

8.组织专门人员对日常的保教工作进行必要的检查与记录。

9.对幼儿园工作人员、家长及幼儿进行健康教育,指导家长科学育儿,培养幼儿良好的卫生习惯。

(四)关于幼儿园各类安全管理的规定。

1.严格执行国家和地方幼儿园安全管理的相关规定,建立人防、物防、技防相结合的安全防护体系。

2.制定应对各种自然灾害、交通安全、传染病、食物中毒等突发事件的预案。

3.严格执行公安、消防、交通、卫生防疫、食品药监等部门的管理规定,加强幼儿园门卫管理、校车管理、消防管理、食品卫生管理、传染病管理等工作,确保幼儿的生命安全与健康。

4.要注意房屋、场地、玩具、用具及运动器械的使用安全,避免各类事故的发生。

5.组织的各项活动都应以幼儿的安全为第一要素,严禁带幼儿到有安全隐患的地方开展活动。

6.加强对工作人员的安全教育和职业道德教育,及时化解各种矛盾和冲突,建立健全各类人员的岗位职责,实行岗位责任制,严格工作纪律。

7.要加强与社区、公安消防、交通、卫生防疫、食品等部门的联系,建立园内外安全联动管理监控体系,做到分工负责,形成合力。

(五)关于促进教师专业发展的内容和措施。

1.幼儿园园长要重视教师的专业化成长,每学期要制订明确具体的师资培训计划,从教师学历提升、专长发展、技能提高、教研能力等方面进行统筹安排,采用多种方式,促进教师专业发展。

2.培养教师具有良好的师德修养与正确的专业态度,公平地对待每一个幼儿,不体罚或变相体罚幼儿。引导教师要自觉学习和提升专业能力与水平,让教师体会到职业的神圣与快乐。

3.在教研过程中促进教师专业成长。

4.制定个人专业发展规划,及时准确对教师工作进行评价,建立个人成长档案。

(六)关于规范管理与督导检查的要求。

1.保证幼儿教育管理层层落实到位。要建立由教育部门牵头、有关部门参加的幼儿教育联席会议制度,发挥其对乡(镇)幼儿教育的指导作用。

2.依靠地方各级人民政府制定优惠政策,保证幼儿园(班)的公用事业费(煤、水、电、供热、房租等费用)按中小学的标准收缴。

3.建立幼儿教育督导制度,坚持督政与督学相结合。制定地方幼儿教育工作督导评估标准,定期对各类幼儿园的保育、教育质量和管理水平进行督导和评估,并将评估结果向社会公示,接受社会和家长的监督。

第七部分
如何当一名合格的幼儿园园长

此次培训就是在原有的最优秀的基础上提升,我想提出"如何才能当好一个合格的幼儿园园长"的命题,希望大家在实践中寻找答案。一个合格的幼儿园园长应当具备以下最基本、最起码的素质。

(一)要对幼儿园在整个教育体系中的定性、定位有正确的判断。在幼儿阶段对人的一生留下什么样终生难忘的印象,对养成教育打什么基础,对国家的核心价值观打什么基础,思路必须要清楚。当前,学前教育的需求量越来越大,越来越广,要求非常多,而且很迫切。所以定了一个"起跑线"计划,就是对未来的预测。

(二)要依照法规政策规范办园行为。教育是国家的意志,幼儿教育相对小学、大学放得开,像深圳民办教育能占90%。我省的民办教育的发展空间相对小,所以省政府定为到2015年民办和公办的比例大体相当。但是不论公办和民办,都必须依照法规来办,不能突破这个线。要学会用好、用活、用足政策制度，处理好幼儿园学前教育法规、制度与《意见》、《纲要》、《规程》等之间的关系，形成自己的特色品牌。

（三）一定要遵循儿童的身心成长的规律，主要是骨骼、肌肉和情商、智商等方面的规律。幼儿园必须要有自己办园的规律，不同于家庭教育和学校教育。不能把日常的管理、实施的东西简单地应付检查，要善于总结规律，发现规律，要找到有特色的地方。

（四）幼教系统是保育和教育相结合。园长应该既是保育方面的专家，又是教育方面的专家，同时还是儿童教育心理学家。孩子在幼儿园的整个活动都是有轨迹的，有规律的。

（五）园长应该是综合素质比较全面的人。应该有比较深厚的、扎实的儿童心理学方面的素质，要有生命科学方面的素质，要有系统的教育学方面的素养，对孩子的健康成长从医学科学的角度来抓，最后必须是合格的、称职的母亲。母亲陪伴孩子从胎教开始一直到早期教育，到他上学以前的学龄前的整个阶段。由于农村和偏远山区成人文盲比例比较高，学校里面布置的作业难以辅导，家长跟孩子交流的时间不多。那么我们的园长们呢，你就要帮助我们的家长，不要让他们在孩子的培养上有终身遗憾，这个责任有多大！所以幼教这个职业确实是非常伟大的。还有幼儿教育对社会的影响，对社区的影响，对家长的影响非常大。我们有些园长给我发过牢骚，“哎，厅长，现在难得很，现在我们幼儿园里的孩子，大班的孩子也复杂了，他提一些问题，他说一些话，有时候还挺惊奇的，也很能伤人。你教育了半天，孩子送回去第二天来时，你的教育都冲掉了。”实际上我们反过来想，我们要给他的家长，给他的家庭施以影响。全社会对幼教重视的氛围，我们幼儿园园长、幼教队伍这样庞大，我们要有我们的声音，我们要有我们的舞台，我们要有我们的平台，要形成一种比较强势的力量，来影响我们的社会，影响我们的家长。不要老处在被动的阶段。至少我们现在要注重这个事情。

(六)必须要懂得幼儿园里其他老师的作用有多大。要把教师队伍的建设始终放在第一位,严加管理,严格要求,规范操作,奖惩要分明。教师犯了错误不能有任何的迁就，因为教师的一言一行对孩子都是一种示范。在我们幼儿园园长中当得比较好的,都是这样得罪人过来的,不得罪人的,该管的不管,该说的不说,她就绝对不会是一个合格的幼儿园园长。幼儿园园长就是要敢于负责任;敢于说真话,说硬话;敢于适时纠正一些老师的不当的行为,不当的表情,不当的言谈。同时,幼儿园园长一定要直接参与保教活动,有些幼儿园园长还是副科级,科级。官虽然不大,但是,有的人已经变成了行政官员。幼儿园的园长如果不承担保教任务是一种不符合教育规律的现象。譬如,过去在我省各地高中合格教师严重不足的情况下,一部分高中的领导班子不代课,而且班子成员基本上都是全国优秀老师,省上的骨干老师,这实际上是对人才的重大浪费!我一直坚持主张中小学领导班子成员一定要带课,也主张幼儿园的园长一定要带课、带班。你如果不带班,就很容易脱离实际。你的话老师们不爱听,老师一天在干什么、说什么你也不清楚。所以园长带班是很重要的,不要小看这个事情。

我们未来发展学前教育的瓶颈在哪里,就在幼儿园的老师们。省政府在规划中提出，到 2015 年全省要新增加 40 万个幼儿园的学位,才能缓解“入园难”的问题,这就需要增加 4 万名一线老师和工作人员。这么多的老师从哪里来？可以考虑一部分从小学转岗,设立一部分“特岗”,一部分教育部巡回支教,还有一部分扩大大中专学校幼教专业招生的比例。还有一个问题也应该引起高度重视。我们发现幼儿园的老师年龄大了确实不能适应工作需要，一个人在年轻时天天可以唱唱跳跳,但是年龄大了以后再唱唱跳跳就不行了。所以幼儿园还没有达到退休年龄的一部分高龄老师,也有个转岗的问题。

还有幼儿园老师的健康问题。幼儿园老师每天要管孩子的吃喝拉撒,实际上是和母亲一样的与幼儿零距离接触。她们的健康直接关系到幼儿的健康。其他老师一年免费体检一次，幼儿园的老师一年必须体检两次。对幼儿园老师在职称评定上、在评先评优方面，包括省上评选的名师、教学能手，都要真正做到与中小学教师一视同仁。但是你作为一个园长来说，你就是要靠老师，一支有能力、有活力的教师队伍，才能让幼儿园立起来，才能够发展。所以你要特别地为她们呼吁，要关心她们的生活，关心她们的健康，特别要关心她们的心理健康。坦率地说，像幼儿园这种女性比较集中的地方人际关系比较复杂，园长的工作难度比较大。所以我认为适当地安排一部分男性员工也有好处。

(七)一个合格的院长，必须始终坚持把安全第一贯彻到每一个活动，每天全部日程的全过程，时时刻刻把安全意识摆到第一位。最近几年有关幼儿园的安全问题，实际上你们不往上报我们也掌握得很清楚。幼儿非常容易随时随地发生安全事故，没有大事故也会有小事故。再就是食物中毒，一会儿这个孩子不合适，一会儿那个孩子不合适。学前教育是个危险系数特别高的一个职业，所以园长们既要按政府规定的要求开展活动，同时安全工作也要确保万无一失。

(八)为幼儿园园长减负、减压的问题。首先，幼儿园园长要学会自己减负。其次，每一个幼儿园都必须成立家长委员会，家长委员会应该按班级成立。再次，幼儿园与家庭所有的活动都是互动的，包括安全，如果家长在，出了安全事故就由家长负责，要清晰责任，划清界限，不能大包大揽。一些高难度、高风险的活动，一些比较容易发生安全事故的活动，就把家长们都请来，一个家长带一个孩子，不管他是监护人，还是爷爷奶奶都行，反正家里得来个人，万一出了问题责任就好认定。特别是现在到社区体验生活，一定注意不要几个老师带着孩子去，要是出了问题都是大问题。社区的活动、室外活动、出了园门以后的活动，都要由家长委员会和幼儿园教师互动，这样就把你们减负了。

第八部分
关于幼儿园学前教育需要研究解决的若干问题

(一)关于学前教育幼儿园办园理念的问题。任何教育行为都不可能离开教育观念,教育理念不能只停留在宣言上,而应该体现在实践中。胡锦涛总书记提出:快乐生活,健康成长。为了让广大儿童在党和国家温暖的怀抱里,在全社会的关爱中度过幸福的童年,温家宝总理说:全社会都要树立一切为了儿童的理念和道德,儿童应该是社会一切福祉的最先享受者,一切灾难的最后蒙受者。我们要从中央领导讲话精神的高度和深度,提炼和树立幼儿园学前教育的办学理念。

(二)关于防止"小学化"的问题。要处理好家长把起跑线前移到学前教育阶段与教育部对学前教育防止小学化的要求之间的关系,首先必须明确回答一个问题,就是什么才不是"小学化"。

(三)关于深入贯彻落实省委省政府、省教育厅有关文件精神的问题。要认真落实甘肃省人民政府《关于加快学前教育改革与发展的意见》、《甘肃省学前教育五年发展规划》,认真落实甘肃省教育厅制定下发的《甘肃省幼儿园教育指导纲要》、《甘肃省幼儿园保教管理指导意见》。试点和推广《甘肃省幼儿园快乐与发展课程资源包》、《甘肃省保育院保教实验模型与组织策略资源包》,实施素质教育,提高保教质量和效果。

(四)关于解决幼儿园采购选用课程教材出版物比较混乱的问题。幼儿园为学前教育,如何选择和选择什么样的玩具、教具、学具、课程、游戏、活动,特别是对出版物的选择和采购的问题缺乏保障和科学依据,缺乏目的性和针对性。幼儿园、学前班能不能识字、学会加减乘除的问题,教育部的政策导向是汉语文只识字,不写字。幼儿园不能把家庭教育和幼儿园教育重叠。在幼儿园要全面推广汉语、普通话,作为每一个幼儿园的基本的课程内容。在少数民族地区实施“双语”教育,提高会话能力。

(五)关于幼儿园学前教育保育和教育的部门分工问题。学前教育幼儿园保教工作,保育以卫生部门为主,教育以教育部门为主。幼儿园的保教工作应该接受卫生和教育部门的双重专业指导,3~6 周岁的保育工作主要是生命科学范畴,主要由卫生部门承担,责任可以逐年减轻。要充分利用卫生系统各级妇幼保健院 0~10 周岁儿童骨骼检测记录,用于指导教学工作。教育系统不能代替卫生系统的职能,教育系统单独无法完成的工作,要依靠卫生部门来完成。学前一年教育应以教育部门承担为主。幼儿园要详细记载儿童的认知变化情况,体质发育成长情况,做好各个阶段数据的采集、记录工作。幼儿园教师基本能够推断出儿童处于什么阶段、什么时候需要调整课程、游戏内容。必须坚持一线教研,坚持记教学日记,观察记录儿童个性特点、儿童的专心程度,对各种学具、玩具的反应能力和方式,对事物的掌握情况,并进行跟踪分析和研究。

(六)关于幼儿园学前教育与家庭教育的关系问题。古时候对孩子的教育基本上靠家庭教育来完成, 现代社会家庭教育只能完成低水平的语文教育,其他学科教育必须通过学校教育来完成。但是,家庭教育在儿童早期教育、品性养成教育方面起到不可替代的作用。幼儿园学前教育的保育和教育,主要为学会生活、学会交际、学会与人相处、树立集体意识,为儿童上学做准备,在亲情关爱、养成习惯等方面不能替代家庭教育。每个班应该成立家长委员会,由家长和幼儿园共同完成学前教育的任务。可以办一些家长学校,向家长传授科学的保育教育知识。幼儿园的保教人员要扮演多种不同的角色,既要当好妈妈,还要当好爸爸,更要当好老师。要做到人见人爱,人人喜欢。

(七)关于幼儿园学前教育师资队伍的结构科学化的问题。为了培养儿童健全的人格,具有坚毅的意志,必须解决父爱缺失、缺位的问题。要吸收更多的男性幼儿教师,扎根保教第一线。不能把幼儿园当做就业的跳板、待业的临时性岗位。要高度重视幼儿园教师的心理健康,要适时邀请心理咨询专家对幼儿园的教师进行心理疏导,减轻心理压力。

(八)关于幼儿园学前教育普惠性、公益性与非义务教育的区别问题。不论是公办幼儿园还是民办幼儿园,不论是城市幼儿园还是乡村幼儿园,凡是有入园需求儿童的家长,都要承担合理的费用。幼儿园要严格按照国家规定的标准收费,但坚决不能乱收费。

(九)关于城市幼儿园贵族化、奢侈化、豪华化的问题。要避免出现脱离实际的、不利于儿童将来的学习、工作生活的导向,城市幼儿园必须设置农业生产和农村生活情境的教育基地以及相关的教具、学具、读物等,农村幼儿园必须设置体验和展示城市生活情境的教育基地以及相关的教具、学具、读物等,使幼儿体验城市生活与农村生活的融合。

(十)关于学前教育发展速度的问题。由于我省学前教育长期滞后,近两年又发展过猛,政府和教育系统的思想观念、教育理论、师资力量、经费投入、课程建设等方面的准备不足。按照幼儿教育的发展规划,我省“入园难、入园贵”的问题,需要举全省之力,加大投入、加大力度,经过10年的艰苦努力才能得到缓解或基本解决。

(十一)关于幼儿园学前教育的安全问题。要从“生命不保,何谈教育”的高度,加强幼儿园内部的精细化管理,关键是责任要到人,要实行严格的责任追究制,绝不能姑息迁就。

(十二)关于规范幼儿园学前教育办学行为的问题。主要是围绕省政府提出的“四个有利于”,即有利于利用小学闲置校舍、富裕师资办园,有利于乡镇街道统筹分级办园,有利于社会力量积极参与办园,有利于幼儿平安、方便、就近入园的原则,规范各级各类幼儿园的办园行为。过去由于缺乏必要的规章制度,全省的各级各类幼儿园办园行为比较混乱。现在省上依据国家的规定出台了两个规范性文件,省课程教材中心和省保育院也组织国家和省内外专家，开发了课程资源。与此同时,采取创建省级示范性幼儿园来规范和统一幼儿园办园行为。

(十三)要充分认识幼儿园教师队伍专业发展的重要性和紧迫性,促进幼儿园教师的专业发展。既不能把幼儿园教师看成是阿姨,坚决纠正把幼儿园教师看成是保姆的偏见，又要教育每个教师安心保教工作,热爱保教工作,牢固树立长期扎根保教工作第一线的信心和决心。要努力提高幼儿园教师的地位和待遇。教育部制定了幼儿园教师的专业标准,对幼儿园教师的知识、专业技能、情感做了专业的规定。每个教师都应该是多才多艺,一专多能,而且要能歌善舞,开朗活泼,爱岗敬业,爱生如子。具备各种学科的基本知识,能够驾驭幼儿园综合性保教的各种职责。今后在工资待遇、政治待遇、职称、社会地位等方面,幼儿园教育要与其他各级各类教育一视同仁。幼儿园也要防止出现类似于代课教师的现象,一方面教师的临时性、流动性,对幼儿教育带来不利,另一方面对政府形成新的包袱,引起社会问题。对年龄和身体条件不适合从事幼儿教育工作的转岗教师问题，也要研究解决,制定相应的政策。

(十四)关于少数民族游牧地区、居住分散地区的办园问题。要按照四个有利于的原则,积极探索适合游牧地区实际的办园模式,并作为课题进行专门研究。

(十五)幼儿园园长和班子成员带班的问题。幼儿园园长和班子成员应该有带班的意识,这是全身心投入工作的评价标准。每天坚持深入各个班级,与教师和保育员打成一片。不带班对工作缺乏话语权。

(十六)学前教育实施素质教育的问题。国家要求学前教育也要实施素质教育,要从小对家长、对儿童培养素质教育的观念。

(十七)怎样让家长满意的问题。拿什么让家长满意？怎样才能保证学前教育的质量？科研部门、幼儿园要探索建立学前教育质量评价标准和指标体系。

(十八)怎样吸引孩子的兴趣的问题。用什么来吸引孩子兴趣？在每个孩子纯洁的心灵上、脑海里、记忆中描写什么样的五光十色的真善美？要给孩子留下终生难忘的记忆。幼儿园要成为每个儿童都最喜欢去的场所,哭着闹着不去的现象要认真分析,找出原因。

(十九)落实民办教育政策的问题。要落实民办教育各项政策,对民办幼儿园一定要一视同仁，创造有利于健康发展的宽松环境和条件。

(二十)落实幼儿园年检制度的问题。要坚持对各级各类幼儿园实施严格的年检制度,重视省、市、县示范性幼儿园建设,以评促建,加快标准化幼儿园建设进程。

第三讲

普通高中课程的历史沿革与改革推进策略探究

Putong Gaozhong Kecheng de Lishi Yange yu Gaige Tuijin Celüe Tanjiu

第一次讲座

时　　间:2010年1月8日

地　　点:兰州城市学院东校区

听讲范围:全省普通高中校长新课程培训班学员

第二次讲座

时　　间:2011年5月19日

地　　点:省教育厅二楼视频会议室

听讲范围:教育部教师远程培训国培计划

甘肃普通高中教师培训班学员

第三次讲座

时　　间:2012年2月9日

地　　点:兰州饭店8楼会议室

听讲范围:全省普通高中新课程实验工作会议代表、

样本校项目评审专家

甘肃基础教育课程义务教育阶段课程改革从2001年开始，我省在普通高中新课程实验工作推进方面是比较后进的省份之一，2010年秋季新学年开始包括我省在内的西藏、青海、贵州、重庆等5个省份进入普通高中课改实验工作，新入学的普通高中一年级学生使用新教材。这次新课程实验是新中国成立以来我国实施的第八次课程改革，新一轮课程改革在教学内容、课程的组织和教学策略上发生了根本性的变化。到2013年第一届学生毕业，选修课程主要在高二年级和高三年级开展。全国基础教育课程改革义务教育阶段是从2001年开始的。但是，普通高中新课程实验工作的进度并没有采取全国统一同步的办法，而是采取从2004年起每年进入部分省份的步骤，截至2009年底全国已有24个省份进入高中课改实验。

但是，由于传统的功利性的教育观念，在人们的思想上根深蒂固，高考制度没有发生重大变化，人们的目光仍然停留在制度变革、经费支持等表层话题上，对改革背后的改革指向、改革动力乃至改革阻力，并没有太多的自觉思考。如果教育背后的社会价值观念的土壤没有根本的改良，再先进的教育理念，再激进的改革措施，到最后也将因世俗观念的制约，而难以结出硕果。普通高中课程改革的核心难题，仍然是教师队伍在心灵深处能否彻底转变教育观念和教学习惯的问题。我关于甘肃普通高中课程改什么和怎么改的问题的一系列讲座，形成了十个部分，现分述如下。

第一部分 甘肃普通高中学校课程发展沿革

每一次的学校课程改革，都不是对旧课程的全盘否定，而是对过去课程体系的传承、延续、发展、完善。我先把普通高中教育课程的历史演变情况从《甘肃教育志》中摘录出来，让我们一起回顾一下过去课程发展的历史。

一、中学学制沿革

清末，依照《奏定中学堂章程》规定，甘肃省各中学堂以“施以较深之普通教育，俾毕业后不仕者从事各项实业，进取者进入高等专门学堂，均有根底”为宗旨，招收高等小学堂毕业生及同等学力者，修业五年。

民国2年(1913年)，甘肃全省中学堂改制为中学校，修业年限改为四年。民国11年(1922年)，中学修业年限延长为六年，初级中学和高级中学各修业三年。民国17年(1928年)，将初级中学修业年限延长为四年、高级中学改为二年。

新中国成立后，甘肃中学修业年限仍为六年，分初中、高中两级，各修业三年。1950年，甘肃省文教厅规定：“初级中学招收13～18岁小学毕业生或具有同等学力者，高级中学招收16～22岁初中毕业生或具有同等学力者”。1953年，全省中学实施教育部颁发的《中学暂行规程(草案)》,省教育厅规定:"中学入学年龄,初中为 12 岁,高中为 15 岁。"1958 年,中共甘肃省委决定:"在部分中、小学进行学制改革的试验",省教育厅用四年多的时间,在部分中学进行了初中、高中五年一贯制的学制改革试验。1969 年,省革命委员会决定:"中学修业年限缩短为四年,实行初中、高中二∶二分段制或四年一贯制。"

1978 年,执行教育部统一规定,中学修业年限改为五年,按初中三年、高中二年分段。1980 年,省教育局决定:"全省 24 所首批重点中学恢复初中、高中各修业三年。"1981 年,省教育厅转发教育部颁发的《全日制六年制重点中学教学计划(试行草案)》,全省各地区、县市中学学制定为六年,初中、高中各三年。

二、中学课程设置

清末,中学堂开设的课程有修身、读经讲经、国文、算学、历史、地理、外国语、体操等,其中读经讲经占全部课时的四分之一以上。

民国初年,依照国民政府教育部颁定的中学课程标准,甘肃中学课程为修身、国文、读经、外国语、数学、历史、地理、格致(后为博物)、理化、法制经济、图画、手工、乐歌、体操等。民国 13 年(1924 年),中学改行新学制后,省教育厅制定初级中学课程为公民、历史、地理、国语、外国语、作文、写字、算术、自然、图画、手工、音乐、体育。民国 22 年(1933 年),省教育厅通令各校执行国民政府教育部颁布的中学课程标准,开设公民、体育、卫生、国文、英文、算学、化学、物理、历史、地理、图画、音乐等课程,初中另设有童子军训练、劳作、植物、动物,每周 35 至 36 课时;高中另设有军事训练、生物学、伦理,每周 31 至 34 课时。民国 29 年(1940 年),重新修订中学课程标准,初中、高中均为每周 31 课时,其中:高中实行文理分科制,停授卫生、伦理,增设劳作、矿物;初中实行选课制,每周有 3 课时的选修课,并将动物、植物改为博物。

1949 年甘肃解放后,中学贯彻新民主主义教育原则,停授公民、童子军训练、军事训练等课程，增设政治常识课，对国文、历史、地理等社会学科的课程也相应进行改革，以培养学生为人民服务的思想。

1950 年，甘肃省中学开设的课程为政治、语文、数学、自然、生物、化学、物理、历史、地理、体育、音乐、美术等。1952 年，省文教厅对课程设置和教学时数调整如表 3–1：

表 3–1

年级 \ 时数 \ 学科		政治	语文	数学	物理	化学	历史	地理	植物	动物	达尔文主义	卫生常识	外国语	体育	音乐	图画	制图	总计
初中	一年级	1	8	6			3	3	3				3	2	1	1		31
	二年级	1	7	5	2	2	3	2		3			3	2	1	1		32
	三年级	3	6	5	2	2	3	2				2	3	2	1	1		32
高中	一年级	3	6	5	2	2	3	2			2		4	2			1	32
	二年级	2	6	4	3	2	3	2					4	2			1	29
	三年级	2	6	5	4	4	3						4	2			1	31

1956 年，中学语文课分设为文学和汉语，初中停授外语、卫生常识，增设工农业知识。1958 年，动物、植物合并为生物，汉语和文学又恢复为语文，并停授制图课。1962 年，省教育厅制定了表 3–2 所示的全日制三三制中学课程。

表 3–2

年级 \ 每周时数 \ 学科		政治	语文	外语	数学	物理	化学	生物	生产常识	历史	地理	体育	音乐	画画	合计	自习	总计
初中	一年级	2	7	4	5			2		2	3	1	1	1	28	16	44
	二年级	2	6	4	4	3 / 2		2		2	2	1		1	27 / 26	16	43 / 42
	三年级	2	6	4	6	3	3		1	2		1			28	18	46
高中	一年级	2	6	5	5	3	3	1		2		1			28	18	46
	二年级	3	6	5	6	3	3			2		1			29	18	47
	三年级	3	6	5	5	4	4		1			1			29	18	47

1969年,省革命委员会确定,中学开设毛泽东思想、革命文艺、工业基础知识、农业基础知识、军事体育等5门课程。1973年,省教育局制定的中学课程为政治、语文、数学、外语、历史、地理、物理、化学等。

1978年,执行教育部颁布的《全日制十年制中小学教学计划(试行草案)》,中学课程为语文、数学、外语、政治、历史、地理、物理、化学、生物、生理卫生、体育、音乐、美术等。1981年后,全省中学陆续实行教育部颁发的《全日制六年制重点中学教学计划(试行草案)》,高中采用文理分科性选修的办法。侧重文科的,适当提高语文、历史、地理等学科的程度;侧重理科的,加强物理、化学的实验。教学计划见表3–3:

表3–3

学科/时数/年级		政治	语文	数学	外语	物理	化学	历史	地理	生物	生理卫生	体育	音乐	美术	必修课合计	选修课	总计
初中	一年级	2	6	5	5			3	3	2		2	1	1	30		30
	二年级	2	6	6	5	2		2	2	2		2	1	1	31		31
	三年级	2	6	6	5	3	3				2	2	1	1	31		31
高中	一年级	2	5	5	5	4	3	3				2			29		29
	二年级	2	4	5	5	3	3		2			2			26	4	30
	三年级	2	4	5	4	4	3			2		2			26	4	30

三、中学教学管理

清末,中学堂采用班级教学制。开办之初,师资"取材于速成师范毕业之举贡",平均每校不及三名教员,课程设置和教学管理"按之定章,诸多不合"。

民国初期,中学教师有所充实,建立了学生入学、毕业考试、学绩考核、升留级等各项教学管理制度。民国22年(1933年),省教育厅提出:"中学要以严格的考试方法,促进科学之研究,以资深造",实行每周36课时的学习制度,并实行初中、高中毕业会考制度。民国28年

(1939年),除采用毕业会考外,《甘肃省中学教育实施方案》提出:"中学毕业生以升学为主,中学教学主要为学生升学做准备",实行平时抽考(教育厅每学期派人到学校举行突然性临时检查、考核各学校教学情况)和电调课卷(由教育厅用电报或电话等形式,调阅学生的作业,以检查学生的课业练习和教师批阅作业的勤惰)办法,并由省教育厅负责制订学程纲要,统一各学校的教学要求、教学内容和教科书。

1949年甘肃解放后,人民政府采取"维持现状,立即开学"的原则,要求学校尽快复课。1950年,西北军政委员会颁发《西北区中学教育暂行实施办法》,根据新民主主义教育原则,建立学校的各项教学管理制度。1953年,全省中学实施中央教育部颁布的《中学暂行规程(草案)》,把中学教育工作的重点转到提高教学质量上来。1958年,贯彻"教育为无产阶级政治服务,教育与生产劳动相结合"的方针,组织学生到工厂、农村参加生产劳动,在校内办工厂、农场,并在中学语文课中增选毛泽东诗词和民歌等内容,数、理、化教材中增加工农业生产知识的内容,初中数学还加授珠算和簿记。1961年后,根据中共甘肃省委"全日制学校必须坚持以教学为主,提高教学质量"的指示,省教育厅制定了《关于提高全日制中小学教育质量几个主要问题的意见》。1965年,省教育厅贯彻毛泽东主席"春节指示",采取"刹车"措施,精减教材内容,减少课外作业,坚决克服学生课外活动过多、负担过重的现象,规定中等学校的活动总量由过去的每周60多小时控制在高中不超过48小时、初中不超过46小时。

1966年"文化大革命"开始后,全省中学停课,教学秩序混乱。1969年,中学建立学工学农基地,学生每周劳动二至三天,同时推广"工厂办校、厂校挂钩、社校挂钩"的经验,组织学生"开门办学",频繁下乡下厂劳动,教育质量严重下降。

1978年以后,中学实行教育部颁布的教学计划和统编教材。为解决"十年动乱"造成学生之间知识水平悬殊的问题,许多学校将同一年级的学生按文化程度分成快慢班，出现了在教学中注重快班、忽视慢班的现象。1979年，根据省教育局的要求，各中学陆续取消了把学生分成快慢班的做法。1980年，贯彻全国重点中学会议精神，经省人民政府批准，确定全省首批办好重点中学24所，主要任务是：提高教学质量，向高等学校输送合格的新生，并为社会培养优良的劳动后备力量；总结扩散经验，带动一般中学，在教育改革中起示范、骨干作用。1982年，为端正学校的办学思想，纠正片面追求升学率的做法，省教育厅决定："在全省首批重点中学停止举办全日制高中毕业生补习班。"1984年，省教育厅在《关于全面提高普通中学教育质量的意见》中提出："中学教育要面向全体学生，大面积提高教育质量；严格执行教育部颁发的教学计划，对于数学、物理、化学和外语四科，重点中学和条件较好的学校实行较高教学要求，一般中学实行基本教学要求；加强初中教育，打好基础。"

四、早期教学改革

民国初期，中学教学方法主要采用讲演注入法，偏重学生的死记硬背。民国12年(1923年)，省教育厅成立"新学制研究会"，主张在改革学制的同时，对中学教学内容与教学方法进行相应的改革。次年，省第二次教育行政会议通过改良教学方法的议案，提出在教科书中编采甘肃乡土教材，鼓励学生阅读课外书籍；省教育厅颁布初级中学的各科教学内容和教学要求，确定国语课和作文课推行白话文教学，侧重于应用文、说明文和议论文等实用文体的训练；算术课要供给学生研究自然科学的工具和适应社会生活的需求，在教学中以数学方法发展学生的思维能力。

1949年甘肃解放后，对中学教学内容进行改革，国文、历史、地理采用人民政府审定的教材，数学、物理、化学课程在保证教学内容的完整性和联系性的情况下适当精简，并贯彻理论与实践相一致的教学原则,运用民主启发的教学方法,将课堂上学习的理论知识运用到社会生产和生活实际中,培养学生独立思考能力和学习的积极性、主动性、创造性。1950年后,各中学成立教学研究会或教学研究小组,组织同一学科或相近学科的教师集体研究教学,共同备课,改进教学。1954年,中学开展以学习苏联教学经验为主的教学改革,基本原则是:“以教学内容的改革为中心,相应地改革教学方法。”重点要求中学教师学习凯洛夫《教育学》、《苏联教学经验汇编》和教育部新编的教科书及教学大纲,推进组织教学、复习旧课、讲授新课、当堂巩固、布置作业等五个教学环节组成的课堂教学方法。

1963年后,试行《全日制中学暂行工作条例(试行草案)》,把培养学生德智体全面发展作为衡量学校教育质量的标准,克服满堂灌、注入式和死记硬背的教学方法,提倡少而精、启发式和精讲多练、讲练结合的教学方法,以纠正片面追求升学率的做法,加强基础知识和基本技能的教学;改革考试办法,一般学科只学不考或实行开卷考试,主要学科每学期考试两次,考试内容限于教材范围,反对突然袭击的考试方法;减轻学生的课业负担,积极开展课外活动,组织各种课外兴趣小组,以辅助课堂教学,调动学生学习的积极性和主动性。

1978年,面对“文化大革命”造成的创伤,为了尽快提高教育质量,对中学教学进行改革。一是重视和加强基础知识教学和基本技能的训练;二是严格教学要求,使课堂教学扎扎实实地打好基础;三是改革教学方法,在教学中调动教师主导与学生主体两个积极性;四是开辟第二课堂,开展课外科技活动,以扩大学生视野,激发学生的学习兴趣。1980年,省教育学会中学语文教学研究会成立之后,又相继成立了中学数学、政治、外语、历史等11个全省性学科教学研究会,定期举行学科的教学研究,教学改革的经验交流,举办各种形式的专题讲座,交流教学改革的信息,推广先进的教学经验。1982年开始,省教育厅组织兰州一中等6所重点中学进行《中学数学实验教材》、《初中自学辅导教材》和语文新教材的教学改革实验，改变封闭式的教学形式，注重发展学生智力，培养学生自学能力和创造精神。1983年，中学教学改革以“培养能力，发展智力，因材施教，教书育人”为目标，从端正教学指导思想入手，改革教学方法和教学手段，进一步提高教育质量。1984年，省教育厅决定在部分高级中学开设了计算机选修课，在部分初级中学开展电子计算机课外科技活动。

五、学生学绩考核

民国初期，对中学生的成绩考核包括学业、操行和体育三方面。学业成绩考核执行民国9年(1920年)省教育厅制定的《学生学业成绩考查规程》，有平时考查、学期试验和毕业试验三项，均以百分制计算，60分以上为及格；操行成绩和体育成绩的考核由各校自定，操行考核以学生的“行为、志趣、才能”为准，体育考核以学生的“体质、精神、技能”为准，成绩以甲、乙、丙、丁符号代表，丙等以上为及格。民国22年(1933年)后，初中、高中均实行毕业会考办法，由省教育厅统一命题、统一组织考试，成绩以百分制计算，分甲、乙、丙、丁、戊五个等级，丙等(60分)以上为及格。民国28年(1939年)，省教育厅制定的《甘肃省中等学校学业成绩考核办法》和《甘肃省中等学校操行成绩考查办法》规定：“学生的学业成绩考核有日常考查、临时试验、学期考试、毕业考试，均以百分制计算；各学科学期成绩的评定，以平时考查、临时试验和学期考试的积分各占三分之一计算，并且按照各学科每周教学时数所占比重，将各科学期成绩评定为学期总成绩；学年成绩以两学期总成绩平均计算；毕业成绩以各学年平均成绩占五分之三，毕业考试成绩占五分之二计算。”体育成绩并入操行成绩，操行成绩以”省青年训练大纲”为考核依据，分为思想、科学、体格、纪律四个方面，采用百分制记分法。

1949年甘肃解放后，中学成绩考核执行西北军政委员会颁布的

《西北区中学教育暂行实施办法》,分学业成绩和品行鉴定。学业成绩考核有平时考查、阶段考查和学期考查三种形式,均采用百分制记分法;品行鉴定根据学生在国民公德、思想作风、学习和生活态度等方面的表现,采用班主任指导下的小组民主评定,分甲、乙、丙、丁四个等级,以丙等以上为及格。1957年,省教育厅制定《甘肃省中学学生学业成绩考核暂行办法》,规定中学学业成绩考核分平时成绩考查、期中考试和学期考试,其中:平时成绩考查包括课堂提问、书面测验、课外作业、期中考试及实验等,学期考试以全学期的教学内容为限;学期成绩评定实行五级分制,以学期考试为主要依据,并参考期中考试成绩和平时考查成绩,各占50%计算;学年成绩评定实行五级分制,以第二学期成绩为主要依据,参考第一学期成绩,各占50%计算。1963年后,中学生操行成绩改为只写评语,不记等级。1965年,省教育厅制定《甘肃省全日制中学学生学业成绩考核办法》,规定平时考查除作文可以记分和给予评语外,其余都不记分,但可以记载考查情况或评语。"文化大革命"期间,对学生的成绩考核没有统一规定。

1978年后,逐步恢复对学生的成绩考核制度。对中学学生的学业成绩考试,采取平时考查、期中考试、期末考试和毕业考试四种形式,除平时考查外,均实行百分制记分法。学期成绩的评定中,平时考查和期中考试各占30%,期末考试成绩占40%,学年成绩按两学期的学期成绩平均计算。1984年,省教育厅转发教育部《关于高中建立学生档案的暂行规定》,要求各中学加强学籍管理,加强对学生的政治思想、学业成绩和健康状况的考察,建立健全学生档案。

六、中学德育教育

清末,教育的宗旨是"忠君、尊孔、尚公、尚武、尚实",中学堂主要开设读经讲经和修身两类课程。经学课以《春秋左氏传》、《周礼》为必读书籍,修身课摘要讲授养正遗规、训俗遗规、教女遗规、从政遗规和官法戒录等。对学生训练采取严格干涉主义，要求学生绝对服从，务必遵守《圣谕广训》，养成忠君思想。

民国9年(1920年)，中学建立“训育”制度，设训育主任、级任教师和训育员，负责对学生的训练和管理。废止修身课，改设公民课，讲授“宪法”、“宪政”和经济常识，以养成公民道德。民国13年(1924年)，全省第二次教育行政会议要求各校“应时势之需要，指导学生自治会，培养学生自治能力”。各中学陆续成立了学生自治会。民国16年(1927年)，国民党教育行政委员会制定《学校施行党化教育办法(草案)》，将中学公民课改为国民党“党义”课，对学生进行“党化教育”。民国22年(1933年)，教育部确定以“礼义廉耻”为各级学校共同校训，用“忠孝仁爱信义和平”陶融学生。民国28年(1939年)，省教育厅在《甘肃省中学教育设施方案》中提出，以“信仰三民主义，拥护国民党，服从蒋总裁”为中学训育的指导目标，对学生强化所谓“一个党、一个主义、一个领袖”的思想训练。

新中国成立后，废除了“训育制度”和“导师制”，建立了班主任制度，并以民主集中制的原则制定学习、生活制度和纪律，按照西北教育部提出的“肃清封建的买办的法西斯主义的思想，发展其为人民服务的思想和培养爱祖国、爱人民、爱劳动、爱科学、爱护公共财物的新道德”的要求，对学生进行思想政治教育。1953年，省教育厅提出中等学校要用社会主义思想教育学生，对学生进行爱国主义教育、劳动教育和自觉遵守纪律的教育，使学生树立社会主义的政治方向。1954年，中学政治课中增加了过渡时期总路线的教育内容。1955年，省第二次中等教育会议提出中学教育要贯彻全面发展的教育方针，对学生进行德、智、体全面发展的教育，培养学生成为社会主义全面发展的成员。对学生的纪律教育，主要是围绕实施《中学生守则》进行的。

1955年，教育部颁布《中学生守则》以后，各校相继制定《学生守则》，对学生进行遵守校规校纪的教育，并将《守则》作为评定学生操行成绩的标准。1963年,省第六次教育工作会议提出中学思想政治教育必须以马列主义、毛泽东思想为指导,对学生进行阶级观点、劳动观点、集体主义观点和辩证唯物主义观点的教育,培养学生成为无产阶级革命事业的接班人,因此在中学政治课中增加了阶级教育、社会主义教育的内容。同年,积极响应中央号召,在学生中广泛开展"向雷锋同志学习"活动。"文化大革命"期间,对学生的思想政治教育由"学语录"、"大批判"所代替,造成学生思想混乱,无政府主义严重。

1978年,在省教育局的统一部署下,对中学生进行共产主义道德教育和爱祖国、爱人民、爱劳动、爱科学、爱护公共财物的"五爱—教育。1979年后,进一步对学生进行坚持共产党的领导、坚持社会主义道路、坚持人民民主专政、坚持马克思列宁主义毛泽东思想的四项基本原则教育,在中学开展"三整顿"(整顿校容、整顿纪律、整顿教学秩序)、"学雷锋,树新风,创三好"和学习贯彻《中学生守则》活动,恢复和建立在学校党支部领导下以政治课教师、班主任、共青团、少先队干部为主体的思想政治教育工作制度。1981年,全省中小学思想政治教育工作会议提出,要根据青少年特点和年龄特征,坚持科学的态度,采用灵活多样的教育方法,坚持以正面教育为主,把传授知识和进行思想政治教育有机地结合起来, 寓思想政治教育于各科教学之中。1983年,省教育厅发出《关于对中小学生加强爱国主义教育的意见》,中学恢复和实行升国旗制度,对学生进行国旗、国歌、国徽教育,并通过讲祖国文明史及新中国建设成就,激发学生的民族自豪感;通过开展种草种树、绿化家乡、美化环境活动,树立学生热爱家乡、建设家乡的信念。1985年,省教育厅提出在农村中学进行面向农村,热爱农村,为振兴当地经济、为群众脱贫致富服务的教育。

七、中学体育卫生

民国13年(1924年),中学体操课主要教授普通操和兵式操,并辅以课外体育活动,每周2次,开展球类、田径运动。民国22年,中学体操课改为体育课,据当时《甘肃省立天水中学概况》记载,学生体育活动主要有体育课、晨操和课外体育活动。民国29年(1940年),省教育厅制定的《甘肃省各级学校卫生教育实施方案》中规定,中等学校由校长和教职员组成专门委员会,负责计划和改进学校的卫生工作,对学生进行卫生常识的宣传等;由卫生指导员或医务人员对学生进行卫生常识的讲演,对学生进行卫生急救训练,组织学生参观医院等,使学生养成卫生习惯;组织学生卫生队,检查学生的个人卫生和环境卫生,协助学校进行健康检查和救护。

新中国成立后,党和国家十分重视体育和健康教育。1950年,《西北区中学教育暂行实施办法》中提出,"中学健康教育在于使学生具有基本的体育卫生智能与良好的习惯,以锻炼身体与康乐精神。"在教学计划中,初中、高中都安排两节体育课和必要的课外体育活动。1951年,中学利用早操和课间操,在学生中推广第一套广播体操,同年7月政务院发布《关于改善各级学校学生健康状况的决定》。1953年,省文教厅规定:"凡12班以上的中等学校,配备校医和伙食管理员各1人,建立校医室;12班以下的学校聘请兼职校医,改善学校的医疗条件。"1954年,全省中学体育课教学采用苏联体育教学大纲和东北地区体育试用教材,较为系统地对学生进行田径、体操和各种球类的学习和训练。

1955年,根据教育部减轻学生过重负担的指示,省教育厅要求各校减少学生过重的课业负担和过多的社会活动,保证学生有充足的睡眠和休息时间,将学生上午课时由5学时减少为4学时,并逐步建立高中学生健康记录卡片制度,对学生定期进行体格检查。1960年,贯彻中央"关于保证师生身体健康和劳逸结合"的指示,省教育厅对教学、劳动和生活各项活动时间进行调整,降低了中学体育活动的要求,保证学生有足够的休息。1963年,省教育厅要求中学按教学计划要求上好体育课,并对缺少体育教师的学校补充了师资。1963年,省教育厅向全省中小学转发《兰州市学生视力保护实施方案》,要求各学校尽力改善学生学习环境中采光和照明条件,教育学生养成正确的阅读和书写习惯,并在学生中推广眼保健操。

1978年,国家体委、教育部发出《关于在学校进一步施行〈国家体育锻炼标准的意见〉的通知》。1980年,省教育局制定了《关于加强学校体育卫生工作的意见》,提出学校体育卫生工作要以增强学生体质为主,以普及为主,以经常锻炼为主,加强体育课教学,搞好师资、场地和教材三项基本建设。同年,全省体育工作会议提出在重点中学、县镇中学和条件较好的农村中学施行《国家体育锻炼标准》,在学生中坚持开展"两课两操"活动,保证学生每天有一小时体育锻炼时间,至1985年全省共有70万名中、小学生达到《国家体育锻炼标准》。1984年,根据教育部关于进行全国学生体质、健康调查研究的通知精神,成立了省保护学生健康协调委员会,并由省教育厅、卫生厅、体育运动委员会、民族事务委员会,共同组织全省学生体质、健康的调查研究,历经3年时间,从身体形态、机能、素质、健康四个方面,对109所学校约6万名(7~22岁)学生进行了26个项目的调查研究,基本弄清了学生体质、健康的现状,初步掌握了发展变化的规律,并制定出甘肃省学生体质健康评价标准。

八、后期课程设置

改革开放以来,甘肃省普通高中课程设置与全国大多数省份的发展基本一致,大体经历了三个阶段。

(一)1987年至1989年课程设置

1987年至1989年,甘肃省普通高中统一使用人民教育出版社编写的全日制高级中学教材,课程执行1981年国家教育部颁发的《全日制六年制重点中学教学计划(实行草案)》(见表3-4)。

表 3-4 1981 年至 1989 年省实施的全日制六年制重点中学高中教学计划

	高中		
	一年级	二年级	三年级
政治	2	2	2
语文	5	4	4
数学	5	5	5
外语	5	5	4
物理	4	3	4
化学	3	3	3
历史	3		
地理		2	
生物			2
体育	2	2	2
必修课合计	29	26	26
选修课		4	4
总计	29	30	30

(二)1990 年至 2000 年课程设置

1990 年，根据教育改革需要和国家教委重新修订的高中教学计划，省教委制定了甘肃省普通高中教学计划。主要变化：一是调整后的课程结构由学科课程和活动两部分组成，学科课程采取必修课和选修课两种形式；活动包括课外活动和社会实践活动；二是数学、外语、化学等必修课的课时有所减少，历史、地理和生物必修课的课时有所增加；三是增加劳动技术必修课课程，每学年安排 4 周，每天 6 个课时，根据学校具体条件采取分散使用或集中使用；四是对选修课、课外活动和社会实践活动的内容安排等方面提出了相关要求。1995 年，为适应国务院制定的新工时制计划，国家教委、省教委根据国家教委颁布的新工时制普通高中教学计划，修订了省实行新工时制普通高中教学过渡计划和 1995 年教学计划(见表 3-5)。

表 3-5 1995 年甘肃省实行新工时制普通高中教学计划表

年级 时数 学科	高一	高二	高三	授课总时数
政　治	2	2	2	184
语　文	4	4	5	392
数　学	4	4	5	392
外　语	4	4	4	368
物　理	3	3		204
化　学	3	3		204
生　物	3			102
历　史	2	2		136
地　理	3			102
体　育	2	2	2	184
美　术	1	1		68
劳动技术	每学年 4 周，共 12 周			
社会实践活动	每学年安排 2 周，在劳动技术课、课外活动或学科教学活动的时间内安排			
每周必修课时数	31	25	18	2336
选 修 课		4	11	400
课外活动	4 （体育 3、其它 2）	5 （体育 3、其它 2）	5 （体育 3、其它 2）	426
每周活动总量	35	35	34	3162

（三）2001 年后的课程设置

2001 年，按照国务院颁布的《关于基础教育改革与发展的决定》和教育部《印发关于基础教育课程改革纲要(试行)的通知》(简称通知）要求，省人民政府召开全省基础教育工作会议，讨论、制定了《甘肃省人民政府关于加快基础教育改革与发展的决定》，新的课程改革（简称课改）涵盖了幼儿教育、九年义务教育和普通高中教育，从课程具体目标、课程结构、课程标准、教学过程、教材开发与管理、课程评价、课程管理、教师培训、组织与实施等九个方面对课程改革的实施提出了具体要求。同年，根据教育部制定的《全日制普通高级中学课程计划》,省教育厅制定下发《甘肃省普通高级中学新课程计划》(见表 3–6)。至 2005 年,省普通高中教育均实行这一课程计划,统一使用人民教育出版社编写的全日制高级中学教材。与 1990 年的课程计划相比,新课程计划主要有五大变化:一是调整了培养目标,强调学生热爱祖国意识、创新精神、实践本领和收集处理信息的能力;二是将信息技术作为必修课纳入课程计划;三是活动课程发展为综合实践活动,增强学生的社会责任感、使命感和解决实际问题的能力;四是进一步降低理科课程难度,增强文科课程的人文精神;五是给地方和学校以更大的课程管理、开发和使用的自主权。

表 3–6　2001 年甘肃省普通高级中学课程安排示例表

时数 年级 学科		高一	高二	高三	必修、选修周课时累计	必修、选修授课时数	总授课时数
政治	必修	2	2	2	6	192	192
语文	必修	4	4	4	12	384	384
外语	必修	4	4	4	12	384	384
数学	必修	4	4		8	280	384
	选修			4	4	104	
信息技术	必修				2	70	70～140
	选修		2		2	70	
物理	必修	3/2	2		4.5	158	158～306
	选修		2	3	5	148	
化学	必修	2	2		4	140	140～271
	选修		2/1	3	4.5	131	
生物	必修		3		3	105	105～183
	选修			3	3	78	

续表 3-6

<table>
<tr><th colspan="2">时数 年级
学科</th><th>高一</th><th>高二</th><th>高三</th><th>必修、选修周课时累计</th><th>必修、选修授课时数</th><th>总授课时数</th></tr>
<tr><td rowspan="2">历史</td><td>必修</td><td>3</td><td></td><td></td><td>3</td><td>105</td><td rowspan="2">105～236</td></tr>
<tr><td>选修</td><td></td><td>2/1</td><td>3</td><td>4.5</td><td>131</td></tr>
<tr><td rowspan="2">地理</td><td>必修</td><td>3</td><td></td><td></td><td>3</td><td>105</td><td rowspan="2">105～209</td></tr>
<tr><td>选修</td><td></td><td>2/1</td><td>2</td><td>3.5</td><td>104</td></tr>
<tr><td>体育和健康</td><td>必修</td><td>2</td><td>2</td><td>2</td><td>6</td><td>192</td><td>192</td></tr>
<tr><td>艺术
(音乐、美术)</td><td>必修</td><td>1</td><td>1</td><td>1</td><td>3</td><td>96</td><td>96</td></tr>
<tr><td rowspan="4">综合
实践活动</td><td>研究性学习</td><td rowspan="4">必修</td><td colspan="2">每周 3 课时(可集中安排,也可分散安排)</td><td>9</td><td>288</td><td>288</td></tr>
<tr><td>劳动技术教育</td><td colspan="5">每学年 1 周(可集中安排,也可分散安排)</td></tr>
<tr><td>社区服务</td><td colspan="5">一般利用校外时间安排</td></tr>
<tr><td>社会实践</td><td colspan="5">每学年 1 周(可集中安排,也可分散安排)</td></tr>
<tr><td colspan="3">地方和学校选修课</td><td>1.5</td><td>1.5～2</td><td>5～9</td><td>8～12.5</td><td>235～357</td></tr>
</table>

九、中学教材建设

1987 年,省教育厅成立了省教材编审室,负责建设与管理中小学幼儿园教材。2002 年,省教材编审室更名为省教育厅基础教育课程教材中心,成为省内研究和开发地方课程及教材的专门机构。1989 年,成立中小学教材审查委员会,制定了《中小学教材审查委员会工作章程》。省中小学教材审查委员会是在省教育厅领导下,负责对全省中小学课堂教学辅助用书、地方课程教材和现代教育技术教材进行审查的机构。1994 年,根据国家教委规定,省自编教材实行编审分开制度,中小学教材的编定工作由省教材编审室负责并担任初审,审查工作由中小学教材审定委员会负责,审定通过后报经省教委研究批准。

省内普通高中教材编审工作,1999 年以前偏重于各学科配套练习和英语学科寒暑假作业的编写和审定,此外于 1990 年编成了《劳动技术》教材,1991 年编成了《BASIC 语言》教材,1999 年修改出版了《计算机》教材。2000 年以后重心由教辅资料的编审向教材的开发转移,教材编写、研究方式由封闭式、资料型向开放式、信息化方向突破。

中小学教材管理工作,主要涉及教材的编写质量、价格、供应和使用等方面。1999 年以前偏重于教材的供应和使用等方面,1989 年省教委会同有关部门制定《关于加强中小学教材、图书、资料管理工作若干问题的通知》;1990 年省教委和省新闻出版局规定:"中小学学生用书目录由省教委根据国家教委下发的用书目录结合甘肃实际情况审定编制, 凡目录以外的各种图书资料学校一律不得组织学生统一征订";1993 年省教委制定省中小学教学用书管理规定, 调整与编制中小学教学用书目录,制止教材供应中的"乱搭配"。2000 年以后管理工作侧重于地方教材编写质量的审查、使用等方面,省教育厅于 2000 年制定了《甘肃省中小学教材教辅编写管理办法》(试行)和《甘肃省编中小学教材教辅文稿质量评审要求》,2001 年严格审查中小学教学用书目录,并下发了 2002 年春季、秋季普通中小学教学用书《目录》,取消原《教辅读物》项目,增设《推荐书目》。

十、中学教学装备

自 1987 年以来,由"甘肃教育厅教学仪器公司"负责管理各学校教学装备的配备工作。2002 年经省机构标准委员会批准,该机构更名为省教育装备办公室。2000 年 6 月,根据国家教育部有关部门调整的《中学理科教学仪器配备目录》提出的高中两种配备方案(简称一类、二类标准)进行装备,其中第二种配备方案(二类标准)是按照教学大纲完成理科教学任务所必需的、基本的,各校必须达到的配备标准。从 1987 年起，购置仪器、图书资金实行省拨补贴经费“筹二奖一”的办法，到2004年改为教育装配专项经费采取1∶1补筹结合的办法进行配备。经过几年的努力，到2002年，普通高中理科教学仪器装备基本达到二类标准，独立高中演示实验开出率86%，学生分组实验开出率73%。

省内电化教育装备自2000年之后转向现代信息技术教育装备，基础设施建设的重心转向中小学配备计算机和互联网建设（即校园互联网建设）。高中信息技术教育装备得到稳步发展，高中人机比由2002年的18.84∶1发展到2005年的10.7∶1。

省内教学图书建设与仪器装备一起发展，1996年省教委制定印发了省中小学校《图书馆（室）制度》、《阅览室管理制度》，中小学图书装备实行了“筹三奖一”政策，加快了全省基础教育图书装备步伐。

十一、后期教学改革

1987年以来，甘肃省普通高中电化教学手段从“三机一幕”（投影机、录像机、电视剧）进教室，到计算机辅助教学，进而发展到学校互联网建设。电化教学也由电化教育试点，到现代教育技术实验，发展到现在的开设现代信息技术课程。1989年在3所学校进行电化教育试点，1993年电化教育试点学校达到104所。主要任务是探索学校电化教育规律，研究多媒体组合优化教育教学过程的方法和途径，培养电教骨干力量。

1997年，根据国家教委电教办《关于在全国中小学设立电化教育实验学校的通知》、《全国电化教育实验学校项目实施意见》的精神，在全省开展建立“全国中小学现代教育技术实验学校”的实验，旨在探讨现代教育技术在教学中的作用和优化配置等问题，以推动现代教育技术的发展。在2001年教育部公布的第二批“全国中小学现代教育技术实验学校”中，张掖四中、兰州一中、兰州三十三中、静宁中学、临夏一中位列其中。

为了贯彻十五届五中全会和省委九届三次会议关于加快国民经济和社会信息化发展的精神,2000 年省教育厅召开全省中小学信息技术教育座谈会,讨论修订《甘肃省在中小学普及信息技术教育的实施意见》和《甘肃省中小学信息化建设规范》。2002 年省教育厅制定《关于加强中小学现代教育技术教材管理工作的通知》、《甘肃省"十五"前期教育信息化建设实施纲要》及《甘肃省中小学现代教育技术设备及软件标准》。2004 年省电教中心制定了《甘肃省普通高中信息技术会考考试范围及纲要》。到 2003 年,全省所有普通高中全部开设信息技术课程,使用由泰山出版社出版的高中《信息技术》教材。

重视加强研究性学习,按照教育部颁布的《全日制普通高级中学课程计划》,2000 年将研究性学习列为普通高中必修课程,旨在培养学生探索、创造能力。根据新课程方案的规定,研究性学习每周 3 课时,可集中或分散安排,以校为单位进行。研究性学习的内容在高中各学科教学大纲范围之内,学生根据自己感兴趣的问题在教师的指导下,选题、制定实施方案、实施、总结或撰写报告。研究性学习课题是由每班学生代表和教师组成评委团评定总结报告成绩,以优、良、中、差进行成绩评定。

十二、普通高中毕业会考制度

(一)会考制度的建立与实施。1990 年至 1991 年,根据国家教委颁发的《关于在普通高中实行毕业会考制度的意见》,省政府决定从 1991 年新招高一年级开始,实行毕业会考制度。当年,省教委印发了《甘肃省实行普通高中毕业会考制度的实施方案》(简称方案),就普通高中会考的性质、会考科目及时间安排、会考命题、考试及成绩评定、普通高中学籍管理及毕业证的发放、会考经费和人员管理、加强会考的领导和管理等诸方面加以阐述,旨在全面贯彻教育方针,落实高中教学计划,加强教学管理,克服文理偏科现象,全面提高教学质量。同时，省政府制定了《甘肃省调整后的普通高中教学计划》，使会考方案、新教学大纲、教学计划从高一年级开始就能得到落实，并将国家教委及省颁有关会考文件汇编出版了《甘肃普通高中毕业会考指南》，指导学校搞好会考，帮助社会各界了解会考。

（二）高中会考命题。就其性质而言，普通高中毕业会考是国家承认的省级普通高中文化课毕业水平考试，具有一定的科学性和权威性，要求试题具有较高的信度和效度。省上成立会考命题委员会，下设会考科目委员会，负责会考命题的研究和制定，严格按照会考学科必修课教学大纲的基本要求和省普通高中的教学实际，确定各科会考范围和标准。会考涉及考试和考查两方面，考试针对必修课，考查针对实验操作和劳动课、思想政治品德等。1991 年省教委委派省教育科学研究所，依据《方案》、教学大纲及甘肃教学现状编写 9 门必修课的《甘肃省普通高中毕业会考考试纲要》（简称考纲），并按《考纲》组织了省内首次会考。1993 年，省教委下发《关于印发普通高中毕业会考考查科目考查实行办法的通知》，考查科目涉及物理、化学、生物的实验操作和劳动技术、高中学生思想品德等。2004 年，省教育厅下发《关于 2004 年普通高中信息技术会考工作的通知》，制定了《2004 年省普通高中信息技术会考考试范围及要求》，作为普通高中信息技术教育毕业会考命题依据，以后每年对考试范围及要求作逐步修改和完善。

（三）高中会考管理制度。为确保普通高中毕业会考制度顺利进行，省教委制定了许多相关的管理制度、办法等。1991 年制定下发《甘肃省普通高中学籍管理办法（试行）》、《关于全省高中统一编排学号的通知》和《甘肃省普通高中毕业会考考务工作细则（试行）》等配套文件；1993 年颁布《高中会考考籍与成绩管理办法》；1995 年下发《关于对普通高中毕业会考实现量化管理的通知》、《关于调整初、高中毕业会考考试收费标准的通知》等，并随着实际需要，不断修订完善。1995 年，按照会考管理办法，省教委对各地会考工作进行考核，奖励先进，鞭策后进。1996 年，省教委进一步加大全省普通高中会考工作的管理，将全省普通高中每门课程补考次数限定为一次。2001 年，根据教育部《关于普通高中毕业会考制度改革的意见》，省教育厅制定下发了《甘肃省普通高中毕业会考制度改革实施意见（试行）》(以下简称《意见》)，对会考的科目、内容、形式等进行了改革完善。为适应普通新高中课程方案的实施，2002 年省会考办组织研制、开发了《甘肃省普通高中毕业会考管理系统》、《甘肃省普通高中学校管理系统》软件，从 2002 年冬季会考开始，在全省推广使用。2003 年，省教育厅又制定下发《甘肃省普通高中毕业会考试卷接送与保管制度》、《甘肃省普通高中毕业会考试卷评卷及成绩管理工作制度》、《甘肃省普通高中毕业会考考场规则》等，使会考工作更趋规范。

(四)纪律与保密制度。普通高中毕业会考是国家教育省级的统一考试，属机密级事项。从命题到实施考试的过程，均具有保密性。因此，省教委在每年的会考工作一开始，就制定相关的保密办法。2001 年，根据《甘肃省教育厅教育工作中国家秘密及其密级具体范围的规定》，省教育厅制定下发《甘肃省普通高中毕业会考命题工作纪律与保密要求》、《甘肃省普通高中毕业会考试卷录入、校对、检印保密工作要求》和《甘肃省普通高中毕业会考试卷印制保密管理制度》，并严格贯彻执行，确保会考试题的保密性。

(五)高中会考的功能。会考既有自身功能，也有社会功能。为实现会考自身功能，省教育厅对每年的会考试题的内容、难度等方面和会考成绩进行分析，撰写分析报告，并反馈到各级教育部门、学校，以指导改进教学。自 2001 年起，由省教育厅基教处负责汇编《普通高中毕业会考质量分析报告》，免费提供各地教育行政部门、教研机构和学校，指导高中教学工作。2002 年，各地普遍建立了会考试卷和会考成绩统计分析制度。1994 年，高中毕业会考与高考制度开始接轨，这届学生均按新的高考科目设置参加高考，高考报名以高中毕业证为准。在高校录取新生时,以高中毕业会考成绩做参考,学校按会考成绩直接向高校推荐保送生。同时,按省教委、省人事局、省劳动局和省军区的文件规定,在招工、招干、征兵中都以普通高中毕业会考成绩和毕(结)业证为依据,从而体现了会考制度的社会功能。

十三、高中学生成绩呈现

1987 年至 1991 年, 省内普通高中各学期及毕业成绩均由各学校自行组织命题进行考试确定,毕业证由各校自行发放。自 1991 年实行全省统一的普通高中毕业会考制度以来,高中毕业会考,均由教育厅统一命题,各地州市组织考试及评阅试卷,学生各科成绩达到合格标准方可毕业,毕业证书由省教育厅统一印制,各地州市验印,学校颁发。2001 年会考制度改革以前, 普通高中毕业会考成绩评定, 按照 1991 年省教委颁发的《甘肃省实行普通高中毕业会考制度的实施方案》的有关规定确定。各科试卷均采用百分制,满分 100 分。向学生报告成绩采用等级分,可分为 A、B、C、D 四个等级,分别表示优秀、良好、及格、不及格。会考单科成绩不及格,允许参加一次补考。

2001 年,省教育厅颁发《甘肃省普通高中毕业会考制度改革实施意见》,对毕业会考成绩评定的要求与 1991 年颁发的《方案》相比,其变化有五方面:

1. 百分制的原始分数通过技术处理转换为等级成绩。

2. A 等分数线统一划定为 87 分,B 等分数线为 75 分。C 等分数线由地、州、市自行划定,但不得低于 50 分,并逐步向 60 分过渡。低于 C 等分数线的为 D 等。

3. 省级示范性高中的 C 等分数线统一划定为 60 分。

4. 成绩不合格的考生可参加补考, 也可参加以后年度的考试、补考,但都按及格(P)、不及格(E)划分等级。

5. 考试、考查科目 1 门以上(含 1 门)不合格者,发给《结业证书》。

2003 年,省教育厅制定《甘肃省普通高中毕业会考试卷评阅及成绩管理工作制度》,要求 P 等分数线由各地、州、市根据比例划定,保证绝大多数学生补考合格,省级示范性高中 P 等分数线与普通学校相同。

(以上资料均来源于《甘肃省教育志》,甘肃人民出版社 1991 年版)

十四,对甘肃省教育厅印发《甘肃省普通高中新课程实施指导意见(试行)》的解读

2010 年 6 月 6日省教育厅为了加强对甘肃省普通高中新课程实验工作的指导,在广泛征求各方意见的基础上,组织专家制定下发了《甘肃省普通高中新课程实施指导意见(试行)》。

(一)指导思想

普通高中新课程实施的指导思想是以国家的教育方针为指导,以教育部《普通高中课程方案(实验)》及其各学科课程标准为依据,以全面提高学生素质为宗旨,以培养学生创新精神和实践能力为重点,通过教学方式和学习方式的转变,改变人才培养模式,努力满足每个学生终身发展的需要,为学生终身学习和发展奠定坚实基础。立足我省实际,努力构建具有我省特色、充满活力的普通高中新课程教学体系。

(二)基本原则

1.整体性原则。全面实施教育部《普通高中课程方案(实验)》,整体构建普通高中阶段学习领域、科目和模块三层次的课程,整体设置和安排必修、选修课程,以满足学生毕业和进一步学习的基本需求。

2.规范性原则。严格执行教育部《普通高中课程方案(实验)》和省政府《甘肃省普通高中新课程实验工作方案》,规范课程设置及教学行为,遵循普通高中教育教学的客观规律和高中学生的成长特点,合理而有序地安排课程。

3.多样性原则。努力构建重基础、多样化的课程,保证学生的课程选择权。努力促进普通高中学生在达到国家课程方案和课程标准所

规定的基本要求的基础上学有所长，促进普通高中学校在协调发展的基础上办出特色。

4.实效性原则。鼓励学校创造性地实施国家课程，有效开发学校课程，努力提高课程建设、管理和实施水平。充分考虑甘肃省普通高中办学条件和教育教学水平的差异，从甘肃省普通高中的整体水平和大多数普通高中的实际出发，保证所有普通高中(含民族地区实施“双语”教学的普通高中)均能够顺利推进课程改革工作并取得实效。

(三)课程结构与设置

1.课程结构。普通高中课程由学习领域、科目、模块三个层次构成。

(1)学习领域：普通高中课程设置语言与文学、数学、人文与社会、科学、技术、艺术、体育与健康和综合实践活动八个学习领域。

(2)科目：每一学习领域由课程价值相近的若干科目组成。八个学习领域共包括语文、数学、外语(英语、日语、俄语等)、思想政治、历史、地理、物理、化学、生物、音乐、美术、体育与健康、信息技术和通用技术等14个科目以及综合实践活动。其中通用技术是新增设的科目。鼓励有条件的学校开设两种或多种外语。具体课程内容及课程安排见表3-7、表3-8。

表3-7　普通高中课程内容一览表

<table>
<tr><th rowspan="2">学习领域</th><th rowspan="2">科目</th><th colspan="3">模块</th></tr>
<tr><th>必修</th><th>选修Ⅰ</th><th>选修Ⅱ</th></tr>
<tr><td rowspan="2">语言与文学</td><td>语文</td><td>语文1
语文2
语文3
语文4
语文5</td><td>由以下五个系列组成：
诗歌与散文　小说与戏剧
新闻与传记　语言文字应用
文化论著研读</td><td rowspan="2">学校依据《甘肃省普通高中学校课程开发与实施指导意见》确定</td></tr>
<tr><td>外语(以英语为例)</td><td>英语1
英语2
英语3
英语4
英语5(七级)</td><td>系列1：提高系列(英语6-英语8，达八级目标；英语9-英语11，达九级目标
系列2：拓展系列(语言知识与技能类、语言应用类、欣赏类)</td></tr>
</table>

续表 3–7

<table>
<tr><th rowspan="2">学习领域</th><th rowspan="2">科目</th><th colspan="3">模块</th></tr>
<tr><th>必修</th><th>选修Ⅰ</th><th>选修Ⅱ</th></tr>
<tr><td>数学</td><td>数学</td><td>数学 1
数学 2
数学 3</td><td>选修课程由选修 1、选修 2、选修 3、选修 4 四个系列课程组成。
◆选修 1 系列课程：由两个模块组成。
选修 1–1：常用逻辑用语、圆锥曲线与方程、导数及其应用；
选修 1–2：统计案例、推理与证明、数系的扩充与复数的引入、框图。
◆选修 2 系列课程：由三个模块组成。
选修 2–1：常用逻辑用语、圆锥曲线与方程、空间中的向量与立体几何；
选修 2–2：导数及其应用、推理与证明、数系的扩充与复数的引入；
选修 2–3：计数原理、统计案例、概率。
◆选修 3 系列课程：由六个专题组成。
选修 3–1：数学史选讲；
选修 3–2：信息安全与密码；
选修 3–3：球面上的几何；
选修 3–4：对称与群；
选修 3–5：欧拉公式与闭曲面分类；
选修 3–6：三等分角与数域扩充。
◆选修 4 系列课程：由十个专题组成。
选修 4–1：几何证明选讲；
选修 4–2：矩阵与变换；
选修 4–3：数列与差分；
选修 4–4：坐标系与参数方程；
选修 4–5：不等式选讲；
选修 4–6：初等数论初步；
选修 4–7：优选法与试验设计初步；
选修 4–8：统筹法与图论初步；
选修 4–9：风险与决策；
选修 4–10：开关电路与布尔代数。</td><td></td></tr>
</table>

续表 3-7

学习领域	科目	模块		
		必修	选修Ⅰ	选修Ⅱ
人文与社会	思想政治	思想政治 1 思想政治 2 思想政治 3 思想政治 4	由以下六个模块组成： 科学社会主义常识　经济学常识 国家和国际组织常识　科学思维常识 生活中的法律常识　公民道德与伦理常识	
	历史	历史 1 历史 2 历史 3	由以下六个模块组成： 历史上重大改革回眸　近代民主思想与实践 20 世纪的战争与和平　中外历史人物评说 探索历史的奥秘　世界文化遗产荟萃	
科学	物理	物理 1 物理 2	系列 1(侧重于物理学与社会科学和人文科学的融合)包括：1–1、1–2 两个模块； 系列 2(侧重于物理学的应用和实践)包括：2–1、2–2、2–3 三个模块； 系列 3(侧重于物理学的研究思想与方法)包括：3–1、3–2、3–3、3–4、3–5 五个模块	
	化学	化学 1 化学 2	由以下六个模块组成： 化学与生活　化学与技术 物质结构与性质　化学反应原理 有机化学基础　实验化学	
	生物	生物 1 生物 2 生物 3	由以下三个模块组成： 生物技术实践　生物科学与社会 现代生物科技专题	
技术	信息技术	信息技术基础	由以下五个模块组成： 算法与程序设计　多媒体技术应用 网络技术应用　数据管理技术 人工智能初步	
	通用技术	技术与设计 1 技术与设计 2	由以下七个模块组成： 电子控制技术　建筑及其设计制作 简易机器人制作　现代农业技术 家政与生活技术　服装及其设计 汽车驾驶与保养	

续表 3-7

学习领域	科目	模块		
		必修	选修Ⅰ	选修Ⅱ
艺术	音乐	由音乐鉴赏、歌唱、演奏、创作、音乐与舞蹈、音乐与戏剧表演等六个模块组成。		
	美术	由美术鉴赏、绘画·雕塑、设计·工艺、书法·篆刻、现代媒体艺术等五个模块组成。		
体育与健康	体育与健康	由系列田径运动、球类运动、体操类运动、民族民间体育水上或冰雪运动、新兴运动和健康教育六个系列组成。		
综合实践活动	研究性学习	学校根据实际情况自主安排，完成规定的 15 学分。		
	社区服务	不少于 10 个工作日，2 学分。		
	社会实践	每年参加 1 周的社会实践，完成规定学分。共 6 学分。		

表 3-8　普通高中课程安排指导表(参照)

学习领域	科目	学生发展倾向	高一学年				高二学年				高三学年	
			上学期		下学期		上学期		下学期		上学期	下学期
			学段 1	学段 2	学段 1	学段 2	学段 1	学段 2	学段 1	学段 2		
语言与文学	语文		必修 1	必修 2	必修 3	必修 4	必修 5	选修模块	选修模块	选修模块	选修模块	总复习
	英语		必修 1	必修 2	必修 3	必修 4	必修 5	选修模块	选修模块	选修模块	选修模块	总复习
数学	数学	人文方向	必修 1	必修 2	必修 3	必修 4	必修 5	选修模块	选修模块	选修模块	选修模块	总复习
		理工方向						选修模块	选修模块	选修模块	选修模块	总复习

续表 3-8

<table>
<tr><td rowspan="3">学习领域</td><td rowspan="3">科目</td><td rowspan="3">学生发展倾向</td><td colspan="4">高一学年</td><td colspan="4">高二学年</td><td colspan="2">高三学年</td></tr>
<tr><td colspan="2">上学期</td><td colspan="2">下学期</td><td colspan="2">上学期</td><td colspan="2">下学期</td><td rowspan="2">上学期</td><td rowspan="2">下学期</td></tr>
<tr><td>学段 1</td><td>学段 2</td><td>学段 1</td><td>学段 2</td><td>学段 1</td><td>学段 2</td><td>学段 1</td><td>学段 2</td></tr>
<tr><td rowspan="6">人文与社会</td><td rowspan="2">思想政治</td><td>人文方向</td><td rowspan="2">必修 1</td><td rowspan="2">必修 1</td><td rowspan="2">必修 2</td><td rowspan="2">必修 2</td><td rowspan="2">必修 4</td><td rowspan="2">必修 4</td><td>必修 3</td><td>选修模块</td><td>选修模块</td><td>总复习</td></tr>
<tr><td>理工方向</td><td colspan="2">必修 3</td><td>选修模块</td><td>总复习</td></tr>
<tr><td rowspan="2">历史</td><td>人文方向</td><td rowspan="2">必修 1</td><td rowspan="2">必修 1</td><td rowspan="2">必修 2</td><td rowspan="2">必修 2</td><td rowspan="2">必修 3</td><td rowspan="2">必修 3</td><td>选修模块</td><td>选修模块</td><td>选修模块</td><td>总复习</td></tr>
<tr><td>理工方向</td><td colspan="3">学校自主安排的选修模块</td><td>总复习</td></tr>
<tr><td rowspan="2">地理</td><td>人文方向</td><td rowspan="2">必修 1</td><td rowspan="2">必修 1</td><td rowspan="2">必修 2</td><td rowspan="2">必修 2</td><td rowspan="2">必修 3</td><td rowspan="2">必修 3</td><td>选修模块</td><td>选修模块</td><td>选修模块</td><td>总复习</td></tr>
<tr><td>理工方向</td><td colspan="3">学校自主安排的选修模块</td><td>总复习</td></tr>
<tr><td rowspan="6">科学</td><td rowspan="2">物理</td><td>理工方向</td><td rowspan="2">必修 1</td><td rowspan="2">必修 1</td><td rowspan="2">必修 2</td><td rowspan="2">必修 2</td><td>选修模块</td><td>选修模块</td><td>选修模块</td><td>选修模块</td><td>选修模块</td><td>总复习</td></tr>
<tr><td>人文方向</td><td>选修模块</td><td>选修模块</td><td colspan="3">学校自主安排的选修模块</td><td>总复习</td></tr>
<tr><td rowspan="2">化学</td><td>理工方向</td><td rowspan="2">必修 1</td><td rowspan="2">必修 1</td><td rowspan="2">必修 2</td><td rowspan="2">必修 2</td><td>选修模块</td><td>选修模块</td><td>选修模块</td><td>选修模块</td><td>选修模块</td><td>总复习</td></tr>
<tr><td>人文方向</td><td>选修模块</td><td>选修模块</td><td colspan="3">学校自主安排的选修模块</td><td>总复习</td></tr>
<tr><td rowspan="2">生物</td><td>理工方向</td><td rowspan="2"></td><td rowspan="2"></td><td rowspan="2"></td><td rowspan="2"></td><td rowspan="2">必修 1</td><td rowspan="2">必修 2</td><td rowspan="2">必修 3</td><td>选修模块</td><td>选修模块</td><td>总复习</td></tr>
<tr><td>人文方向</td><td colspan="2">学校自主安排的选修模块</td><td>总复习</td></tr>
<tr><td rowspan="2">技术</td><td>信息技术</td><td colspan="2">信息技术基础</td><td colspan="3">5 个模块中必选 1 个</td><td colspan="5">其余选修模块，学校根据情况自行安排</td><td rowspan="4">总复习</td></tr>
<tr><td>通用技术</td><td colspan="5"></td><td colspan="2">技术与设计 Ⅰ</td><td colspan="2">技术与设计 Ⅱ</td><td>选修模块</td></tr>
<tr><td rowspan="2">艺术</td><td>音乐</td><td colspan="2">音乐鉴赏</td><td colspan="3">音乐鉴赏</td><td colspan="5">在其余模块中至少选修 1 个模块</td></tr>
<tr><td>美术</td><td colspan="2">美术鉴赏</td><td colspan="8">在其余模块中至少选修 2 个模块</td></tr>
</table>

续表 3-8

<table>
<tr><td rowspan="3">学习领域</td><td rowspan="3">科目</td><td rowspan="3">学生发展倾向</td><td colspan="4">高一学年</td><td colspan="4">高二学年</td><td colspan="2">高三学年</td></tr>
<tr><td colspan="2">上学期</td><td colspan="2">下学期</td><td colspan="2">上学期</td><td colspan="2">下学期</td><td rowspan="2">上学期</td><td rowspan="2">下学期</td></tr>
<tr><td>学段1</td><td>学段2</td><td>学段1</td><td>学段2</td><td>学段1</td><td>学段2</td><td>学段1</td><td>学段2</td></tr>
<tr><td>体育与健康</td><td>体育与健康</td><td colspan="11">田径运动、健康教育2个系列中各选一个模块，在其余系列中选择9个模块,保证2课时/周</td></tr>
<tr><td rowspan="3">综合实践活动</td><td>研究性学习</td><td colspan="11">各校根据情况自行安排课程,确保修够15学分</td></tr>
<tr><td>社会实践</td><td colspan="5">参加1周社会实践</td><td colspan="4">参加1周社会实践</td><td colspan="2">参加1周社会实践</td></tr>
<tr><td>社区服务</td><td colspan="11">不少于10个工作日</td></tr>
<tr><td colspan="2">选修Ⅱ</td><td colspan="11">各校根据情况自行安排课程,确保修够6学分</td></tr>
<tr><td colspan="2">班团会</td><td colspan="11">每周一课时</td></tr>
</table>

（3）模块:每一科目由若干模块组成。模块之间既相互独立,又反映学科内容的逻辑联系。每一模块都有明确的教育目标,并围绕某一特定内容,整合学生经验和相关内容,构成相对完整的学习单元;每一模块都对教师教学行为和学生学习方式提出要求与建议。

2.课程设置。普通高中课程由必修、选修两部分组成,选修分为选修I和选修II,选修I又可分为限定选修(简称限选)和任意选修(简称任选)两部分。其中必修和选修I为国家课程,选修II为学校课程。具体课程的设置及学分要求见表3–9。

表 3-9　普通高中课程设置及学分要求表

学习领域	科 目	必修学分 （共计 116 学分）	选修Ⅰ学分 （至少 22 学分）	选修Ⅱ学分 （至少 6 学分）
语言与文学	语文	10	按照《甘肃省普通高中新课程实验选修课程实施指导意见》，根据社会对人才多样化的需求，适应学生不同潜能和发展的需要，在共同必修的基础上，各学科开设若干选修模块（或专题）供学生选择。	按照《甘肃省普通高中学校课程开发与实施指导意见》，由学校根据当地社会、经济、科技、文化发展的需要和学生的兴趣，开设若干选修模块，供学生选择。
	外语	10		
数学	数学	10		
人文与社会	思想政治	8		
	历史	6		
	地理	6		
科 学	物理	6		
	化学	6		
	生物	6		
技 术	信息技术	4		
	通用技术	4		
艺 术	音乐	3		
	美术	3		
体育与健康	体育与健康	11		
综合实践活动	活动	研究性学习		
	15	社区服务		
	2	社会实践		

3.学制、学时及修习要求。

（1）学制与学时

①普通高中学制为三年。每学年 52 周，其中教学时间 40 周，社会实践 1 周，假期(包括寒暑假、节假日和农忙假)11 周。

②每学年分为两个学期，每个学期分两个学段安排课程，每学段 10 周，其中 9 周授课，1 周复习考试。

③每周按 5 天安排教学，原则上每周安排的课程修习时间不超过

35学时，每学时教学时间一般为45分钟。

（2）修习要求

①普通高中课程以学分描述学生的课程修习状况，学校通过学分反映学生的模块修习过程和成绩。学生模块修习的学分由学校根据《甘肃普通高中新课程学分认定指导意见》进行认定，学生修习一个模块并达到规定的学时和质量要求，即可获得相应学分。省教育厅通过学业水平考试监测学生学业修习水平。

②学生必须修满三年并且每学年在每个学习领域都获得一定的学分，总学分达到144以上方可达到毕业的学分要求。其中必修课程获得116学分、选修I至少获得22学分、选修II至少获得6学分。学校应当鼓励学有余力或希望多方面发展的学生修习更多的选修模块，获得更多的学分。

③语文、外语、数学、思想政治、历史、地理、物理、化学、生物、信息技术和通用技术等科目的每个模块的修习时间为36学时，获得2学分；物理、化学在完成2个必修模块后，所有学生还必须各选1个选修模块，获得2学分，才能达到必修学分的基本要求；数学科目选修系列中还包含有专题，一个专题的教学时间为18学时，获得1学分。

④体育与健康、音乐、美术每个模块修习时间为18学时，获得1学分。体育与健康共11必修学分，其中在田径类项目系列中至少获得1学分，在健康教育专题系列中至少获得1学分；音乐学科共6个模块，在高中三年中必须修习“音乐鉴赏”模块，获得2学分，在其余的5个模块中至少选修1个模块，共获得3学分；美术学科共5个系列，在高中三年中必须修习“美术鉴赏”模块，获得1学分，在其余的4个系列中至少选修2个模块，共获得3学分。

⑤综合实践活动是每个学生的必修课程，共23学分，各地要严格按照《甘肃省普通高中综合实践活动课程实施指导意见》落实课程计划。其中，研究性学习活动三学年共15学分，主要分为课题研究和项

目设计两大类,鼓励有条件的学校开展更多的课题研究;学生每学年必须参加1周的社会实践,获得2学分,三年共获得6学分;学生三年内必须参加不少于10个工作日的社区服务,获得2学分。

⑥选修Ⅱ课程是学校课程,各市(州)、县(市、区)和学校要按照《甘肃省普通高中学校课程开发与实施指导意见》的要求,积极创造条件,发掘本校的课程资源,丰富学校课程内涵,形成各具特色的办学模式和风格。选修Ⅱ课程可以按照专题或模块设置,学生在三年内至少获得6学分。

⑦为合理调配教育资源,学校根据实际情况,既可以每周安排4学时,在1个学段内完成一个模块的教学任务,也可以根据教学的实际需要,每周安排2学时,在2个学段内完成一个模块的教学任务。

⑧鼓励有条件的学校将必修课程表和选修课程表编排好后,由学生根据自己的实际选择学习时间,条件允许的情况下,可探索跨年级(或跨学校)实施选修课程。

⑨高三学年在安排好总复习工作的同时,应保证学生有必要的体育、艺术活动时间,同时鼓励学生按自己的兴趣和需要继续修习某些课程模块,获得一定的学分。

(四)课程内容与安排

1.课程内容。根据教育部《普通高中课程方案(实验)》和各学科课程标准,普通高中新课程实验各学习领域、科目、模块内容见《普通高中课程内容一览表》(表3-7)。

2.课程安排。为保证普通高中新课程顺利实施,帮助各校制定合理的"新课程实施方案",特拟定《普通高中课程安排指导表(参照)》(表3-8)。

(五)课程实施

1.制定科学的"新课程实施方案"。学校要成立课程管理委员会,由校长、教务和教研部门负责人、各学科负责人组成,负责组建学校各学科课程小组，制定学校课程方案，进行学生选课指导、认定学生学分等工作。

（1）要合理而有序地安排课程。所有普通高中必须全部开设国家课程方案中规定的必修课程，在保证开设好所有必修模块的同时，制定开设选修课程的规划。要积极创造条件，逐步开设丰富多彩的、高质量的选修课程，尊重学生对选修课程的选择权，促进学生全面而有个性地发展。

（2）高一年级主要开设必修课程，从高一下学期开始应开设并逐步增加选修课程。高二年级至高三上学期，要根据学生的兴趣和发展方向，妥善安排好选修课程。高三下学期主要安排总复习。

（3）各校必须确保学生每天在校 1 小时的体育活动时间，每周至少 1 学时的班团活动时间。

（4）学校必须按照国家课程方案要求创造条件认真开设“通用技术”课程。各市(州)、县(市、区)教育行政部门要根据教学需要，主动帮助学校解决课程开设中遇到的各种困难，在教学基本条件、实训和实习基地等方面给予支持和保障。

（5）鼓励跨校、跨区协作，提倡学校之间教学资源共享。对于师资、教学条件暂时未能达到课程实施要求的学校，教育行政部门必须和学校共同制订改进计划，采取措施，积极予以完善。

2.建立选课指导制度。学校要根据《甘肃省普通高中新课程选课指导意见》，积极进行制度创新，建立行之有效的校内选课指导制度。要尊重学生的选择权利，切实加强对学生选课工作的指导。

3.加强教学管理。各学校要根据《甘肃省普通高中新课程实验学校行政班和教学班管理指导意见》，在高中三年中，以行政班为单位进行学生管理，多数必修课应按照行政班安排课程，行政班的班主任要保持相对稳定。选修课要根据学生选择和学校的实际情况组织教学班。班主任对行政班管理负责，任课教师对教学班管理负责。

（1）各学科要严格落实学科《课程标准》和甘肃省普通高中学科新课程实施指导意见的精神，组织好教学工作。要按照《甘肃省普通高中新课程实验教育技术装备标准》的要求，保障实验教学的基本条件，培养学生的创新精神和实践能力。

（2）要充分利用和发挥校内各种场所的作用。通用技术课程、综合实践活动课程和部分选修课程的学习活动场所应充分利用社会资源。

（3）综合实践活动组织形式以班级或小组为单位，可每学年安排一到两周。在开展社区服务时，建议根据学生实际情况建立小组，学校要认真组织、检查，并争取社区和家长的配合。指导学生开展研究性学习活动，应尽量考虑教师的专业与特长。

（4）学校要充分挖掘校内资源，发挥教师的特长，调动教师开设选修课的积极性。鼓励教师合作开设同一选修课，也可以外聘教师开设富有特色的选修课。

4.大力推进课堂教学改革。教师要积极转变教学观念，注重培养学生自主学习、自强自立和适应社会的能力。应当探索教师与学生互动、共同发展的教学方式。注重学思结合，倡导启发式、探究式、讨论式、参与式教学，帮助学生学会学习；注重传授知识与培养能力并重；注重培养学生质疑、调查、探究的意识与方法；注重知行统一，坚持教育教学与生产劳动、社会实践相结合；尊重学生的人格，关注个体差异，满足不同学生的学习需要，促进学生富有个性地学习；注重因材施教，关注学生不同特点和个性差异，发展每一个学生的优势潜能。

（1）教师要通过课堂教学改革，使学生在知识与技能、过程与方法、情感态度与价值观等方面确实发生积极的变化，促进学生全面发展，要避免追求形式、华而不实、忽略效果的不良倾向，努力提高课堂教学效益。

（2）学校要加强对教学过程的全程管理，抓好备课、上课、辅导、作业布置与批改、考查与考试、教学评价等各个常规环节,引导教师积极探索课堂教学改革,创设以学生为主体的教学环境。教师要加强对学生有效学习的研究与指导，切实减轻学生学习负担，提高学习效率。

(3)要根据《甘肃省普通高中新课程信息化建设方案》,大力推进信息技术在教学中的有效应用,促进信息技术与学科课程的整合,为学生的学习和发展提供丰富的教育技术手段和有效的学习工具。

5.建立和完善校本教研制度。校本教研是加强教师队伍建设、促进教师专业发展、提高教师队伍素质、保障新课程实施的重要途径。各校要根据《甘肃省普通高中新课程实验校本教研制度建设指导意见》,把建立和完善校本教研制度作为学校发展的重要任务,着力构建学习、教学和研究三位一体的教师职业生活方式,建设民主、互动、合作、探究的新型教研文化。通过校本教研更新教育观念,改进教学方式,促进教师、学生和学校的发展,全面提高教育教学质量,保证新课程目标的实现。

6.加强课程资源建设。各市(州)、县(市、区)教育行政部门和学校要根据《甘肃省普通高中新课程资源开发与管理指导意见》,加强课程资源的开发、建设、整合与利用,建立和完善课程资源共建、共享机制,为新课程实验提供丰富的课程资源支撑。

7.科学安排民族地区实施“双语”教学普通高中课程设置。民族地区实施“双语”教学的普通高中课程结构与课程设置,除民族语文课程之外的其他各学科课程均参照普通地区普通高中课程结构与课程设置要求,并结合实施“双语”教学普通高中教学实际,科学安排课程设置。普通高中民族语文课程,藏语文课程按五省区藏族教育协作工作领导小组办公室印发的《藏语文课程标准(实验稿)》及课程设置方案执行；蒙古语文课程按全国蒙古语文教材审查委员会办公室发布的《蒙古族中小学语文课程标准(实验稿)》及课程设置方案执行。

8.认真落实国家法规政策新规定的专项教育内容。各普通高中要通过综合实践活动领域课程(主要是社区服务、社会实践课程)的实施、选修Ⅱ学校课程以及班团会主题活动等途径,认真落实国家法规政策新规定的环境教育、禁毒教育、健康教育、人口教育、国防教育、民族团结教育、艾滋病预防教育、廉洁教育、安全教育、法制教育、心理健康教育、影视教育等12个专项教育内容。

(六)课程管理与评价

1.教育行政部门的管理。各市(州)、县(市、区)教育行政部门要在督促学校依法实施新课程和提供课程资源与条件保障方面发挥主导作用,加强对高中新课程实验的管理,及时了解和掌握学校实施新课程的情况,加强对学校实施新课程过程的监督和检查,总结、推广新课程实验的成功经验。

(1)建立学校"新课程实施方案"的定期(每年一次)上报、审批、备案制度。各普通高中的"新课程实施方案"必须经县(市、区)以上教育行政部门审查批准后方可实施,并于每学年开学前,由各市(州)教育局统一报送省教育厅备案。

(2)各级教育行政部门要为学校实施新课程提供必要的指导,在合理利用本地教育教学资源,合理安排各校学生的社区服务活动等方面发挥好协调作用。

(3)各级教育行政部门要大力推进普通高中学校办学特色多样化,扩大优质资源。要尊重学校的办学自主权,鼓励学校发挥办学的主动性和创造性,在新课程实验过程中办出自己的特色。

2.教研部门的管理。各级教研部门要根据《关于进一步加强甘肃省普通高中教学研究制度建设指导意见》,进一步明确研究、指导、服务职能,大力开展高中新课程教学、评价、课程资源开发与利用等研究工作。要进一步增强为当地学校和教师服务的意识,努力改进教研方式,深入教学第一线,了解情况,发现问题,组织开展教学研究、信息交流、专业咨询、师资培训等各项活动,并对当地学校的校本教研制度建设进行检查指导。

(1) 要根据甘肃省普通高中新课程实验各学科实施指导意见,加强对普通高中新课程学科教学的指导，切实帮助教师解决在新课程实验中遇到的问题。要引导学校以课堂教学为中心开展教学研究,积极探索减轻学生负担、提高课堂教学质量的有效途径。

(2)要促进普通高中新课程各科目的均衡开设,切实研究综合实践活动、通用技术、体育与健康、音乐和美术等课程的实施现状与难点问题,为政府和教育行政部门的课程决策提供参考。

(3)要以普通高中新课程实验样本校为依托,加强对高中新课程实验的专题研究,以专题研究的成果推动课改工作,以样本校的成功经验推动课改的全面实施，为解决实践过程中出现的具体问题提供必要的实践经验和理论支持。

3.学校的管理。校长要全面负责和领导学校严格执行国家课程方案及课程标准,监督和评估课程实验过程,切实加强对新课程实验的领导和管理。学校应制订选修课程和学校课程计划、指导学生选课、认定学生学分、自主开发课程、联系社区共同实施课程等工作。

(1)建立学生电子学籍和档案管理制度。所有高中学生要使用全省统一的学籍管理号,便于学籍管理、学生学习成绩记录和查询。普通高中在校生不得留级。

(2)学校要探索满足不同潜质学生发展需要的教育途径,大力培养创新人才。鼓励普通高中学校办出特色。鼓励有条件的普通高中学校根据需要适当增加职业教育的教学内容。探索综合高中发展模式。要采取多种方式,为在校生和未升学毕业生提供职业教育。

(3)教师要对课程目标的实现、学生的发展负责,对课程的有效实施、学生的学习结果评定承担相应责任。学校与社会应尊重教师的劳动,组织学生及其家长及时了解、评价学校课程实施情况,并提出改进建议，积极配合学校执行好国家课程方案。

（4）我省普通高中新课程实验样本校要根据《甘肃省普通高中新课程实验样本校工作指导意见》，充分发挥样本校在新课程实施过程中的示范、辐射、引领作用。

4.课程评价。逐步建立和完善发展性评价制度。学校要根据目标多元、方式多样、注重过程的评价原则，综合运用观察、交流、测验、实际操作、作品展示、自评与互评等多种方式，为学生建立综合、动态的成长记录手册、档案，全面反映学生的成长历程。推行学生学业成绩与成长记录相结合的综合评价方式。激励学生乐观向上、自主自立、努力成才。

（1）建立和完善教师发展性评价机制，改变以高考成绩作为教师评价唯一依据的片面做法，使评价成为促进教师专业发展的过程。

（2）建立普通高中学业水平考试制度。各市(州)、县(市、区)教育行政部门要按照《甘肃省普通高中新课程学业水平考试方案》，认真组织实施学业水平考试工作。

（3）建立和完善学生综合素质评价制度。各学校必须根据《甘肃省普通高中新课程学生综合素质评价指导意见》，建立和完善学生综合素质评价制度。

（4）各级教育行政部门均要根据《甘肃省普通高中新课程实验县级政府教育工作督导评估方案》和《甘肃省普通高中新课程实验学校教育工作督导评估方案》，建立新课程监控体系，建立健全普通高中教育教学质量监控机制，确保新课程目标的落实。

（5）普通高中学生毕业资格认定。普通高中学生每学年在每个学习领域都获得一定的学分、三年内总学分达到 144 以上，参加甘肃省普通高中学生学业水平考试成绩合格，且在高中三年内综合素质评定合格以上，由省教育厅颁发甘肃省普通高中毕业证书。

第二部分

甘肃高中新课程实验工作进展情况

一、深刻认识和准确把握《纲要》、《新课标》和《方案》精神，建立健全省级规范性制度

（一）本次课改的基本任务是：通过课程改革，使高中教育主动适应社会发展和科技进步的时代需要，促进高中生全面而有个性的发展；加强高中课程与社会发展、科技进步以及学生生活的联系；促进学习方式的多样化，发展高中生自主获取知识的愿望和能力；创建富有个性的课程制度和学校文化。通过创建新的课程实施与评价制度，推动课程体制与课程观念的同步变革，主要有课程功能、课程结构、课程内容、课程设置、课程实施、课程评价等六大变化。

（二）制定细化政策性、规范性文件。经教育部同意甘肃省于2010年秋季进入普通高中新课程实验工作以来，根据教育部的批复和省政府实施方案的要求，经过认真周密策划，全省上下共同积极筹备，先后成立了省政府普通高中课改领导小组及其办公室，建立了15个学科专家指导组和8个项目专家组。在借鉴先期进入省份经验的基础上，结合甘肃省情，组织专家反复进行讨论，进一步完善细化了实施指导意见，研究制定了36个全省普通高中课改相配套的政策性、规范性文件。

（三）论证和选定了普通高中教材版本。按照“大稳定、小调整，与义务教育阶段和高考制度相衔接”的原则，在广泛征求意见的基础上，经过专家论证，厅务会议研究确定了教材选用版本。9个学科涉及高考的教材全省统一选用人民教育出版社编写的教材，其它学科把义务教育阶段的教材版本进行了延伸。

（四）召开了高中课改启动大会，同时邀请专家培训。2010 年 3 月 16 日，省政府召开了全省普通高中新课程实验工作启动大会之后，紧接着省教育厅进行了为期三天的新课程通识培训，并通过地面网络、卫星通信系统进行视频转播和传输，全省教育管理人员、高中校长和教师 1 万多人接受了培训，产生了良好的效果。

（四）明确近期目标，选定样本学校，校长挂职学习。根据教育部和省政府的要求，统一全省教育系统的思想和行动；"从与新课程相适应的建章立制入手，认真研究推进普通高中新课程实验工作的策略、建立健全各项机制、努力开创普通高中教育发展的新局面"等三个方面的工作目标，制定了"培养一批学科专家，建设好 50 所省级课改样本校，树立一批新课程实验先进典型"等三个方面的工作措施。目前，各地各学校工作积极性很高，各项准备工作都在扎实有序地向前推进。

（五）各市州制定普通高中课改方案全部上报并批准实施。

（六）建设高中课改资源。编写出版《普通高中课程分析与实践策略丛书》一套 12 本。《普通高中课改 90 问》、《他山之石》等为教师免费赠送。

二、深刻认识和反思高中教育现状的问题

（一）基本情况：全省现有普通高中 463(382)所，专任教师 36450 人，每年新招生约 21 万人，毕业约 20 万人。2009 年普通高中在校生 630654 人。初中毕业生进入普通高中升学率为 46.83%；高中阶段毛入学率达到了 70%，甘肃普通高中教育发展相对较快，全省有 47 所省级示范性普通高中，每万人中高中在校生 239 人，高于全国 186 人的平均水平。

（二）现状和问题：如果教育没有任何问题和困难，就不会进行课程改革。教育事业的发展不可能绕过经济社会发展的当下阶段，基础教育课程改革既要与历史发展与时俱进，又要从社会主义初级阶段、

城乡教育二元结构、各地经济社会发展不均衡等差异性的实际出发。我国基础教育存在着一些致命的弱点，面临一些非改不可的突出问题,主要是在教育理念和办学模式两个层面根深蒂固存在着重知识、轻技术,重应试、轻创造,重智育、轻美育的偏向性问题,导致了我国中学生普遍缺乏创新能力和实践能力。这与知识经济、全球化的大趋势极为不相符合,与中华民族的振兴极为不相适应。随着社会进步和教育的发展,基础教育办学模式存在的问题和弊端日见突出,主要表现为:

1.学生今天的学习与明天的生活、工作、发展做准备相脱节。

2.用精英教育的方法去办大众化教育。

3.过去我们寻找适合教育的孩子,现在就要寻找适合孩子的教育问题。

4.现行的课程内容存在“繁、难、偏、旧”的问题,并且学校教育过于注重书本知识。

5.学校教育中过分注重知识传授,忽视了学生的社会性、价值观、创造性。

6.现行的课程体系过于强调学科本位和不同学科的独立性,忽视了科学、艺术和道德之间的联系和学科之间的整合性、关联性。

7.学生学习以应试为出发点和落脚点,学生死记硬背,机械训练。

(三)义务教育阶段课程改革遗留的问题:

1.教师培训不到位,“穿新鞋走老路”现象普遍存在。

2.教学评价和学生成长记录搞形式、走过场现象普遍存在。付出的代价是初中教育质量下滑,小学教育放松了考试考核,影响了教育评价的权威性和教育投入效益评估。

(四)目前面临的几个重点难题。基础教育课改从破题到全面到位,任重而道远,我省义务教育课改刚刚从局部实验转入全面实施的起步阶段,还有许多方面尚未达到国家标准,与发达省份比较确实存在不小差距,城乡之间、市州之间、县域之间,甚至同一地区的学校之间呈现不平衡性，还存在一些需要引起高度重视和尽快研究解决的问题：

1.观念需要更新、认识需要到位的问题。

2.要进一步加强组织领导,使课改成为政府行为,作为“一把手”工程来抓的问题。

3.加大宣传力度,营造良好的课改的内部和外部环境问题。

4.提高教师对新课程的适应性问题。

5.解决经费不足的问题。

6.建立促进学生、教师、学校发展的评价体系问题。

7.中考和高考升学压力影响课改速度、质量的问题。

8.发展不平衡和重点要放在农村的问题。

9.改进教材选用管理的问题。

10.农村教师不足、班额过大问题等。

三、完善创新机制,稳步推进高中课改不动摇

高中课改作为深化基础教育课程改革的核心内容、推动高中教育发展的关键动力、贯彻落实国家和甘肃省中长期教育改革发展规划纲要的重要举措,涉及面广、工作量大、专业性强、任务艰巨,机遇与挑战并存,机会与困难同在。随着普通高中课改的不断推进,我们对高中教育的理解和认识也在不断深化,对实施新课程的复杂性、艰巨性、长期性、专业性和潜在的风险也有了更加清醒的认识。两年多来,在全省各级政府、教育行政部门、课改工作机构、教研部门、学校领导和广大教师的高度重视、支持和积极参与下,通过一系列卓有成效的推进工作,我省高中课改总体进展平稳有序,取得了阶段性成效。2011 年全省课改工作组织开展了一系列规模较大,范围较广,影响较大,受益面较广的工作。

（一）始终坚持以师资队伍建设为中心，强力推进，积极协调，多方筹资，多层次培训，圆满完成了年度专项培训3万多名任课教师的任务。按照“低成本，高效益”的思路，我们始终把新课程教师培训当做课改的中心工作之一，省、市（州）课改办对2011年教师培训目标、培训学科、内容对象、培训时间、培训组织与管理，培训方式、培训实施及流程、保障措施、巡回督查、跟进调研、测试颁证等方面进行了全面的安排部署。在培训形式上集远程研修、骨干面授、专题培训、观摩学习、研讨交流等多维一体，形成甘肃特色，取得了一定的成效。全年累计培训教师3万多人，投入培训费用达到1000多万元，这在课改之前是从来没有过的。

于2011年8月组织开展的有全省2.3万名高中教师参加的为期8天的新课程网络远程培训，达到了全员培训的目标。为了使本次网络远程培训更加贴近我省普通高中新课程实验现状，省课改办提前向全省教师征集了培训需求。各网络平台根据教师的实际培训需求设置了课程，增加了教师期望的优秀教学案例分析，增强了培训的针对性。在评价方式上，将学员在线学习时间、互动交流、专题作业、在线考试、培训总结等有机结合起来，力求对学员的学习给予全面、客观的评价。省、市（州）、县（区）教育行政部门对本次培训高度重视，制度健全，组织保障有力，创新培训方式，力求实效。学员一致认为：本次网络远程培训内容丰富，针对性强，凸显了很好的实用性。培训对我省教师转变教学观念，改进教学方式，践行新课程理念，进一步提高新课程实施质量打下了坚实的基础。

于2011年8月依托教材出版发行单位组织开展的全省普通高中新课程实验学科骨干教师教材教学培训工作得到了普遍好评，取得了明显的效果。本次培训分西部、中部、东部三个片区进行，由武威、兰州、天水、张掖、白银、平凉六市教育局承担。来自全省14个市（州）各普通高中学校新学期执教高一、高二年级14个学科的教研组长或备课组长共7300多人参加了培训。主讲专家包括来自国家课标组核心成员、教材主编以及富有教学经验的骨干教师等,按照国家级水平组织实施。各承办市教育局对培训工作高度重视,成立领导小组,组成骨干团队,制定了培训方案和应急预案。很多细节方面充分体现了为学员服务的宗旨,特别是在生活与学习点的安排等方面,承办市州教育局和课改办精心策划,严密组织,读者出版集团等教材出版和代理机构给予了大力支持,赢得了专家和学员的好评。各承办市教育局按照省课改办的统一要求,做到了组织健全、责任明确、注重细节、保障有力,保证培训工作收到实效。从培训后调研效果反映,培训完成了既定的任务,达到了预期效果,教师们对培训情况和承办方的服务普遍表示非常满意。

于2011年7月委托甘南州教育局举办的甘肃省"双语"类高中藏语文新课程骨干教师教材教学培训，对甘南州和天祝县的44位一线骨干教师经过5天的培训,进一步明确了藏区"双语"类高中藏语文新课程实施的背景、理念与现状,对准确把握高中藏语文课程标准、必修教材与选修教材的编写思路、内容框架,研究探索新课程理念下藏语文课程的教学过程和方法,挖掘、探索、创新实施新课程藏语文教学有重要的现实意义。

总之,高中课改对教师队伍的专业发展带来了新的机遇,大家普遍反映,教师参加培训、听报告、听课、学习、交流、考察的机会比过去成倍增加了。

(二)组织开展了全省范围的新课程实验工作跟进调研,及时分析研究新情况、新问题,取得了新鲜而有参考价值的成果,为课改工作提供了专业支撑。2011年4月中下旬,组织开展了全省范围的普通高中新课程实验跟进调研工作。省上组织7个专家组，先后对14个市(州)28个县(区)和62所高中学校进行了专项调研督查。采用了听取汇报、查阅相关文件和材料、召开座谈会、问卷调查、进入课堂听课等多种方式，搜集我省高中课改工作的第一手资料，深入了解我省普通高中新课程实验的进展情况，发现存在的问题和实际困难。我们组织专家在各调研组提交的调研报告的基础上，研制了调研总报告，向省教育厅和省政府做了汇报。调研总报告得到了郝远副省长的高度赞扬，并要求将调研总报告印发到各市（州）、县（区）政府和相关部门进行阅研。对各调研组提交的调研报告分别向有关市州政府和教育局进行了反馈。

（三）组织实施一系列专项课题研究，重点推进课改样本校建设。2011年11月份，组织了样本校专项课题的交流研讨及结题鉴定会，全省14个市（州）教科研部门负责人和50所样本校课题负责人参加了会议。嘉峪关市一中等27所申报结题鉴定的样本校课题负责人进行了课题结题汇报。西北师大附中等20所暂未申报结题鉴定的样本校课题负责人向会议作了阶段性研究汇报，探索实施了教研课题集中鉴定、研讨交流与成果分享的一体化方式，全员参与，互动交流，相互学习，互相促进。积极协调教育部，选派样本校校长到教育部校长培训中心学习，提高样本校校长的学校课程领导能力。

（四）进一步完善政策指导，深化综合素质评价机制改革，建立完善了学业水平考试制定。2011年省教育厅研制印发了《甘肃省普通高中新课程实验选修Ⅰ课程实施指导意见（试行）》和《甘肃省普通高中新课程实验学业水平考试方案（试行）》，与原来的高中毕业会考相比，考试的组织管理、考试内容、时间等方面有六个大的变化：

1.关于学业水平考试的组织管理。为确保学业水平考试的效度和信度，学业水平考试实行全省统一命题、统一施考、统一评卷、统一管理成绩的办法。主要变化是全省统一评卷、统一管理成绩，并逐步实行网上阅卷。省上将设立“甘肃省普通高中学生学业水平考试办公室”，负责全省学业水平考试的组织、管理和实施工作。

2.关于全省学业水平考试的科目、内容。考试科目数量没有变化，还是10科。主要变化有:全省在同一时间组织进行信息技术考试;物理、化学学业水平考试内容增加了指定选修部分,而且区分文理科不同选修内容命题;思想政治学业水平考试内容增加了《民族团结》内容;《通用技术》课程列入考查课程。

3.关于学业水平考试的次数、时间。考试次数由原来的每年考三次(春季会考、夏季会考、冬季会考)调整为每年考两次,取消了以补考为主的春季会考;考试时间由原来的高一、高二、高三三个年级考完调整为高一、高二两个年级考完,大部分集中在高二年级上、下两个学期考试。

4.关于学业水平考试的成绩认定处理。学业水平考试成绩由原来的按分数划线改为按比例划线,降低了不合格比例。各等级比例控制如下:A等比例控制在全体考生的15%~20%,B等比例控制在40%~45%;C等比例控制在38%左右,D等比例控制在2%左右。

5.关于毕业资格的调整。放宽了毕业资格中关于学业水平考试成绩的要求,即从原来要求的各科会考成绩必须全部合格,改为允许学业考试成绩一科不合格学生毕业。

6.关于命题管理、成绩管理、学籍管理。加强命题的科学性、稳定性,建立学业水平考试命题教师资格标准和命题专家库;加强学业水平考试成绩的分析研究,充分发挥学业水平考试对高中教学的指导作用,采取专业指导的方式向各市州及学校反馈考试结果综合分析报告;建立学业水平考试信息化管理系统,进一步完善、开发普通高中学生电子注册、学籍考籍管理等软件,提高管理的科学化、规范化水平。

(五)各市州教育局和课改办认真落实课改方案,结合本地实际,创新工作机制,为扎实推进课改工作积累了宝贵的经验。特色和亮点列举如下:

兰州市的大集体备课、个人小课题研究、名师工作室建设成效明显,通用技术实践室建设等方面力度大,课改工作经验有深度、有特色、有推广价值。

嘉峪关市以“构建高效课堂”为目标,以教学模式改革为突破口,开创校本课程和综合实践活动,特别是科技教育特色鲜明。

金昌市对高效课堂教学模式进行了“三个坚持”和“三个转移”等有益的探索,跟进督导工作做得非常扎实。

白银市的高一集体备课研讨培训、统一组织学科质量检测考试、工作视导和校本教研调研等工作特色鲜明。

天水市加强了学科实验基地建设,进行了聚焦课堂、深化课改——送教进校活动,组织关中—天水区域交流。

酒泉市注重组织参加省上教材教学培训的省级学科骨干教师进行二次培训,落实了“三个保证”和“四个到位”的措施,加强对样本校的调研。

张掖市坚持“边改革、边培训、边总结、边提高”的原则,坚持开展校本培训,民乐一中组织大备课组精细化教学活动。

武威市坚持“以研究新课程,落实新理念,推进新课程”的工作思路,以教师培训、课堂模式革新、校本课程开发、特色教育给力为抓手,举办大规模的教学技能大赛,天祝一中的校本课程开发富有民族地域特色。

定西市在学校硬件建设和教师培训方面资金筹措力度大,改善教学设施、开发校本课程数量最多,也有特色。

陇南市加大对教师培训的督查,组织开展课堂教学技能竞赛、优秀论文、优质课、课题评比活动。

平凉市派专家分片包干指导学校、教研员深入学校指导课改。学校探索新的教学模式,市县工作推动力度比较大。

庆阳市教师培训坚持“面向全体,骨干先行”的原则,注重促进课堂变化,举行网上集体备课,为中心教研组争取教研经费。

临夏州工作总结写得最认真，最全面，积极开展“学习新课标，研究新教材”为主题的 校本培训和“五课教研”活动，重视培育样本校工作。

甘南州组织开发藏区特色的校本课程。部分县区在高中课改中也积极行动起来，做了许多富有成效和特色的工作。如，华亭县教学经验观摩，正宁县“六个一”活动，天祝县的校本课程开发等等。

第三部分 关于推进普通高中课程改革的策略问题

一、实施十项课改策略

政策和策略是党的生命，也是教育科学发展的前提。普通高中新课程实验是一项系统工程，涉及面广、政策性强。要实施思想发动、条件保障、师资培训、教师参与、科研指导、制度重建、评价监控、工作推动、关系处理、责任落实、环境营造等十项策略。另有专述，这里不再赘述。

二、坚持稳步推进的原则

(一)加大培训力度。教师教学方法和学生学习方式有了较大的转变，广大教师通过学习、钻研课程标准，认识到新课程与旧课程相比较所发生的重大变化和新的要求，在教学中能够激发学生的参与意识，发挥学生学习的主体作用，关注学生学习方式的改善，激发了课堂教学的活力，积极开展研究性学习，培养学生的创新意识和实践能力。教师队伍整体素质得到明显的提升，逐步建立起以本地区专家为主的培训队伍，一支充满了理想与实干精神的教师队伍在实践中逐步适应新课程教学的要求。

(二)落实课改措施。引导全社会了解课程改革,关注课程改革,支持课程改革,从而为全面推进素质教育营造了良好的舆论环境。

(三)坚持分类指导。采取由点上深入,面上推进,逐步扩大实验范围,以城带乡滚动发展,分类指导,整体推进的新课程实施策略,为促进城乡教育的均衡发展创造条件。

(四)坚持探索创新。各地区、各学校结合实际,积极探索,创新积累了一系列新鲜经验,取得了丰硕的成果。

三、处理好十大工作关系

在课程改革中需要进一步研究和解决的几个重大关系问题。基础教育课程改革是实施素质教育的核心问题和关键环节, 是一项艰巨而复杂的社会系统工程,涉及教学的方方面面,牵扯基础教育深层次的问题。国家和省上对此项工作非常重视,做出了周密的部署,提出了明确的要求。我省的课程改革工作要紧紧围绕《纲要》九个方面的规定和要求,严格按照省上的《意见》和《方案》等一系列文件精神,在充分肯定成绩、全面总结经验的基础上,我根据教育事业自身发展的规律、基层教育工作者的反映和社会关注的一些热点,从全局角度和深入研究的思路,提出十个关系问题,以求大家共同思考、共同研究,共同促进课程改革在系统研究中认真实践,实现全面破题,落实逐步到位。最近几年,我在不同的场合反复强调普通高中新课程实验过程中一定要处理好新课程和旧课程; 义务教育课程改革和高中教育课程改革;国家课程和地方课程、学校课程;课程改革和全面实施素质教育;课程改革和内部(教师)条件;课程改革和外部(社会)条件;现代远程教育和课程改革;课程改革和教研服务工作;课程改革和突出甘肃特点;课程改革和树立推广典型经验“十大关系”。上述这些问题和矛盾彼此之间有些是并列关系,有些是互相依附关系,有些是派生或交叉关系,在课改过程中无法回避,也不应回避,无论是在理论上还是在实践中都需要逐一认真分析、研究,要靠大家找出解决这些问题的办法来。

第四部分 推进普通高中新课程实验工作的措施

一、准确把握高中课改的基本特点

(一)最直接的原因和首先要解决的问题是"旧课程'难、繁、偏、旧'的问题"。虽然先期进入高中课改的省份经历了艰辛探索的历程,已经获得了很大成功,积累了丰富而宝贵的经验,改革越是走向深入,才能看到新课程的价值和意义。但是,由于教育的周期性和课程的复杂性,课程改革的过程、结果和成效都在未来三年以及三年以后才能呈现,因此对高中课改的认识一步到位是不现实的。如果全社会的思想认识问题不解决,也就不可能实现新课程实验既定的目标和要求。如果教育系统的思想认识问题首先不解决,实施高中新课改就无从谈起。

(二)新课程设置总的目标是以全面实施素质教育为主题和主线,从知识与技能、过程与方法、情感态度与价值观三个方面阐述了各门学科课程的总体目标与学校办学的目标。高中课改是一个老话题了,十年之前就在我国教育界热烈讨论和激烈争论了几年的时间,很多问题在我国现行的教育体制和政策框架下达成了共识,很多问题找到了答案。我发现给大家讲座的专家的理论文章和学术观点很早以前就在全国各种报刊上发表了,在网络上也都能找得到。课程改革关系到确立普通高中教育的战略地位,关系到进一步明确普通高中教育的性质、定位和发展方向,教育最大的风险在于"误人子弟"。

(三)目前大家普遍关心(担心)的聚焦点问题集中在三个方面。普通高中教育太重要了,人们未来的梦基本上都要靠高中教育去实现,这里是人生的第一个跳板。新课程实验工作要遵循循序渐进的教育规律,随着各项准备工作的逐步展开,目前大家普遍关心(担心)的聚焦点集中在三个方面:

第一,在实施素质教育背景下新设置的课程体系,与旧课程体系相比较发生了哪些具体变化?教师应该怎么教?概括的回答是:新的课程体系对教师实施素质教育的能力提出了更高的要求,教师队伍的适应能力将决定新课程实验工作的成败,教师队伍的整体素质是高中课改的第一手段和保障,教师务必更新教育理念和知识,提高学识水平,不断适应新课程各项要求。

第二,基于实施素质教育理念而设置的新课程学习内容,与旧课程学习内容相比较发生了什么变化?学生应该怎么学?概括的回答是:新课标和课程设置方案增加了课程设制的内容,而且新增加了一门学科——通用技术。但是,课堂学习的课时减少了,学生的学习自主性大大地增加了。

第三,新的课程体系和课程内容与高考命题的关系如何衔接?高考形式和内容将会发生什么变化?(也就是高考怎么考,考什么的问题)概括的回答是:基础教育课程改革与高考制度改革是一揽子改革,课改后的高考命题将严格按照国家的考纲进行,基本上是教什么,学什么就会考什么,高中课程的学习内容与高考命题想脱节的情况绝对不会发生。

(四)高中课改对课程带来哪些新的变化。

1.课程理念的包容性更强了。新的高中课程与以往的高中课程相比较,其最重要的是吸纳了中外教育实践和发展的新理念、新课程、新技术(凡应用于教学的设施和方法)。高中新课程方案确立了体现素质教育精神的教育观念,力求从根本上扭转应试教育的局面,既要求学生得到全面发展,又强调为学生的个性发展创造空间。

2.教学模式和培养人的方式改变了。主要以培育创新性人才为未来教育的目标。对本次课程改革的实质是顺应时代潮流,提升中国教育发展的历史阶段,在新的起点上全面实施素质教育,让教育回归本位,促进教育内涵发展,提高教育质量,培养既具备直接进入社会的较高的综合素质和技能,又具备考取高等学校专业水平的达到全面发展目标的人才等目标达成共识。

3.对传统的教育观念提出了深层次的冲击和动摇。新课程对教师的教法和学生的学法提出了全新的更高的要求。把传统的"学海无涯苦作舟"——苦学苦教的观念转变为教师乐教,学生乐学,即向快乐学习转变,把学生苦难多于快乐,变成快乐多于苦难,学生更加热爱学校、喜欢学习。

4.教材的多样化与教育内容的选择性。由过去学生无选择权到给学校、教师和学生以更多的自主学习的空间。

5.解放学生的头脑、双手、眼睛、嘴巴,空间和时间。注重学生的动脑、动手能力和发现问题、分析问题、解决问题的能力。

6.为基础教育发展注入了新的动力和新的活力。增加了一个优质资源的增长点,提出了教育内涵发展的要求。

7.课程功能、结构、内容、设置、实施、评价变化较大,教育回归本位任务艰巨。

普通高中新课程实验工作,是我国教育改革的一项根本性的重大步骤,也是我省教育事业发展中的一件大事,是基础教育课程改革的重要组成部分,牵动着新时期基础教育改革的全局,工作涉及面广,社会普遍关注。省政府对高中课改的总体要求:"一定要充分发挥普通高中课改工作的杠杆作用,以此为支点,实现承上启下的对接,对上要撬动高考制度改革,对下要撬动义务教育阶段课程改革的不断深入,进而全面推动高中教育发展再上一个新的台阶。"这既是对我们很高的要求,又是很大的压力。

二、巩固提高课改成果,深化义务教育课程改革,夯实普通高中课改基础

(一)进一步更新观念,加强管理,提高课程实施能力。基础教育课程改革领导是关键,各级政府和教育行政部门要切实加强对课改工作的领导,要以素质教育理念统领课程改革,加强学习和研究,走出认识上的误区,针对存在的问题进行专题研讨。要做到《纲要》内容、基本省情、课改工作思路"三清",确保突出甘肃特点。要加强自身的建设和管理,确保管理职能到位,按教育自身的规律和行业的特点,科学、理性地指导课程改革工作,切实做到"五个到位",即:认识到位、措施到位、责任到位、政策到位和经费到位。

(二)加强分类指导,构建课程改革行之有效的工作机制。进一步发挥各级课改领导机构的作用,坚持民主、科学的决策原则,逐步完善相应的研究与咨询、实施与指导、评估与调整的工作程序,逐步形成一支上下联动、各司其职、职能到位的工作网络,逐步形成"强强互动、强弱互动、城乡互动"的格局,构建起具有我省特色的课改新机制、新举措。

1.要加大宣传力度,组建全省课改专家、名校长、名师报告团,开展巡回辅导报告活动,促进优质资源和成功经验共享。

2.要加大工作指导力度,理顺完善机制,转换强化职能,整合全省教研力量,把全省现有的教研队伍建设成为课改依靠的指导专家和主力军。

3.全省课改工作今后要实行年度工作任务专题安排、专题总结上报制度。

（三）坚持实事求是，切实解决课程改革中的实际问题。我省的基础教育课程改革工作正处在关键时期，对形势和任务我们必须要有清醒的认识，要进一步坚定课改的决心和信心，变被动为主动，变务虚为务实，变模仿为探索，变担心为信心，变压力为动力，变口号为行动，在改革过程中不断深化认识，不断加大工作力度，共同推进课改向纵深发展。

甘肃是全国最后进入普通高中课改的省份，很多不明确的问题，好多过去大家担心的事情，在先期进入课改实验的省份都已经碰过了，而且全方位的总结了经验，可资我省借鉴，避免少走很多弯路，我省可以采取拿来主义，力争赶超跨越。

1.认真实施《纲要》，树立正确的师生伦理观。学生的素质得到全面健康发展，就是教师最大的愿望和唯一的目标，我们不应把它看做是对教师权威的挑战，也并不意味着教师的主导作用的否定，努力建立一种和谐的师生关系，实现教学相长、师生良性互动的新模式。

2.继续加大培训力度，努力构建教师专业发展机制。重视培训工作的规划与实施，重视师德的培养，注意统筹和协调各方面的力量，建立必要的制度保障。

3.营造课改环境，加强校园文化建设。各级教育行政部门要将校园文化建设纳入到学校发展的规划中来，树立全员共建的意识，在注重校园物质文化建设的同时，重视校园精神文化建设，挖掘学校文化特色。

4.树立课程意识，提高课程建设能力。学校除执行国家和地方课程外，还要加快课程资源整合的步伐，组织实施校本课程，使学校办出特色、办出水平。

5.大胆探索实践，重点推进评价与考试制度改革。积极探索，及时总结，以实践来验证其科学性和可行性，尽快探索建立促进教师和学校发展的评价体系以及教育质量监控系统，加强对评价的监督和再评价。

6.把握课改方向，稳步推进高中课程改革的准备工作。

7.合理配置资源，促进城乡教育均衡发展。在积极稳步地实施课程改革的同时，还要全力推进教育的均衡化发展，极力扩大优质教育资源，从源头上淡化择校与竞争，缩小城乡之间、区域之间、办学条件和教学质量等差距。

8.切实加强和规范教材管理工作。加强国家课程教材管理和地方教材的开发，正确处理好课程与教材的关系。

（四）要走注重基础，加快均衡的公平之路。怎么样注重课程实施当中的基础工作，让大家都能够站在同一个起跑线上，在改革的过程当中受益，谁也不把谁落得太远，这是我们做好省级层面权衡和策划工作的主要目的和任务。

（五）走分区分校之路。中部、东部、南部、北部地区都有自己的文化特色，都有自己的历史积淀，都有自己的教育优势，那么区分不同的学校，办出各自的特色，使办学模式百花齐放，每个学校都有每个学校自己的特点，走多样化的发展之路，

（六）要深刻认识新制度的价值，努力建构和完善具有中国特色、甘肃特点、体现三个面向，以人为本的教育教学新制度。充分体现教育管理的水平，体现教育的执政能力，体现正常的教育教学新秩序。

（七）立足甘肃实际，创造本土的好模式好经验，不断丰富教育行政学理论与实践。要依托西北师大等高等院校，在实践当中积极探索，实现甘肃自己的理论创新、机制创新。要学会应用市场经济条件下的现代学校管理学、校长学，学会科学的经营学校，学会应用优质均衡诉求下的教学论、课程论，学会应用基于实践路径的教师教育学。

（八）欠发达境域下的教育技术学、教学技艺非常的重要。我省区域之间、学校之间不平衡的差异性很大，缩小区域之间、学校之间这个差距除了采取行政措施之外，很重要的就是依托于现代网络技术，

做好教师经验的分享，努力实践和创新教育技术模式和教学技艺方法。

(九)总结和发扬现代教育的科学理念。要遵循教育规律,坚持继承和创新并举,扫除疑虑,消除阻力,顶住压力,坚定不移,攻坚克难,环环紧扣,示范带动,有序推进,纵深发展,凝聚大家的勤劳和心血,为课程改革做贡献等为主要内容的课程改革精神。

第五部分
关于我省普通高中课改工作的重点和难点问题

(一)跨越“一个门槛”。全面实施素质教育,全面提高教育教学质量是课程改革的宗旨所在。关键是要高举素质教育旗帜,真正把素质教育理念深入到每个师生的灵魂之中,在心灵深处、在潜意识里扎下了根,才能开花、结果。这是普通高中课改最高的“门槛”,也是课程改革的一道关键性关口,能不能跨越过去是最大的考验和挑战。素质教育的实质是回归教育的本质,这是课程改革无法绕开的根本性课题,通过不断改进和创新教育模式来逐步解决好这个问题。

(二)突破“两大瓶颈”。教师培训所要解决的核心问题“教师怎么教,学生怎么学”的双向问题。教师要研究、思考、解决的问题应该是一学生上过一节课,要记住什么东西(知识、经验、技能)。应该通过抓课堂教学的质量考核,实现每个教师所讲的每一节课,真正成为全体学生人人都喜闻乐见、乐于接受的内容和形式。当前,教师和学生普遍存在的突出问题,一是教师的职业怠倦情绪,二是学生的厌学情绪。如何调动教师的教学积极性?如何激发学生的学习积极性?这是课程改革和教育教学无法绕过的两大难题。

(三)注重“一个更新”。普通高中课程改革的前提是解放思想,更新教育理念的问题。认识决定办学水平和特色，认识往往决定水平，态度决定结果。只要思想认识问题解决了，一切困难就迎刃而解了，只要是经过主观努力能够实现的事都能办成。

(四)严格“一个规范”。高中课改对学校办学条件提出了更高的要求,关键是规范办学行为。改变过去考什么就教什么、学什么的现象,实施教什么、考什么,关键是要处理好必修课、选修课和模块之间的关系。我省现有的380所普通高中几乎没有完全达到教育部标准化学校建设条件的,这就要求政府必须加大投入,实施标准化学校建设工程。

(五)突出“一个创新”。要创新和建立中小学教学管理评价制度和学生学业质量的评价机制体系,是课程改革必须突破的难点。在改革完善过去单一的考试评价方法的同时，建立有科学依据的综合评价制度,建立与教育教学各个环节相配套,具有针对性、可操作性的长效评价机制,逐步建立学生学习的良性的竞争机制。

(六)营造“两个环境”。普通高中课程改革动力来自内外两个方面,外部的动力来自于各级政府的采取经济的手段(投入)和行政的手段(责任追究)全力推进,内部的动力来自于普通高中学校教学改革的敢为人先,实现课程改革重点学科上率先实验和突破。

第六部分
关于课程改革效果的衡量标准的问题

如何检验课程改革是否成功,应该坚持突出五个标准:

(一)要看是否在真正意义上减轻了学生课业、学业、作业负担? 这次课程改革还有一个很重要的指向，就是不强求每一个孩子都学一样的东西,从这个意义上来讲孩子的负担应该是减下来了。从另外的角度去讲,经过课程改革以后,你这个学校的学生是更喜欢你这个学校、更喜欢读书了、更会读书了,还是更不愿意读书了?据说在北欧学校里读书的孩子们心目中,根本没有"厌学"概念;相反在我们的学校里,"读书苦、读书累"成为学生们的共同心声。所以,课程改革重要的指向就是要让孩子乐学会学,这样的学习精神最终会成为人的一种素质,最终会变为人的一种财富。

(二)要看能不能真正做到把"以人为本"的理念体现在每个学生身上和他们成长的全过程? 这次课程改革另一个很重要的指向就是"以人为本",寻找适合孩子的教育。小学阶段要强调补差,哪一门比较差的要给他补上,因为他还没有定向,他还没有定型,他需要扬长补短。到了中学以后可能更多的不是补短,更多的是让他扬长。一定要相信人是在变化中,今天的学生和明天的学生是不一样的,教育就在于这样一个假设,因为他可塑所以才有教育。

(三)要看是不是彻底改变了传统的教育观念? 能不能注重培育学生的情感态度和价值观?首先,不能把学生当做一个简单的知识的容器,那种把学生当容器往里塞知识的观点是错误的。其次,要在传授知识的同时,在学校的活动当中一定要让孩子有积极的情感体验,就是让孩子做最好的自己,不要让孩子老是跟人家去比,让孩子自己跟自己比。再次,要看到每个学生的进步,看到他的闪光,看到他的长处,让孩子抬着头走进社会。

(四)要看是不是注重了培育学生的动手能力和创新精神? 马克思讲"人和动物的根本差别在于会不会使用工具。"动手能力,创新精神,是我国基础教育相对薄弱的两个环节。在动手能力方面,现在的孩子有一个动作都会,那就是一支笔在手上转,孩子从小唯一的工具就是一支笔,没有其它东西。在创新精神方面,所缺乏的是创新能力不够,创业型的人才紧缺,学以致用的人才不够,普通劳动者的素质比较低。其实课程改革要达到的最终目标,就是怎么让孩子发展得更健康,让所有的孩子更有创造力。

(五)要看是不是把德育放在首位,是不是德育为先? 我们讲教育最终是一个育人的过程,是教会孩子做人,所以我们必须把德育放在首位,必须把育人放在首位。

第七部分
善始善终,攻坚克难
进一步夯实普通高中新课程实验工作基础

2012年是我省进入普通高中新课程实验的第三年,也是完成第一轮课改的关键一年。按照省政府普通高中新课程实验工作方案精神,2012年是省级财政保障专项经费的最后一年, 从明年起省级层面上的推进工作转入制度化、规范化管理的常规工作。为了全面落实省政府关于普通高中新课程实验工作实施方案, 进一步扎实有效深入地推进我省高中课改工作,下面我从两个方面分析普通高中新课程实验工作的进程、形势和任务。

一、进一步找准阻碍新课改推进的内因和外因,在校校普遍深入推进课改工作上下工夫

最近我有三个问题请教大家实事求是地回答:一是普通高中新课改进展缓慢的制约因素(障碍)主要来自于教育内部的校长思想认识跟不上,观念保守、魄力不够、决心不大以及缺乏工作力度等内因呢,还是主要来自于各级政府外部推手缺位的外因造成制约因素(障碍)无法消除?或者二者兼而有之?二是全省380所普通高中的学分管理工作的质量真的就如大家所说的那么好吗?三是教师的观念陈旧、专业结构不合理导致了新课改的质量"瓶颈"问题呢,还是教师数量不

足是“瓶颈”问题？这需要向省政府要有说服力的定性。

对新课改真相的了解，我坚持主张走进课堂听课、评课为主要手段，应该以教师在课堂改革授课方法（包括新课程理念的树立、新课程的把握和备课情况）和学生在课堂改变学习方法（包括学习动力、兴趣、作业、考试成绩和各种活动）两个第一手资料为评价的依据，缺少这两个材料，难以保证督查调研的可信度。基层学校展示的各种规章制度一部分与组织教学不发生直接的关系，各种表格数据一部分找不到对应物。如果汇报材料叠加汇报材料，教育很难摆脱坐而论道、表面现象的恶性循环和似是而非的怪圈。

普通高中新课程改革，比我们想象的要复杂好几倍，推动难度大好几倍，推进速度缓慢好几倍。先找自身的原因：教育行政部门、教育科研部门、教师队伍在新课改以后，仍然缺乏一种全程跟踪的采集数据的记录，缺乏对各个学校的跟踪比较依据和结果，缺乏一种每个教师课堂教学改革的同步记载，缺乏每个学生改变学习方法的详细比较研究典型个案。在这种情况下，我们的责任就是发现问题，分析问题，解决问题。通过对全省380所普通高中学校新课改实施和进展情况的全面深入地调查了解、归纳梳理、分析研究共性存在的突出困难和问题，并逐一提出有针对性、可操作性的解决方案。我谈几点个人观点，请大家讨论甄别和补充。

（一）学校新课改政策执行能力不够，新课改工作操作规程欠缺，课程实施认识尚需统一，行为尚需规范。省上规范性的三十六个指导性文件（可以称之为“三十六计”）悬之高阁，尚未全面、系统地落地，更谈不上创造性的贯彻执行。课改流于形式，“假课改”的问题确实存在。仍然处在上面着急，学校并不着急。部分学校至今没有制定学习研讨计划组织教师队伍了解、领会省上新课改36个规范性文件的内容和精神，更谈不上贯彻落实到教育教学全过程。最严重的问题是校长的新课程意识模糊，课程管理能力有待提高，课程管理不到位，课程资源开发建设严重滞后。校长的新课改信心不足,关注点、兴趣点仍然不在新课改上,存在畏难情绪,还在等待观望,根本谈不上全身心投入和落实新课改。甚至部分校长至今还认为新课改影响学生的高考成绩。对教师没有创造和提供有利于认真按新课程标准实施新课改的环境和条件。实际上这是杞人忧天,因为我省不但不是第一个实施新课改的省份,而且还是最后进入的省份,新课改根本不存在高风险。部分新课改比较到位的省份的实践已经证明,新课改与高考绝对不是对立的关系,课改越到位,学生高考成绩越好,升学率也越高。

解决方案:实施名校长带动工程。就是真正让全省 380 所普通高中的一把手校长都发动起来,都动员起来,都组织起来,都振作起来,都行动起来,实施以抓校长、校长抓为主要内容的建设名校长群体工程,把新课改的一部分经费花在校长的培训、交流、指导工作方面,让校长队伍首先真正进入新课程领域,由校长队伍带动教师队伍全身心地投入到新课改工作。拟邀请中央教科院袁振国院长举办一期高水平的培训、研讨班。

具体措施:校长要传承本学校历史文化和学校精神,在完善学校行之有效的规章制度的基础上,探索建立与新课改相匹配的新型的现代学校教学管理制度和新的经营学校的长效机制。

(二)教师队伍适应新课改,熟悉新课程的根本问题尚未得到彻底解决。仍然以如何应对高考作为指导思想、教学出发点和归属点,素质教育的理念仍然淡漠,课堂教学呈现形式与过去并没有太大的变化。要使新课程理念转变为教师队伍的物质力量,实际行动相距甚远。

解决方案:教师队伍的适应性培训仍然是头等大事。加强教师教研能力建设,实施名师队伍建设的骨干教师带动工程。全省建立覆盖全省 380 所普通高中各学科的名师群体和骨干教师进入省教育厅人才库。

具体措施:建立100个普通高中综合性名师工作室。每个名师工作室建设成为学校教研工作新的平台,确保骨干教师群策群力,发挥团队作用,推动加快学校新课改进程,省上要给予适当的经费补助。

(三)学生应试教育的课业负担并没有减轻,学生负担、压力过重、过大的现象仍然普遍存在。学生的综合素质评价制度和机制连形式都没有建立,处于空白和盲区。艺术教育、体育课程普遍被其它学科挤占。学生"被教育"或"被学习"的现象仍然比较普遍,学校课堂教学师生角色、师生互动、教与学的模式都没有取得实质性改变,"满堂灌"、学生被动学习,缺乏学习目标和动力等问题仍然突出普遍存在。学生接受不到素质教育,课程和学业偏废现象严重,学习范围和所学知识局限于高考的科目。

解决方案:减少必修课,增加选修课。提倡和推广探究性学习模式。

具体措施:重建与新课改相配套、相适应的学校、教师、学生、家长评价标准和制度体系,真正实现学校有特色;教师能够让学生满意;学生有课程选择权。创建学校多元化的特色课程,建设创新性的教师队伍,培养动手动脑能力强的学生。

(四)普通高中新课改工作中各级政府缺位,仅仅靠教育部门单打独斗,许多实质性的问题得不到有效解决。区域之间、城乡之间、校际之间的进展和工作质量极为不平衡。还有一个奇怪的现象要引起高度重视, 这就是这一轮新课改本来应该成为重点突破和亮点呈现的反而成为最薄弱的环节。譬如:学校课程体系建设、校校、班班定期开展综合实践活动(社会实践和社区服务)、通用技术实验室建设、广泛持久地开展研究性学习等还根本没有进入学校的常态工作, 更没有纳入到学校教育教学的工作计划,处于可有可无的状态。普通高中学生作业应该随新课改同步进行探索改革。初中与普通高中之间的衔接也是一个需要研究的重要课题。

解决方案：要把对全省新课改进展情况督查调研结果形成有分量的报告上报省人民政府，要提出重大问题的解决办法和建议。促进各级政府加大对普通高中新课改的投入力度，解决新课改深入推进的最大制约因素——学校的硬件和软件等办学条件普遍不达标的问题。建议省政府制定出台《甘肃省规范高中学校办学行为，支持推进新课程实验工作的意见》，建立新的教育政绩评价、考核标准，彻底改变各级政府单纯考核、奖励、宣传高考成绩的导向性和言行。

省教育厅、省课改办要加强督促检查力度，采取开展区域性现场推进的办法，加强专业指导，解决热点、难点问题，提供有力服务。

新课改难度大的根本原因，值得我们深思。可以借用台湾教育部门在反思过去的联考制度时得出这样的结论："应试教育的误区和危害性在于造成不正常的升学压力，从而造成畸形的教学，畸形的教学造成文化的失根，缺乏远大的志向和目标，大多数人的学习纯粹是为了个人的近利和物欲，而不是为国家、民族的利益而拼命。"

二、寻找差距，正视问题，坚决防止课改流于形式、走过场

课改是一项长期艰巨的工作，学校的软硬件建设、教师教学行为的转变、学生的全面发展等工作不可能一蹴而就。对照国家课程方案和我省课改的目标任务，摆在我们面前的任务还相当艰巨，还有许多重点工作需要我们强力推进，还有许多问题和困难，需要我们攻坚克难。通过2011年跟进调研和各市州工作总结，专家们发现存在一些突出的问题，需要引起大家的高度重视。

（一）国家新课程制度和省级配套政策还未能很好地贯彻落实。部分学校的教育工作者思想保守，观念陈旧，仍然延续旧的一套思维方式，管理模式和教学模式，应试教育价值观和高考指挥棒仍然发挥主导作用。在思想认识方面，部分领导依法办学，严格执行课程方案的意识不强。在操作层面，由于课改实践的复杂性，仅靠许多原则性规

定,是无法适应课改要求的。许多市州、普通高中对课程制度细化不够,操作性不强。还有部分制度规定得过细,执行起来工作量很大,这就使得制度的贯彻落实大打折扣。一些学校对新课程设置体系认识不全面,功能定位不准确,没有严格执行课程方案,没有开齐开足开好课程,随意调整课时。

(二)地方政府财政投入不足,课改工作保障措施落实还不到位,低标准的课改实施条件成为普遍存在的体制性障碍。虽然各级政府加大了对高中学校的投入,但是还远远达不到高中课改的基本要求。大多数学校缺乏走班教室,选修课的开设受到很大制约。通用技术实践室建设比较滞后,许多学校没有通用技术实践室,高二年级通用技术课只能纸上谈兵。部分学校的理化生实验设备和仪器药品不足,学生无法进行分组实验。

(三)重点和难点及一些关键环节还未取得实质性突破。这是学校执行力方面存在的最大的障碍。学分认定、综合素质评价、综合实践活动课程实施、学生家庭作业负担过重等诸多问题还没有得到有效解决。高考科目挤占非高考科目课时的现象比较普遍,学生的体育、艺术教育得不到足够的重视。综合实践活动课程落实困难。

(四)教师队伍的思想观念和创新能力难以适应新课程的要求。有许多教师对高中新课程人才观、教学观、教材观、评价观把握不到位,对新课程的教学理念、教学方法、评价方式等理解不透彻,驾驭高中新课程的能力不足,课堂教学的时效性不强。在实践中不会指导和组织学生运用自主、合作、探究学习,使新的教学理念在课堂教学中无法有效落实。许多教师对高中新课程的教学理念、教学方法理解不深,导致自主、合作、探究学习形式化的现象比较突出,课堂教学效率不高。当出现这些问题后,部分教师又回归到满堂灌的传统教学方法,出现了“穿新鞋,走老路”的现象。部分教师任意拓宽和深化知识,导致不能按时完成教学任务,也大大加重了学生负担。

(五)专业支持力度不够,课改推进机制还不够完善。科研、教研工作未能与课改同步实现转型,特别是对如何建设"高效课堂"缺乏深入研究，聚焦课堂的时间和精力普遍不足。各地教研部门的力量薄弱,专职教研员数量不足,无法对高中课改进行深入细致的研究和指导。仍然处在教育部门和学校单打独斗的层次,没有上升为各级政府直接推动。在课改开展初期,尚未建立一种长效的课改推进机制。特别是教育行政部门、教育督导部门、教研部门尚未将深入推进高中课改作为一项重要的常规工作。有的市州课改推进机制不够健全,没有强有力的推进措施。

(六)科学的学校管理与现代学校制度建设没有引起足够重视。一些学校凭借经验办学,观念陈旧,学校管理水平较低,对教育教学规律研究不够深入。有的学校办学理念落后,追求内涵式发展、特色发展的意识比较淡薄,忽视教育教学规律,盲目延长学生的在校学习时间,恶意加重学生的课业负担,考试次数大大增加,但是对考试的分析和反思不够;作业量很大,但对作业的批改跟不上;学生的身心健康受到严重影响。

(七)地方政府角色缺位,区域之间、校际之间的发展很不平衡。这种不平衡虽然受当地社会经济发展的影响，但是更重要的是部分地方和学校领导的观念落后,重视不够,教育发展的视野和思路狭窄。

(八)学校特色建设重视不够,样本校作用没有充分发挥。全省除了部分学校有体育、艺术的特色外，我省绝大多数学校办学形式单一,教学模式单一,需要大家深入研究。各省级样本校虽然进行了一些探索,但是思想不够解放,步子迈得过小,难以称之为特色,其示范、引领、辐射作用远远没有发挥出来。

三、善始善终,攻坚克难,不断夯实全省课改工作基础

普通高中是连接义务教育和高等教育的桥梁,高中课改是撬动义

务教育均衡发展和提高高等教育质量的杠杆。《国家教育规划纲要》指明了基础教育新课程改革的方向和目标，提出了“深入推进课程改革，全面落实课程方案，保证学生全面完成国家规定的文理等各门课程的学习。创造条件开设丰富多彩的选修课，为学生提供更多选择，促进学生全面而有个性的发展。积极开展研究性学习、社区服务和社会实践。建立科学的教育质量评价体系，全面实施高中学业水平考试和综合素质评价。建立学生发展指导制度，加强对学生的理想、心理、学业等多方面指导”的任务。其核心是：切实改善高中办学条件，促进普通高中办学体制多样化、培养模式多样化、发展模式特色化。面对普通高中新课程实验工作的新形势、新要求，必须加大力度，攻坚克难，强力推进课改，确保2012年各项计划落实，切实创立甘肃特色，2012年要重点做好以下几项工作：

（一）充分应用新的培训模式、渠道和资源，认真组织高三年级任课教师全员培训工作，继续协调组织各学科骨干教师教材教学培训。教师培训到位是新课程有效实施的重要保障，是一项长期性的工作，要不断深化、注重实效。要将省级培训、市县跟进培训和校本培训三位一体有机结合起来，在提高教师专业素质、课程标准执行力和实施高效教学上求实效。高中教师的惯性思维强，观念难以得到彻底更新。要把年度国培计划，省市骨干教师培训，县、学校等各级各类培训有机结合起来，实现有效衔接，注重针对性和实效性。2012年秋季计划培训任教高三年级的教师2万名左右，培训的核心内容为：解析高考学科必修、选修的教学重点和难点，指导新课程高考复习和备考策略。今年的网络远程培训，计划从7月到9月，共10个专题，60个学时，不再统一集中培训，而采用分散研修方式，平均每周学习一个专题。各位高三年级老师可以在工作之余，同步学习。2012年学科教材教学培训的重点为高考科目的深化培训。主题为“深化课改理念，创建高效课堂，提高教学质量”。继续对各学校学科教研组长或备课组长进行深化培训,切实提高学科课程实施指导能力。2012年的学科骨干教师教材教学培训,主要是高考9个科目,由高二、高三年级的备课组长参加,分中部、西部、东部三个片区,由三个市(州)教育局承担。此外,省上还要组织教育局长、校长和主任等教育管理者培训。通过培训、观摩、考察等多种形式,学习先进经验,更新教育理念,提高课程领导能力。为了做好培训工作,省课改办要组织开展2012年师资培训需求征集活动,公开征求各地各校和教师的意见,根据需求设计培训方案,提高培训的针对性。

首先,要根据省课改办的要求做好需求调研,真正把一线老师们的要求、呼声反映上来,把新课程教学中存在的难点问题反映出来,让课改专家在准备培训内容时,做到有的放矢。

其次,要做好参训人员信息的统计、报送、账号的发放、班主任和辅导老师的配备、培训期间的管理等项工作。要确保培训信息的完整、准确,确保参训人员的按时到位,确保作业的按时完成,提高培训的实效。2011年,有部分市州的注册率不高,部分辅导教师批改作业不及时,2012年要杜绝这些现象的发生。承办学科骨干教师教材教学培训的教育局,要积极做好协调和保障工作,在食宿、培训条件上让学员满意。各市州的领队要负起责任,管理好自己的学员。

再次,要发挥参加省级培训的这些骨干教师的作用,由学校组织二次培训,把培训的成果巩固、拓展、延伸。

(二)尽快制定出台甘肃省新课程高考方案。

1.关于高考制度改革的关键问题,反复讨论修改《方案》。需要解决的主要是怎么考、考什么、与学校评价结果如何挂钩等三个问题。

2.改革指导思想:以邓小平理论和"三个代表"重要思想为指导,全面落实科学发展观,本着以有利于实施素质教育,有利于推进高中课程改革,有利于高等学校选拔人才,有利于维护社会和谐稳定为宗旨,充分发挥高考在深化教育改革,推动教育发展,促进教学、考评与选拔的有效结合，促进学生全面而富有个性地发展等方面发挥积极的导向作用，逐步推进旧高考模式与新课改招生的平稳过渡。

3.改革基本原则：

(1) 坚持普通高等学校招生考试改革与高中课程改革相结合；坚持国家统一考试改革与高中综合评价改革相结合；坚持普通高等学校考试改革与录取模式改革相结合。

(2)逐步建立“学生综合素质评价制度”、“普通高中学业水平考试制度”和“高校招生考试制度”相配套的科学、全面、多元化的评价体系以及多样录取的高校招生录取机制。

(3)坚持立足省情、切合甘肃实际，保持新旧高考模式平稳过渡，确保新旧高考方案的顺利衔接和高考的安全、公平、公正，维护社会的和谐稳定。

4.改革重点内容。

(1)以学校为主建立健全普通高中学生综合素质评价体系报告制度。确定综合素质评价报告的内容；加强综合素质评价报告的管理。高中学校要按照《甘肃省教育厅关于印发〈甘肃省普通高中新课程学生综合素质评价指导意见（试行）〉的通知》（甘教基〔2010〕68 号）和《甘肃省教育厅关于印发〈甘肃省普通高中新课程学分认定指导意见（试行）〉的通知》（甘教基〔2010〕45 号）要求，如实记录学生高中三年学分修习情况、学业水平测试成绩、综合实践活动、学生特长等信息，客观填写学生基础素养评价、成长评价、学校三年总评。确定综合素质评价报告的来源。

(2)积极支持普通高校招生多元化改革制度。鼓励高校招生对学业水平考试成绩优秀、综合素质全面的普通高中应届毕业生在同等条件下通过采取自主录取、推荐录取、定向录取和破格录取等方式优先录取。

(3)逐步建立省内高职高专学校自主招生制度。省内高职高专学校可以试点进行使用“学业水平考试成绩+综合素质评价+自行组织的专业考试成绩”或只抽取高考成绩、学业水平考试部分相关学科成绩为依据的自主招生。从2012年起,允许经省级教育行政部门批准的国家级示范性高职学校可按当年招生计划的10%比例进行自主招生。

(4)打破区域招生考试限制,适当放宽异地报考政策。

(三)充分发挥省市专家团队作用,强化跟进调研指导,破解部分难题。2012年要突破几个难题:加强专项科研、教研、调研活动。组织开展全省范围的高中新课程跟进调研。本次调研的重点内容为:

1.各学校对学分管理和认定情况。

2.大班额情况。

3.通用技术实验室建设和教师配备情况。

4.选修课程1–2开设落实情况。

5.对综合素质评价体系的建立和实施情况等问题开展研究,提出解决的对策办法。

还要通过现场观摩研讨,狠抓重点推进。根据《甘肃省普通高中新课程实验跟进调研工作方案》,适时举办综合实践活动课程现场观摩研讨交流推进活动和学分管理、综合素质评价现场观摩研讨交流推进活动。开展区域性专题现场观摩研讨推进活动,通过现场观摩研讨活动,搭建交流平台,推广先进经验,深入推进课改。推进高中新课程实验,要找准难点和突破口,“站高处看、从细处想、往实处做”,克服急功近利的倾向,做好百年大计的奠基工程。

(四)要继续深化高效课堂的研究和建设,在全省基础教育领域普遍开展“走进课堂,努力创建探究式、发展式高效课堂”活动。

1.要在全省各普通高中推广庆阳课堂建设典型经验,通过采取“同课异构”、骨干示范、集体备课、专题辅导、分组研讨、交流竞赛等方式,扎实开展课堂教学“三上活动”即:每个教师上三次示范课;“三观活动”,即:视导小组听三次课,面对面评议三次课,引导教师认真博客,有效上课,互相观科、议课、评课。

2.积极推广张掖市高效课堂建设的典型经验。各学校严格按照省市新课程课时规定,开足开齐课程,合理安排课程计划;针对新课程内容偏多、课时偏紧的矛盾,市课改办及时提出了“依法实施新课程,科学实施新课程”的要求,坚持“四要四不准”的规定,即“要坚持按《方案》设置的领域和科目开设课程,不准减少必修领域、科目和模块;要坚持按《方案》规定的标准课时开课,不准随意增减学时;要坚持按课标要求实施教学和评价,不准随意拔高和降低教学和评价要求;要坚持减轻学生过重课业负担,不准随意增加考试次数和占用学生的闲暇时间”。要求教师抓住“活、创、联”三个字来设计教学,采取灵活多变的教学手段和方式,让学生的思维活跃起来,把学习和生活联系起来,把课程与社会联系起来,把教材与各种有益资料联系起来,融洽师生关系,注重师生互动,努力使课程成为“探究的课堂、发展的课堂”。

(五)重视新课程实施长效机制建设,在样本校探索加快现代学校制度的建设,积极发挥课改样本校、学科指导组在新课程实践中的示范、引领、带动作用。要开展省级样本校特色项目建设,组织省级样本校特色建设区域性观摩研讨交流活动,充分发挥其示范引领作用,从而带动高中办学特色化、多样化。各级教育行政部门、教研部门要将课改样本校作为研究基地、实验基地,推动样本校在新课程实验中解放思想,实事求是,勇于探索,大胆实践,积极稳妥地推进新课程实验,在全省或本区域内发挥示范、引领、辐射、带动作用。各样本校要从以下四个方面加大改革创新力度:

1.强化依法治教的意识,严格执行国家课程方案,完善课程建设和管理制度,按照国家和我省课程设置方案规定的学习领域、科目和模块的要求实施教育教学,必须开齐必修课程,开足课时,决不能任意增减科目，随意增加高考科目的课时，减少非高考科目的课时，建立和完善学分管理制、选课指导制、校本教研制、综合素质评价制和课程资源共建共享机制。

2.切实实现从精英教育向大众教育的转变，切实实施好五种课程，即综合实践活动课程、通用技术课程、音乐课程、美术课程和校本课程。

3.激活师生的创造动力，创新教学模式，转变教学行为，实现学生自主、合作、探究学习，提高教学效率，培养学生的创新能力和实践能力，切实减轻学生课业负担。

4.通过课程体系建设和校园文化建设，突出时代性、多样性、选择性、人文性，积极探索学校特色建设和发展的思路和方法，彰显办学特色。

(六)要培育名校群体、名校长队伍、名师队伍，树立课改工作先进典型，创建200个普通高中新课程实验名师工作室。

1.各市州要着重加强校长队伍的课程领导力、执行力建设。校长是一所学校课改的第一责任人，校长对新课程理念的理解程度、实施水平，直接决定了一所学校新课程实施的成败。各地要把加强校长的课程领导能力和执行能力建设摆上重要的议事日程，集中时间和培训资源，创新方式，深入开展校长研讨、交流和参与式培训，使培训工作能切实解决校长们的困惑和难题，有效解决校长首先更新教育理念和办学思想，强化质量意识、发展意识、创新意识。

2.组织高中课改学科专家团队、全省高中骨干教师团队，基于网络提供有效教学支持。建立全省普通高中学校200个名师工作室，集多名骨干教师于一室，每个工作室补助教研经费1万元。整合优质教育资源，发挥骨干教师整体作用，建立基于新课程理念下的教研团队，立足课堂，面向课堂，创新基于建设高效课堂目标下的教研模式，对广大教师进行教学指导、在线答疑、网络交流、释疑解惑。通过教研活动逐步深化新课程教学，切实指导学校建立和完善校本教研制度，使广大教师伴随课改而成长、成熟、成才、成名。

3.各市州政府、教育行政部门，各县区市政府、教育行政部门都要树立和表彰课改先进单位和个人，努力形成政府主导、部门配合、市州承上启下，县区为主实施，学校组织实施，社会支持的良好工作格局和环境。

（七）各地要创新方式方法，建立完成任务的工作机制，为实现在重点和难点上取得实质性的突破提供组织保障。

1.要强化各市州政府的推动作用。要在2011年跟进调研的基础上，进一步瞄准课改重点、难点问题，抓住跟进调研督查和现场观摩活动的契机，发现比较典型的经验，加以介绍和推广，督促那些改革不到位的学校要积极推进课改。我们欢迎各市州积极承办现场观摩推进活动。

2.要充分发挥各级教育行政部门的职能作用。要积极推动区域现场观摩交流研讨活动，探索破解选修课程实施、学分管理、综合实践活动课程实施、综合素质评价等课改难题的方法。积极倡导同课异构、联片教研活动，创建高效课堂，培育名师。积极倡导网络研修，将教学和研究密切结合起来，将教师个人专业发展与教师群体的共同成长结合起来。

3.各级教研部门要在研究破解课改难题方面发挥主力军作用。集思广益，深入研究，拿出解决问题的方案。组织专家对建立现代学校制度进行专题研究，研制出在我省加强现代学校制度建设的具体方案。探索推动普通高中多样化、特色化建设的策略和措施，加强特色建设，促进多样发展。

4.要充分发挥各级课改办的统筹协调作用。要细化落实课程制度，依靠制度保障促进新课程实验有效推进。各市（州）、县（区）和学校都要按照省上的要求，完善和落实专题研讨交流制、课改联系人制、样本校工作制、重要工作通报制、跟进调研制和年度总结报告制等工作机制。

5.要层层加强督导检查工作。从2012年开始,各市州基教、课改、督导等部门或机构要联合开展县区、学校督导评估,切实落实《甘肃省普通高中新课程实验县级政府教育工作督导评估方案(试行)》《甘肃省普通高中新课程实验学校教育工作督导评估方案(试行)》,开展对县区、学校的高中课改专项督导评估,以评促建、以评促推、以评促进。天水市教育局2012年计划全面实施上述两个督导评估方案,这在全省带了个好头,只要我们有决心、用心思去抓课改,就不愁推进不深入。希望其它市州向天水学习,以此为抓手,把课改工作抓出实效、抓出特色。

第四讲

中小学心理健康教育的创新与探究

Zhongxiaoxue Xinli Jiankang Jiaoyu de Chuangxin yu Tanjiu

第一次讲座

时间:2010 年 1 月 7 日

地点:兰州友谊宾馆西八楼多功能厅

听讲范围:全省心理健康教育取得资格证教师培训班

第二次讲座

时间:2011 年 1 月 21 日

地点:河西学院

听讲范围:“国培计划”中小学心理健康教育骨干教师集中培训学员

尊敬的各位教师：

你们好！

你们长年累月坚持在教学第一线，默默地无偿奉献，为教育事业发展做出了重要贡献，我代表省教育厅谨向大家表示问候和敬意！

今年教育部对中小学教师“国培计划”第一次把中小学心理健康教育专兼职教师纳入培训范围，非常切合甘肃基础教育实际。因为，中小学心理健康教育是在我国全面实施素质教育，实施基础教育课程改革，把提高教育教学质量作为主题的历史背景下提出来的一项全新的教育内容，是教育现代化的重要标志，也是培养创新型人才的时代要求。2002 年教育部颁布了《中小学心理健康教育指导纲要》，对中小学心理健康教育提出了具体的指导思想和目标要求，这是当前指导我国中小学心理健康教育工作的纲领性文件。我省中小学心理健康教育起步比较晚，现结合对教育部《中小学心理健康教育指导纲要》的解读，就如何把握甘肃教育省情和面临的挑战，深刻理解心理健康教育的指导思想和目标要求，突出工作针对性和有效性，正确处理好十个方面的关系等问题向大家交流体会，供同志们在心理健康教育研究和教学实践中参考。

一、准确把握我省中小学心理健康教育的现状

（一）教育行政部门对心理健康教育重要性的认识逐渐形成共识。 国家从政策上对中小学心理健康教育给予前所未有的重视。1999 年《中共中央国务院关于深化教育改革全面推进素质教育的决定》明确指出："加强学生的心理健康教育，培养学生坚忍不拔的意志、艰苦奋斗的精神，增强青少年适应社会生活的能力。"随后，教育部下发了《关于加强中小学心理健康教育的若干意见》。2001 年 1 月，中共中央发布了《关于适应新形势，进一步加强和改进中小学德育工作的意见》，并指出"中小学都要加强心理健康教育，培养学生良好的心理品质"。在同年 6 月的《国务院关于基础教育改革与发展的决定》中，更明确地提出"加强中小学生的心理健康教育"。"5·12"地震发生后，教育部又相继下发了《关于地震灾区中小学开展心理辅导与心理健康教育的通知》和《地震灾区中小学开展心理辅导与心理健康教育实施意见》。省教育厅结合我省实际，及时制定并下发了我省的《实施意见》，对我省地震重灾区有效开展中小学心理健康教育进行安排和部署，为有效推进中小学心理健康教育工作提供了政策支持和制度保障。

（二）中小学学校、教师开始认识到中小学心理健康教育的重要性和必要性。 一部分学校探索开展了各种形式的心理健康教育活动，通过举办专题讲座、建立心理咨询室、开通心理热线、设立心理信箱等形式，加强了与中小学生的沟通和联系。个别学校还配备了心理健康教育专兼职教师，鼓励教师接受培训，积极掌握心理健康知识和理论，积极探索心理健康教育的途径和方法。同时，鼓励各学科教师通过学科渗透积极探索和实践心理健康教育在教学中的潜移默化。

（三）省教育厅把建设心理健康教育师资队伍提到了议事日程，加

大了心理健康教育专兼职教师的培训工作。近年来，省教育厅通过师范生教育、岗前培训、暑期研修等形式加强了对中小学心理健康教育教师的培训工作。省中小学心理健康教育指导中心于2007年、2008年、2009年、2010年分别在武威、兰州等地开展了多次心理健康教育教师培训研讨会，而且国内外知名专家、西北师范大学、兰州大学等高校心理学专家教授也深入陇南、甘南、庆阳等地，开展灾区学校心理健康教育教师培训工作，各市(州)、县(区)和学校也每年选派部分教师参加国家、其他省市的心理健康教育培训研讨会，支持心理健康教育专兼教师的专业化发展，有效提升了专兼职教师从事心理咨询(辅导)的水平。

但是，我们必须清醒地看到，当前中小学心理健康教育工作还面临许多困难，尤其是在我省，由于经济文化的相对落后，中小学心理健康教育起步较晚，发展相对缓慢，而新的时代育人要求和中小学生身心发展需要，对我们开展中小学心理健康教育提出了新的挑战。

1.人们对心理健康教育意识不强，思想认识差距较大。

2.各地心理健康教育基础较差，工作开展不平衡。

3.心理健康教育工作缺乏实效性和成功的经验。

4.师资力量薄弱，缺乏专职教师。

5.学生的心理现状不容乐观，对引发学生心理倾向、苗头、问题的多发性因素研究了解不够。

二、中小学心理健康教育的主要内容

教育部颁布的《中小学心理健康教育指导纲要》明确规定了中小学心理健康教育的主要内容。

(一)心理健康教育的主要内容包括：普及心理健康基本知识，树立心理健康意识，了解简单的心理调节方法，认识心理异常现象，以及初步掌握心理保健常识。其重点是学会学习、人际交往、升学择业以及生活和社会适应等方面的常识。

(二)实行分类指导。城镇中小学和农村中小学的心理健康教育,必须从不同地区的实际和学生身心发展特点出发,做到循序渐进,设置分阶段的具体教育内容。

(三)小学低年级主要包括:帮助学生适应新的环境、新的集体、新的学习生活与感受学习知识的乐趣;乐与老师、同学交往,在谦让友善的交往中体验友情。

(四)小学中、高年级主要包括:帮助学生在学习生活中品尝解决困难的快乐,调整学习心态,提高学习兴趣与自信心,正确对待自己的学习成绩,克服厌学心理,体验学习成功的乐趣,培养面临毕业升学的进取态度;培养集体意识,在班级活动中,善于与更多的同学交往,健全开朗、合群、乐学、自立的健康人格,培养自主自动参与活动的能力。

(五)初中年级主要包括:帮助学生适应中学的学习环境和学习要求,培养正确的学习观念,发展其学习能力,改善学习方法;把握升学选择的方向;了解自己,学会克服青春期的烦恼,逐步学会调节和控制自己的情绪,抑制自己的冲动行为;加强自我认识,客观地评价自己,积极与同学、老师和家长进行有效的沟通;逐步适应生活和社会的各种变化,培养对挫折的耐受能力。

(六) 高中年级主要包括: 帮助学生具有适应高中学习环境的能力,发展创造性思维,充分开发学习的潜能,在克服困难取得成绩的学习生活中获得情感体验;在了解自己的能力、特长、兴趣和社会就业条件的基础上,确立自己的职业志向,进行职业的选择和准备;正确认识自己的人际关系的状况,正确对待和异性伙伴的交往,建立对他人的积极情感反应和体验。提高承受挫折和应对挫折的能力,形成良好的意志品质。

三、关于开展中小学心理健康教育若干重点问题的思考

截至2010年底，全省共有11582所小学，在校生2370406人；1586所普通初中，在校生1384027人;452所普通高中，在校生646975人;17所特殊教育学校,在校生13350人。幼儿教育也是基础教育的重要组成部分,全省有2407所幼儿园,在园幼儿387338人。共计专任教师30万人。心理健康教育是提高中小学生心理素质的教育,是实施素质教育的重要内容,是促进学生身心全面和谐发展,改善中小学德育工作途径和方法，提高德育科学性和实效性的一条重要途径。我认为中小学学生心理健康与教师心理健康、甚至于学前教育阶段的幼儿心理健康都同等重要。

(一)心理健康教育基本功能的定性、定位问题。心理健康教育是一项新的必须完成的教育任务，心理健康教育应该与深入持久地开展"四育人",即教书育人、管理育人、服务育人、环境育人紧密结合起来，就确立目标任务—建立长效机制—构建教学模式—配备师资力量—建设课程资源—建设工作场所—研制评价考核办法—落实保障措施等基础性工作都需要进一步探索和创新。

1.广义的心理健康教育:帮助学生树立正确的世界观、人生观、价值观和理想信念,增强道德品质修养,提高为人处世能力。

(1)在开展心理健康教育过程中全面贯彻落实教育部下发的《中小学心理健康教育指导纲要》的精神。

(2)按照不同年龄段的学生学习和成长的需要分类,有针对性地对学生的思维施加影响。

(3)增加学生对阅读的兴趣,满足学生的情感需求,让学生更乐意走近心理健康教育。

(4)通过哲理故事的引导,让学生自觉自愿地领悟智慧,提高素养,反省自己,学会理性生活,在潜移默化中获得教育。

2.狭义的心理健康教育：在国家有关法律法规和行业条例中，明确规定了在中小学开展的13个学校专项教育内容之一，即国防教育、安全教育、禁毒教育、健康教育、民族团结教育、人口教育、法制教育、环保教育、礼仪教育、防艾滋病教育、心理健康教育、廉洁教育、影视教育等。这些专题教育，要求进学校、进课堂，入脑入心。它涵盖了学生生活的各个层面，有利于促进学生的健康成长，对增强学生明辨是非的能力、自我保护意识等都有着重要的意义。狭义的心理健康教育，是其中之一种专题教育。

（二）明确判断和评价标准的问题。首先必须由心理健康教师确认什么是学生心理健康的标准，什么是心理不健康的标准，把心理疾病与心理问题、心理健康教育与心理疾病治疗区别开来，真正找到心理健康教育工作的生命力所在。中小学心理健康教育是广大教育工作者，特别是中小学心理健康教育专兼职教师们共同的职责，要立足为教学服务、为育人服务的出发点，积极探索开展学生心理辅导与心理健康教育的有效途径和方法，为推进本学校、本地区乃至全省中小学心理健康教育深入开展建言献策。心理健康教育工作任重道远，我们必须面对新机遇、迎接新挑战，以“满足学生需要为工作第一标准，以促进学生发展为工作第一目标”，保护学生心灵深处的自信，找到学生心理上的盲点，愈合学生心灵上的伤口，多与学生沟通交流。注重工作中的点点滴滴，勤思考、多研究、出成果，破解影响和制约心理健康教育的瓶颈，促进青少年健康成长。

（三）增强全社会的心理健康意识，在思想观念上要营造有利于学生心理健康的内部和外部环境。对心理健康教育开展与否没必要进行讨论，要按指导纲要统一规范。现在我省连一般的要求都达不到，不能脱离实际，异想天开，把复杂问题简单化，想超越其他省可能性不大。基础教育课程改革必将重新影响和规范中小学教师的一系列观念和行为，重构课堂教学行为，要切实把新课程的要求落到实处。

如何发挥省中小学心理健康教育指导中心的指导、协调作用？如何处理好研究与实施、理想与现实、规划与结果的关系呢？这需要教育工作者静心学研，潜心育人，冷静办学。要认真研究制定心理教育发展规划，争取编制、项目资金，制定能力技术标准，建章立制，加强队伍建设，解决职称、待遇等。要循序渐进，点上试验，建立示范校，面上逐步推开。

（四）坚持以各种活动为载体，以情感养成为目的，为提高学习效果服务为目标。心理首先要保持健康。特别是思想观念要先行转变，应该作为教学反思的重要内容之一。我省中小学心理健康教育尚未全面开展，谈不上成果，也谈不上经验。一些国家有专门的机构和场所，在寒假和暑假按常规的课程计划开展疗养，以活动为主、娱乐为主。

（五）加强专业指导，逐步建立健全心理健康教育工作机制。各项政策已经非常明确，关键是进一步落实教育行政部门和学校责任，切实加强管理。各级教研部门要深入调查研究，协助学校制订详细的、切实可行的青少年心理健康教育工作实施计划。省心理健康教育指导中心、省教科所要协调有关部门做好调研工作，组织专家，整合资源，逐步完善心理健康教育工作机制。

（六）创新心理健康教育模式，多渠道多形式开展心理健康教育。积极开展团体心理辅导，有组织、有计划地由专、兼职心理健康教师开设心理活动课和心理讲座，班主任利用班会课时间开设心理活动课。充分发挥与心理健康教育紧密相关的德育课程的作用，在品德与生活课、品德与社会课、思想品德课和思想政治课及团队活动中渗透心理健康教育。充分发挥学生及学生集体的自我教育作用，由学生组成心理信息员队伍，接受专门的心理培训。要加强校园文化建设，创建和谐、文明校园，营造心理健康教育的良好环境，将心理健康教育渗透学校教育全过程。

(七)因地制宜,构建学生活动的场所和平台。在全省四大教育区域不改变的情况下,按照不同区域制定规划,比如中小学建立心理辅导室,高中建立咨询室,初中既可以建咨询室,也可以建心理辅导室。要强化区域教育合作,开展校际间的横向联系,优势互补,共享心理健康教育的优势资源。积极开展心理健康的课题研究工作,依托科研力量,立足本校,广泛进行心理健康的应用性课题研究,以解决心理健康教育过程中出现的新情况、新难题。

(八)积极寻找结合点和切入点,重视心理健康教育资源建设,促进心理健康教育步入健康发展的轨道。学校教育本来就离不开教育心理学,认知规律就是心理学的范畴,心理健康因素包含在一切教育之中,体现在学生的需求之中和教师的施教之中。心理健康教育并不是万能钥匙,国家也没有规定以教科书的形式进入课堂,而是以服务于学生的学习、让学生保持健康的心理为目标,通过以各种课外活动为载体,对学生提供引导、辅导、咨询服务。解开学生心中的困惑,引导学生沿着正确的心路健康成长;帮助学生度过青春期,解答学生遇到的特殊问题和困惑,辅导学生应对挫折的方法,消除学生青春期的难题和烦恼。

(九)在开展心理健康教育的过程中,必须处理好十大关系。

1.处理好心理健康教育与心理疾病医治之间的关系。把视角放在健康上,举"健康第一"的旗帜,而不是心理学科在教学中的传授,做到"量力而行、尽力而为,循序渐进、求真务实,理论与实践相结合、宏观与微观相结合"。

2.处理好中小学生心理健康教育与教师心理健康之间的关系。没有教师队伍的心理健康就不可能有学生的心理健康。

3.处理好心理咨询师资格证与教师资格证之间的关系。对中小学心理健康教育专业教师必须实行资格准入制度,暂无专业心理教师的学校要指定专人兼职心理教师。

4.处理好学校教育与家庭教育的关系。心理健康教育的教师必须学习家庭教育学,全面了解家庭对孩子情感上的各种影响,还要努力举办家长学校,给家长传授科学的育人知识,实现中小学生心理健康从家庭抓起。

5.处理好心理健康教育与学校常规教育的关系。要防止一种倾向,不能否定学校教育的性质,不能误导学生对教育产生怀疑,不能无限扩大心理健康教育的功能或与其他教育相对立。

6.处理好心理健康教育与学校德育之间的关系。在培养"四有"公民、培养创新型人才的同时,应该教育学生树立"三心",即:对于父母、祖国和人民具有感激之心;对老师、对历史传统文化具有敬畏之心;对贫穷的弱势群体具有恻隐之心,富有同情心。

7.处理好教师主动辅导与学生主动咨询的关系。不能把共性的一般现象、个别的心理疾病都归纳到心理健康教育的范畴,要适度把握和寻找切入点,既不能把简单问题复杂化,也不能把复杂问题简单化。

8.处理好心理咨询(辅导)教师与其他教师之间的关系。中小学心理健康教育必须围绕《指导纲要》,落实《指导纲要》,不能违背《指导纲要》,对学校教育的作用和影响,应该是与其他学科教育之间的水乳交融,而不是牵强捏合。

9.处理好面向全体学生与个别服务之间的关系。作为教育工作者对教育一定要有信仰,在苦学、博学、巧学的基础上,坚持苦干、实干、巧干,做到有能力发现、有勇气触动、有恒心研究、有决心解决问题和矛盾。

10.处理好"授人以鱼"与"授人以渔"之间的关系。每个人都各有所长、各有所短,要始终尊重每个学生的人格和尊严,有的时候学生自己解决问题效果最佳。

四、对 5 个影响中小学生心理健康的典型课题调研案例的简介

个案之一:预防青少年犯罪与中小学心理健康教育的关系的调查报告

2009 年 10 月，我省白银市第一中学学生高进等针对预防青少年犯罪与中小学心理健康教育的关系问题进行了调查，对青少年犯罪的原因进行了深入的分析,得出来一些值得反思的结论。

“青少年犯罪,是当今世界性的一大严重社会问题。犯罪是各个国家各个历史时期都普遍存在的社会现象,是社会的一面特殊镜子,能从反面反映某一社会人们的文化、道德素养以及精神面貌,暴露社会某些方面的弊病与问题。可以说,青少年的文化素养、道德水平状况,不仅是一个国家文明程度的重要标志,而且对于某一国家、社会乃至世界的前途与未来都有着极其重要的影响。如何保护青少年健康成长,预防和减少青少年犯罪,是我们所要面临的大事。”

根据高进同学掌握的资料:近几年来,青少年犯罪不仅人数不断增多,而且涉及的范围比较广泛。在全部犯罪人员中,青少年犯罪的比例最高。暴力事件的不断发生,对社会稳定造成危害,给我们的家庭教育现状敲响了警钟。青少年犯罪以无业人员及城市周边地区人员居多,父母离异、畸形家庭子女犯罪的多,结伙犯罪的多,二人以上共同犯罪的多,侵犯财产安全的多,不计后果、追求哥们义气的多等等。

个案之二:关于校园硬、软暴力与学生心理健康的关系的调查报告

2009 年 12 月,我省白银市一中高中学生张艺曼,在刘莉教师的指导下，针对校园硬暴力和软暴力对中学生心理健康影响问题进行了调查。他在调查报告中说:“所谓的‘校园暴力’是近年来在教育界提出的一个新概念,主要是指发生在校园内外,施加于学校成员的能导

致身体和心理伤害的行为。它包括学生与学生之间，教师与学生之间，教师与教师之间以及学生与校外人员之间的暴力行为。硬暴力：打架斗殴等对肢体伤害行为；软暴力：语言、表情、造谣、背后议论，别人的特别是教师对学生的语气、眼神等。

个案之三：关于网络文化对青少年心理健康的负面影响的调研报告

2009年10月，我省某高中学生祁大可等三位同学组成课题研究小组，针对兰州、武威等地区中学网络文化对青少年心理健康的影响情况进行了调研，反映了网络文化对青少年心理健康的影响。

互联网是一个信息高度集中的地力，它把现代科学技术与各种信息资源有机地结合起来，让人们在第一时间感受到最新技术与成果给我们带来的双重享受。互联网的灵魂在于交互，沟通无限是网络的本质。网络自身的虚拟性给了我们足够的想象和发展空间，网络作为信息交流的工具，为人们提供了一个全新的展示才华的舞台。它不仅是一个计算机网络，更重要的，它是一个庞大的、实用的、可享受的信息源，可以与别人建立联系并互相索取信息；可以在网上发布公告，可以参加各种专题小组讨论；可以免费享用大量的信息源和软件资源。在高中生的生活中最为广见，像可以从网上以最快的速度查到自己想得到的信息。网络是时代的一种新型产物，它体现出了自身独特的优势，如及时性、交互性、便捷性等。

网络中也存在相当多的不健康内容，这些内容对于没有足够免疫力的广大青少年来说，是极具传染性的。现在我们已不必担心缺乏信息，却要担心如何消化那些蜂拥而来的大量信息以及如何剔除那些不良信息。信息泛滥和污染的结果，使广大青少年无力判断真伪，无力鉴别良莠，那些错误、庸俗、虚假的信息对于辨别力不高，人生观、价值观正在形成或尚未形成的青少年的影响是相当大的，同时也给社会工作者提出了新的课题。

个案之四:关于课余生活对中小学生心理健康影响的调查报告

2009年10月,我省武威一中高中刘国强、常永飞两位学生,在李经红、许多瑜教师的指导下,对学生课外活动内容、对学生课外兴趣最大的活动、学生对课余活动时间与课外用于学习的时间的关系等三个方面的情况以及课余生活对中小学生心理健康的影响情况进行了调查。

高中生活对一部分学生来说是丰富多彩的,但对另外一部分学生来说也是单调乏味的。作为一名中小城市的高中生,除了学习,他们又在做些什么呢?为了了解同学们在课余都做些什么,喜欢些什么,我们的高中学生有着怎样的价值取向,是什么让他们的高中生活丰富多彩,又是什么让他们的生活单调乏味,同时,也为了帮助同学们更合理地安排时间,做到劳逸结合,能够全面发展,成为新世纪的素质全面的人才,开展了这次题为"武威一中学生的课余生活"研究性调查。

个案之五:对临洮城乡迷信活动对学生心理健康的影响的调查

2009年10月,我省定西市临洮县第一实验小学六年级学生郭雪妍,在赵忠教师的指导下,针对城乡相信迷信活动对学生心理健康的影响情况进行了调查。

城乡部分人相信迷信活动举例:一是殡葬祭奠时大搞迷信活动。家里死了人,必须请来所谓的道士、乐队、戏班做道场,超度亡灵。到了五七祭时要大做道场,家里在周围百米内挂满彩纸,高搭帐篷,篷内设祭台、搭灵棚,放置纸扎的祭品,如"洋房""轿车""彩电""牛马",甚至在"洋房"里还配上了"保安""美女俊男",邀来亲戚朋友送钱送礼。道场小做两天两夜,大做五天五夜,白天晚上吹吹打打、唱唱跳跳、燃放鞭炮、焚烧冥币、大办酒席。死人出殡时,为亡人开光送路,燃放鞭炮,吹奏音乐,抛撒纸钱,焚烧冥币、花圈等。二是家有死人又要做所谓阴寿。三是活人做阳寿又要大做道场。

第五讲

新时期教育科研、教研工作机制创新探究

Xinshiqi Jiaoyu Keyan Jiaoyan Gongzuo Jizhi Chuangxin Tanjiu

时间:2010 年 11 月 16 日

地点:兰州长城宾馆多功能厅

听讲范围:全省教研室主任新课程专业支持能力建设高级研修班

第一部分

对新形势下甘肃教研工作的总体分析与思考

面对新形势下教育科学研究工作的机遇与挑战，如何积极稳妥地试行机制创新，激发科研活力，提振科研精神，使课题研究与科研能力建设达到有机的结合；如何选择一些事关全局和长远的重点研究课题，寻找新的着力点，力求有所突破；如何使教育科研工作有新的变化和起色，在建设西部教育强省的过程中、在全省教育改革发展的格局中，发挥更大的科研引领和教研支撑的作用，是我一直在思考的重大问题，也是全省教科研系统亟待研究和解决的重点课题。

教育科研工作的重要地位和作用是不言而喻的，我省教育科研曾经有过比较辉煌的时期，主要标志是以承担和开展国际合作课题与项目为特色，以承担国家和省上重大课题为优势，紧紧围绕教育教学改革这个中心，以国家教育科研机构和各省区教研机构协作为载体，在全国有一定的知名度和影响力，取得了丰硕的教育科研成果，在全省有一定的话语权和参与权，为各级政府和教育行政部门提供了大量的决策依据和可行性建议，体现了发挥优势、教科研引领、有所作为才有地位的特点。最近几年，情况发生了一些变化，甘肃教育科研工作在全国和全省缺乏影响力，特别是近几年，在全国、全省引起广泛影响的科研成果不多，普遍存在研究层次不够深入，研究领域单一，专业素质不高，研究质量欠佳，研究精神松散，经费投入不足等问题。同时，还有体制机制不够健全和完善，承担国家研究课题过少等比较突出的问题。

当前，我省教育科研工作的着眼点和重点应放在教育科学发展能力建设、义务教育均衡发展、教育事业可持续发展能力建设、建设西部教育强省、如何解决“上好学”、建立和完善学生学业质量监测评价体系、推进县域教育率先基本实现现代化、区域教育城乡一体化发展(如何体现“教育移民”的政策导向)和促进教育起点、过程、结果、公平等重大问题的研究上，下大工夫，做大文章。因此，需要注入新的生机与活力，需要一种能够深层激发责任感、使命感、危机感的压力和动力。这就要求我们在思想上要有强烈的危机意识，要有责任感和紧迫感，要深刻认识当前全国、全省基础教育事业发展的新形势和新任务，把握基础教育发展的阶段性特征，为全面实施《教育中长期发展规划纲要》，建设西部教育强省、人力资源强省提供理论和政策依据，促进全省基础教育可持续发展。在继续做好教学研究和指导的同时，还要进一步加强教科研工作的统筹和区域教育发展研究，努力开创甘肃教科研工作的新局面。

针对甘肃教育科研工作存在的主要问题，结合研究编制“十二五”教育发展规划的实际状况，在承前启后、继往开来的基础上，我先后在不同场合对甘肃教育科研工作的创新问题提出过一系列的想法和思路，但是，响应者寥寥无几，收效甚微，现再次重申和复述如下。

一、反思两个问题，讲求科学性

教育如何科学发展，以更加适应地方经济社会发展的需求，我认为应该重点反思2009年温家宝和钱学森先后对教育事业发展形势和人才培养模式提出的两个重大问题。

（一）温家宝总理指出的“两个不适应”的问题。即：“我们的教育还不适应经济社会发展的要求，不适应国家对人才培养的要求。社会上还有那么多人对教育有许多担心和意见。”

（二）钱学森对“我国为什么培养不出创新型人才”的质问。我们一定要结合甘肃教育改革和发展的实际情况进行深刻反思和研究，深层次地总结教育发展成功的经验，实事求是地寻找差距，系统研究人才培养模式方面存在的问题、症结和原因所在，并得出相应的结论。

二、总结两个成绩，把握系统性

（一）系统梳理和总结“十一五”期间全省教育事业发展的成绩。要重点研究发挥五年规划作用的情况，彻底克服规划不如变化、规划与年度工作安排相脱节、总结工作时把规划当做工作实现的成果等现象。对不可预测的因素，如国家投资政策的变化、超越五年规划的现象，应该引起高度关注，我们应该非常清晰地梳理“完成了多少指标”、“没有完成多少指标”、“新增加了多少建设项目”等三个方面的真实情况。

（二）系统梳理和总结“十一五”期间全省教育科研所发挥的作用和所取得的成绩。

三、分析两个问题，力求深刻性

（一）全面深入地分析全省基础教育事业发展中存在的困难，深刻查找教育事业发展中出现的新情况、新问题。为各级政府和教育行政部门确定新的发展时期的主攻方向和重点目标任务提供可行性建议。

(二)全面深入地分析全省教育科学研究中存在的困难和历史遗留问题。深刻查找教育科研出现的新情况、新问题,特别是科研面临的困难和问题、其主观和客观方面的根源,准确把握加快发展,缩小差距的切入点和突破口。

四、研制两个规划,体现前瞻性

(一)认真研究"十二五"期间全省教育事业发展的大方向、总目标。重点是研制2020年之前基础教育领域改革与发展的中期和长期规划。

(二)认真研究制订"十二五"期间全省教育科学研究的大方向、总目标和重点研究领域。核心是解决与国家教育科研机构的衔接问题,充分利用兄弟省、市、区教育科研机构的资源优势,统筹规划全省教育科研、教研系统的合作联动,整合资源,团结协作,发挥专家团队的作用,形成引领、指导、服务甘肃基础教育快速发展的合力。

五、加强基础教育课程改革的跟踪研究

(一)要弥补义务教育课程改革的"三个工作欠账"。

1.义务教育阶段课程改革教师培训不到位,教师的适应能力尚未达到新课程的要求和水平,必须采取补救措施。

2. 义务教育阶段尚未建立真正意义上的学生成长档案和学业质量评价机制,学生成长记录档案成了应付检查的摆设,搞了形式,走了过场,必须采取补救措施。

3.义务教育阶段课程改革工作出现的政府经费投入严重不足。由于各级政府缺乏推动全省素质教育的针对性手段和措施,在义务教育阶段教实行免费政策的前提下,各级政府对课程改革缺少必要的经费保障,导致了地方课程难以进入学校课堂,学校课程开发普遍滞

后,地方课程和学校课程的规定课时被其他课程占用,难以建立和形成地方课程和学校课程两个体系,造成了学生个性与特长发展和学校特色的缺失。应该把明确政府、教育行政部门、学校在改善办学条件方面的职责和权限,作为实施新课改的前提条件,重点解决学校实验室和综合实践活动基地不足以及为音乐、美术、英语、体育专业配齐专业教师等问题。

(二)加强普通高中教育优质资源建设,为新课程实验工作提供帮助和指导。

我省的普通高中学校骨干教师前几年流失严重,近几年出现退休高峰期,现有骨干教师流向不合理,出现了青黄不接的现象。普通高中新课程实验工作、中考制度改革、会考制度改革和高考制度改革的任务非常艰巨,高考决定普通高中课程改革的成败,有许多新问题需要我们去研究和解决。对课程改革的顶层制度设计要依靠全国高层次课程专家,高起点领会和把握课程改革的目标,加强对课程改革过程的统筹,以科研引领课程改革的全过程。通过课程改革,培养一批自己的专家队伍。

六、加强教科研能力建设

为了适应教育事业发展的新形势、新任务,使教育科研站在一个新的起点上,站在教育理论和实践探索的最前沿,在教育事业发展中发挥不可替代、不可或缺的重要作用,核心任务是由传统的教育理念向现代教育理念转变,由传统的研究方法向现代科学的研究方法转变。我们可以总结推广兰州市提出的"教育科研工作要加强对教育改革发展中的热点、难点和重点问题的研究,特别是加强区域教育发展、教育管理、评价体系等方面的研究,努力实现'三个转变',即由单纯的教学研究向教研、科研并举转变,由单纯的为教学服务向为教学和教育决策并重转变,由'学校请我做'向'我指导学校做'转变的思路”,处理好从学习者的角度研究问题与从教育者的角度研究问题之间的关系。要与时俱进,充分运用现代社会科学研究手段。建议组织、筹备、召开甘肃教育科研创新机制工作会议或者研讨会,邀请国家和发达省份教育科研知名专家来指导,以帮助我们统一思想,提高认识,振奋精神,开拓创新,明确提出新时期科研工作的奋斗目标,量化单位和个人近期和年度重点科研任务。在此基础上,应该采取和落实以下创新措施。

(一)完成观念更新转变,重新定位目标,确立立足于为学校、教师、学生发展服务的教育科研理念。制定实施《甘肃省教育科学研究工作规程》,重新确定教育科研机构的职能、责任、权限、功能,以及科研成果转化的量化标准。要把教育科研工作上升到各级政府和教育行政部门的决策和管理层面,争取加大各级政府和教育行政部门对教育科研工作的重视和支持力度。研究起草省政府《关于进一步加强教育科研工作的意见》,从体制机制改革、增加人员编制、建立经费保障长效机制等方面制定新的政策和措施。

(二)理顺内部学科研究机构设置。研究机构要构建与各学科建设、各级各类教育改革与发展、与各项服务工作相对接、相协调的运行机制,以符合和满足学校和教师的需要。

(三)率先进行人事制度改革。实行全员聘任、全员竞争上岗的制度,分流缺乏研究能力的富余人员。

(四)理顺和规范全系统的机构设置。分层次规范统一全省教育科研机构的名称,争取机构升格,在市州一级实现独立法人、独立财务会计的副县级事业单位建制,培育各市州教科研机构的特长和优势学科。继续办好各市州创办的教育工作研究刊物,适时召开刊物交流研讨活动。建立省教科所与各市州教育科研机构的联动机制,发挥整体优势,发掘、提升以“质量立校”为主题的办学模式、教学模式,创建特色学校,总结和培育具有甘肃特色的名校、名师、名学科和名校长群体，重视教育科研基地和名师工作室建设。重视教育科研成果的转化工作，大力加强成功办学经验的推广工作，努力强化甘肃教育品牌的集约效应。

（五）坚持“请进来”与“走出去”相结合。定期到中外教育发达地区进行考察学习，交流经验，提高自身的研究能力，扩大甘肃教育的影响力。

（六）引入和建立教育科研课题和项目的广泛的竞争机制。凡重大教育科研课题应该向全国公开、开放，借助外力弥补自己的不足，促进甘肃教育事业快速健康发展。

（七）建立健全教育科研目标责任、保障措施、奖罚制度。实施科研能力建设工程，提升科研实力；建立目标、保障、成果、转化一体化的责任机制；对重大研究成果实行重奖。

（八）建立科研成果量化指标。省教育厅每年选择下达10项重大教育科研课题和项目。省教科所每年必须承担2项以上国家级重点课题任务，每年在国家级教育核心刊物上发表5～10篇科研、学术论文。

七、进一步拓展研究领域

（一）拓宽职业教育发展课题的研究领域。按照省人民政府郝远副省长的要求，省教科所从现在开始要建立职业教育研究机构，配备专门人员，承担政策制定、调查研究职业教育发展、学科建设、专业设计等方面的工作任务。

（二）拓宽在中小学如何开展国家法规明文规定的专项教育的课题研究。为促进学生的全面发展，加深对社会、生活的了解和自我认识，促进对多元文化的认同，增强法制意识和法制观念等，国家有关部委近年来分别下发文件要求，在中小学普遍开展国防教育、安全教育、禁毒教育、健康教育、民族团结教育、人口教育、法制教育、环保教育、防艾滋病教育、心理健康教育、廉洁教育、影视教育、粮食安全教育、循环经济教育等14项专题性教育，并提出了进课堂，入脑、入心等要求，这些专题教育涵盖了学生生活的各个层面，对于学生的健康成长，增强学生明辨是非的能力和自我保护意识等都有重要的意义。但是，由于涉及的层面很多，在组织落实上还存在一定的困难，学校开展专项教育的情况很不平衡。所以，全省教育科研机构应组织和带领一线教师和相关专门人员，积极开展专项教育的课题研究，不断总结经验，全面推进各项专项教育制度化、经常化。

(三)着手开展中小学标准化建设问题的研究。要结合甘肃实际进一步规范义务教育阶段学校的办学行为，通过调查研究，制订和出台教育部相关文件的贯彻意见、甘肃中小学标准和落实措施。

八、加快完成"建设西部教育强省"课题的研究，回答"五个模糊"问题

蔡元培对"学术"一词作过精辟的解释："学与术可分为二个名词，学为学理(纯粹的科学与哲学，就是学)，术为应用(非但研求学理，并且讲求实用，是术)。学必借术为应用，术必以学为基本，两者并进始可。"

(一)研究制订甘肃省建设西部教育强省的指标体系。

(二)明确回答学校教育在各个学段应完成什么样的教育内容、了解哪些一般性的基本知识和技能、学生必须系统地学深学透哪些方面的知识，提出对每个学生的成人成才最有价值而且终身受益的东西等问题，应研究建立考核学生学业质量的量化考试、检测标准。

(三)明确回答教师的专业标准，每门学科的教师教到什么程度，教师具备怎样的专业标准；回答如何体现以学生为主，面向全体学生，满足每一个学生个性、潜能发展的需求等问题。

(四)明确回答基础教育课程改革以后，学生的负担是重了还是轻了的问题，课程设置的深浅要明确上线与底线，确定学生学业任务的

科学标准,寻找影响学生学业质量的重点因素等问题。

(五)明确回答国家、地方、学校三级课程在教学中如何形成各自的优势和体系,学校课程在促进学生提高动脑、动手能力等方面如何发挥补充、启发的作用等问题。

(六)为政府提供评价教育工作的第二项考核指标。由于甘肃现有一部分中小学的办学硬件条件和软件条件普遍达不到教育部实施新课程的标准,使教育部《基础教育课程改革纲要(试行)》和《新课程标准(实验)》规定的一些必须开设的课程,无法开齐、开足、开好。这就要求除了升学率指标之外,还应该将推进区域内义务教育均衡发展、推进标准化学校建设、推动基础教育内涵发展、处理扩大教育规模与全面提高教育质量的关系等指标作为考核各级政府年度教育工作的刚性指标。与此同时,还需要回答和界定教育系统的有限责任问题、对基础教育领域存在的问题进行逻辑排序, 搞清楚哪些是甘肃自身能解决的个性问题,哪些是通过教育部才能解决的共性问题;哪些是需要各级政府解决的问题,哪些是教育行政部门能解决的问题等。

九、加强教育科研系统的自身建设

教育科学研究系统要找准立足的位置,提高研究的层次,提升研究成果的档次。

(一)要树立甘肃科研精神——注重提升精气神,教育科研工作者都应该加强学习,刻苦钻研学问,努力使自己成为学科带头人,形成优势和合力,发挥团队作用。

(二)端正工作态度——养成良好的心态,心往一处想,劲往一处使,加强纵向交流和横向联合。

(三)做到适度超前——把握基础教育的阶段性特征,增强研究问题的敏锐性和时效性。

(四)树立自主研究的权威性——要注重自主研究,扩大自主权。

（五）紧密同行——要克服被动完成任务的现状，力求与决策实现良性互动，研究课题要注重连续性和良性循环。

（六）有为才能有位——切实提高中小学课题研究水平和质量，既要注重研究教学层面的问题，强化专业指导，创新探索教学质量和学业质量的评价模式和机制，也要参与研究决策层面的问题，增强说服力、影响力，力求有独到的见解。

（七）争创优秀团队——要重视培养教科研骨干人才，为优秀人才快速成长创造条件，为他们脱颖而出创造环境，逐步建立老中青各具优势的人才梯队。

总之，要发扬“不吃老本，要立新功”的不断进取的精神，切不可坐而论道，要立即行动起来，逐项研究破解，按照“一年有一个新的变化，五年有一个大的变化”的目标，努力开创甘肃教育科研工作发展的新局面。

第二部分
对拓宽甘肃教育研究领域的再思考

省委十一届十次全委会明确提出了“十二五”期间全省经济社会“跨越式”发展的总体目标，全省教育工作会议提出了建设教育强省的目标。现在，我们面临的是教育强省要强什么、怎么强？跨越式发展要跨越什么、怎么跨越？先跨越什么、后跨越什么？适度超前与跨越式发展的关系又是什么？教育要实现跨越发展，必须紧扣基础教育发展的新形势、新任务和人民群众对教育的迫切需求这个主题，在基础教育突破重点、难点和制约发展的瓶颈问题等关键环节上下工夫、求突破，以带动工作的全面推进和跨越式发展。

第一个研究领域：教研机构如何承担基础教育课程改革业务指导的责任

（一）教研部门对基础教育课改工作理解不清晰，工作不到位。衡量教研工作的标准是什么？标准就是在教育教学过程中有针对性地有效解决了哪些存在的问题，这也是教研工作存在的价值。有些教研部门对基础教育课改工作的理解不清晰，不懂得高中新课程实验是政府行为。由于学校教研工作不到位，直接导致了教师的观念转变跟不上新课程、新理念的需要。各级教研部门的核心任务就是课程改革要围绕中心，服务大局。中心即省级决策和制度重建，围绕具有指导性、纲要性的36个省级规范文件，提高自身的政策指导性。大局即课堂教学，一定要深入课堂进行教研，在课堂中改革创新，通过教研促进课堂教学的科学、创新、有效，使教师更好地符合和适应普通高中新课程实验工作的各项要求。

（二）传统的教师培训方法有些已经不适应新的形势。我们以前已经进行了大量的培训，但是效果有限；传统的培训方法很难做到转变观念，要从每个教师自身的思想观念上寻找原因，实施“问题培训法”，相互发现问题，只限理论是不行的。教研人员要学会“问题教研法”，要有责任感，要有公心，要在研究中突出解决普遍存在的问题，要指出具体的解决方法，避免出现“教研论文产量高，教育质量提不高”的局面。实施新课程以后在教师队伍里出现了一个新的情况，即原来的好教师、骨干教师在实施新课程的过程中普遍感到压力大，不适应，需要学习；而原来教学水平就比较薄弱的教师反而还没有感到大的压力和变化；介于两者之间的教师认识不到有什么明显的变化。教研部门要针对这个新情况想办法，帮助提高优秀教师、组织发动落后的教师，共同带动处于中间状态的教师。

过去我们组织了很多次培训，也请来了很多知名度比较高的专家，主要目的就是转变和更新教师队伍的思想观念。基础教育课程改革就是要清除旧观念，树立新观念，打个比方，就是“一桶水定律”，陈旧的必须倒出来，新鲜的才能装进去。新课程实验就是要接受新鲜的观念，摒弃旧的观念。如果在“旧观念之下实施新课程”，其结果必然是新课改的收效甚微。我们的目标是要寻求一条适合甘肃基础教育持续发展、适合甘肃课改的路子，各级教研部门在基础教育课程改革中既要有压力，又要有危机感。不能做没有针对性的无用功，不能做空泛的论文报告，要以解决具体问题为己任。

第二个研究领域：抓住和用好国家教育进入新的发展时期的历史机遇，为甘肃“十二五”期间基础教育发展实现八个突破出谋划策

（一）在学前教育阶段，在解决入园难问题上实现新的突破。认真落实省政府提出的学前教育有利于利用小学闲置校舍、富余师资办园，有利于乡镇、街道统筹分级办园，有利于社会力量积极参与办园，有利于幼儿平安方便就近入园等“四个有利于”的原则，加快学前教育跨越式发展，努力解决“入园难”的问题。实施农村幼儿园建设工程，建立健全规范管理制度、经费保障长效机制和各级政府考核指标体系，建立学前教育联席会议制度。积极探索少数民族游牧分散居住地区学前教育的办园新模式。

（二）在全面实施素质教育上实现新的突破。在教育理念上要有新突破，确立素质教育的主导地位，加强各级政府的推动作用，采取分类分区域推进、示范带动等办法，加快建设西部教育强省步伐。

（三）在着力推进义务教育区域均衡发展上实现新的突破。推进城乡之间、区域之间和区域之内义务教育的均衡发展，着力推进网络远程教育，缩小与内地的差距，努力促进教育公平，实现“上好学”的目标，推进民族地区教育跨越式发展。

(四)在调整优化教育布局结构上实现新的突破。继续省政府提出的"高中向城市集中、初中向城镇集中、小学向乡镇集中、教学点向行政村集中"的政策导向,处理好扩大中小学规模与提高教育质量的关系,高度重视提高残疾儿童入学率,扩大特教学校规模。抓好项目工程建设,不断提高办学效益。

(五)在不断提高教育教学质量上实现新的突破。强化师资队伍的培养和培训,加强学校体育,增强学生体质,重点加强音乐、美术等教学,加强英语标准化教学,全面提升教师队伍专业水平。

(六)在深化基础教育课程改革上实现新的突破。实施分区域推进策略,严格规范办学行为,加强学校精细化管理,大胆探索创新办学模式,坚持走进课堂,强化跟踪调研和学校教研工作,增强针对性和实效性,大力促进地方课程和学校课程体系建设。

(七)在建立健全基础教育考核评价体系上实现新的突破。将入学率、巩固率、升学率的政府考核旧的指标调整为重点考核学校标准化建设、办学水平和教育质量的提高等新的指标。

(八)在学校粗放式管理向精细化管理转变方面实现新的突破。应该注重教学细节、注重教育过程、注重教育实效。学生的天赋、爱好、个性等存在差异是正常的,但不能因为学校之间的巨大差距而造成不同学校学生之间的差异。学生苦不苦、苦在哪里?睡眠足不足、何故不足?这些问题都值得反思,需要突破。

第三个研究领域:勇于正视和纠正自身的问题,竭力推进教育科研工作实现四个强化

(一)创新思路,明确目标。教育科研队伍,体现在指导全省教育大局和实施科学决策方面的权威地位和作用,体现在学校教育和教师队伍教学方面具有指导性、服务能力,体现在教研系统的精神、观念、队伍、作风等方面有较强的凝聚力,体现在全国教育科研领域,则是

有地位、有特色、有优势、有影响力。因此,一定要找准切入点,瞄准突破口,确定新支点,学习借鉴各省区成功的经验和做法,努力争取在全国有位,在西部领先,各项工作上新的台阶。

(二)振奋精神,树立信心。教育工作必须要充满激情,保持良好的精神状态,树立干事创业的决心和信心。要有强烈的改革发展意识,要有强烈的责任感和紧迫感,要有积极主动的工作作风。教研员必须对师生有深厚的感情和爱心,对工作有浓厚的兴趣。要端正学术行为,聚集一切有利于教育发展的力量,在教育教学研究中施展才华,实现自己的人生价值。

(三)内强个人素质,外树整体形象。认真学习和掌握国家和省上的法律规定和政策要求,认真分析查找甘肃基础教育与全国平均水平存在差距的原因,注重工作的结果和成效,总结经验教训,表彰奖励先进,批评督促落后,使重点更加突出,发展举措更加有力,发展效果更加明显。

(四)增强问题意识,实施标本兼治。教育科研和教研工作也要杜绝"形象工程",减少各种有名无实的论坛、研讨等活动,提高学术活动质量。要把注意力集中在定期走进课堂听课、评课上,始终与广大教师队伍打成一片。这一条应该成为对教研员最重要的而且是不可或缺的条件和要求。

第四个研究领域:注意发现和培育教育教研骨干人才,建设一支高素质的专业队伍和学科团队

(一)整合和利用全省各高校的人才资源,为基础教育提供智力支持。

(二)整合各市州、各县区教研部门的人才资源,形成并发挥整体合力、团队作用。

(三)整合全省中小学各学科骨干人才资源。充分调动广大教师的

创新能力,为骨干教师的专业发展和脱颖而出营造环境,创造条件,提供保障。

(四)整合甘肃籍高层次教育专家资源。建立甘肃籍教育专家资源库,为他们关心、支持家乡教育事业发展的献计献策提供必要的平台。

(五)依靠和利用全国各学科的人才资源。积极主动地争取教育部相关单位的支持,努力赢得各级各类教育专家的支持。

(六)充分利用甘肃教育学会等专业组织的作用。要充分利用甘肃教育学会各专业委员会的作用,建立定期交流、研讨制度,为中小学课程改革、课堂教学、教师培训、学科建设、开展教研提供平台和专业指导。

第五个研究领域:注重思维能力和思路方法的创新,切实增强教育研究的"问题意识"

在教育研究中存在大量的低水平的重复研究,这是一个不可否认的事实。这类研究不仅无助于学术水平的提高,而且浪费了大量的人力、财力、时间和精力。这虽然与现行教育科研体制有关,但主要与教研人员能否严格遵守学术规范或研究过程有着密切关系。如何防止低水平重复研究是提高教育研究质量和水平的关键问题,一些社会学领域专家的"问题意识"的观点对教育课题研究很有启发意义。

教育也是社会学的一部分,所谓"问题意识"就是人们在考虑任何问题时都要把这些问题放在一定的历史、社会背景之下,分析无数个人是怎样主动参与,"共谋"这样的行为规范,并采用"适当"的理论解释或诠释人们的行为或观念,这与"理论意识"密切相关,即在一定的理论概念下思考和分析特殊的教育现象。我们应该区分"个人困扰"与"公众问题",注重研究解决"公众问题"。

(一)界定"真问题"应该具备的条件。一是指在现有的"知识库存"

中还无法找到的“史无前例”的“填补空白”的开创性问题。二是指采用不同理论对一个已经经过大量研究的问题给予新的诠释，或者采用新的方法对一个旧的问题进行再研究。三是“问题”还表现为随着教育的发展,已经做过的研究发生了新的变化,或者原来的理论已经不能有效地解释已经发生变化的教育问题、教育现象。四是在教育学科中解决问题的方法以及问题本身也是一个问题。

(二)选择“问题”评价的标准。一项研究课题水平高低的评价标准往往是该课题是否涉及重大的教育理论和教育现实问题。但是不能就此认为选择宏观问题的水平就高,研究微观问题的水平就低。实际上一项研究课题所反映的研究水平的高低，是要看这种选题能否在比较深入的层次上揭示教育现象的内在联系，是否在比较高的层次上概括教育现象的整体状况、发展变化规律,是否回答了人们在教育教学过程中遇到的、普遍关心的新问题。

(三)提高发现“问题”的能力。教育研究者在选题时往往受到专业理论知识、研究方法和各种操作技术、对教育实践的观察以及个人对问题的悟性(或者洞察力)和动员教育资源的能力的制约。一项具体的研究课题从开始选择到最终确定，正是上述几方面因素共同作用的结果。也就是说，研究者的知识结构也决定了在选择课题中发现“问题”的能力。

(四)增强研究“问题”的意识。“问题意识”是在特定历史时期对某些问题或事件的意识。重要的是问题背后的理论意识,“问题意识”以问题为基本内容,即原有理论和客观事实之间的矛盾。科学地、理性地怀疑首先与“问题意识”有关,应该厘清什么是问题、你能不能提出问题、从什么角度提出问题、在什么样的理论背景下提出问题、问题的意义是什么等基本前提。怀疑是建立在对教育教学过程观察的积累之上的,是在对教育教学观察过程中提出自己的疑问。

第六个研究领域：坚持从科学规律和自身实际出发，深入挖掘教育改革发展的热点和难点问题

(一)要调查研究教育工作者、学校、教师当前最迫切的需要和诉求。

(二)要了解掌握教育对象(学生)有效学习、健康成长的最迫切的需要，解决学生的厌学情绪。

(三)要探索有效的教师培训方法，切实提高培训工作的实效性和专家讲座的针对性，彻底克服“朝天开枪”的现象。

(四)要探索开展教学问题教研法，着重剖析研究教师教学个案，对教师教学课件、学案要采取指名道姓的办法分析存在的问题，提出思路清晰、责任主体明确的改进和改革建议。

(五)探索、总结“问题教学法”，改变学习方式、教学模式，建立新型的师生关系，激活学生的学习动力。

第三部分

实用性应该是课题评价的最高标准

甘肃省教育厅从1996年开始，建立了基础教育科研优秀成果定期评奖制度，每两年进行一次评奖，已经评了八次。基础教育科研优秀成果奖是我省基础教育界的最高奖项，每年向全省基础教育领域下达评选科研成果申报指标500项。广大教师和教育工作者对科研、教研成果评选看得很重，这就需要高度重视评价工作本身的导向作用。为了严肃认真地做好评审工作，我主要从教育行政的角度，提出以下思路和要求。

(一)严格执行评奖活动的依据。根据国务院颁布的《教学成果奖励条例》、《中共中央关于进一步繁荣发展哲学社会科学的意见》以及《基础教育课程改革纲要》等文件精神开展评选活动。基础教育科研

成果是多领域、多学科、综合性的成果，可以说，评奖活动是一项推进新课程改革的实际步骤，也是加强教育科研工作的具体措施，更是一项惠及一线专业教师实际利益的重要工作，因为他直接涉及教师职称的评定。同时，也可以通过评审对我省两年来的基础教育科研工作进行一次回顾、总结，进行一次集中展示、全面检阅，以进一步激发教师队伍、教育科研队伍的积极性，使他们更加努力地投入到基础教育的科学研究和教学实践中去，不断提高教育研究和教育教学水平，更好地推动素质教育向纵深发展。

(二)坚持正确的指导思想。要依据既定的标准，坚持质量第一的评审原则，发挥评奖的激励、引导功能，体现全省教育系统工作的良好形象。对参评的成果要坚持从指导思想、学术价值、应用价值、社会效益、研究方法等方面进行综合性评价。优秀的科研成果必须具有鲜明的科学性、创造性、先进性和应用性的特点，既能反映我省教育改革与发展中的重点、难点、热点问题，又能体现我省教育科学研究的最新进展、最高质量和水平。评审中一定要注重效益，特别要注重创新，评审出一批具有创新性、前沿性，符合学术道德和学术规范，对推动教育改革的实践、提高教育教学质量具有明显实效的优秀成果。

(三)坚持政治标准与学术标准的统一。处理好一些比较复杂敏感的问题，特别要注意政治标准第一。这一点大家一定要注意。同时要把握好宏观研究与微观研究的关系，也就是大家经常所讲的，科研既要“大题小做”，也要“小题大做”；既要进行宏观理论、决策的研究，也要进行微观教育、教学实践的研究。这当中，要特别警惕网络对教育研究的负面影响，防止通过网络抄袭、剽窃所谓的“成果”。遗憾的是，我只能粗略地翻阅这些成果，没有时间深入研究每个具体的成果究竟怎么样。现在网络对科研的影响在国内外是一个非常突出的问题，我自己也经常遇到，一些给我提供的资料中常混有下载的东西，评审中要注意甄别。其实，下载的资料往往不能很好地融合，它的痕迹还是很明显的，只要引起注意，认真审读，是能够发现并可以剔除的。

（四）严格遵守推荐、评审的程序和条件。实事求是、客观公正是办理各项工作的总体要求，评审工作一定要坚持公事公办，不能带任何的个人色彩。评审委员会委员，都是我省教育系统的知名专家，有贡献的功臣，都在某一方面的学科研究中有一定的成果，有一定的权威性。但是，每个学科的专家代表都要严守工作职责，遵守评审纪律，自觉地维护全省教育科研奖项的权威性，自觉地维护全省教育系统的声誉。按照评审程序的规定，评审工作先由学科小组在组长主持下，进行客观公正的初审、推荐，然后各学科小组组长向评委会汇报小组的初评意见，最后由全体评委以无记名的方式票决奖次和人选。这个评选办法是在上一届评审之前就已经重新修改、完善并规范了的，希望大家在评审中一定要认真执行，以严密的程序保证评审过程、结果的公平公正。

（五）要正确处理好行政权力和学术权威的关系，民主和集中的关系。科研评奖要以学术为主，充分尊重专家的发言权，尽量减少行政干预，淡化行政色彩。但有一个前提，一定要处理好个人意见和集体意见的关系。既要充分发扬学术民主，又要进行必要的集中，少数服从多数。个别的个人不同意见，要无条件地服从大家的意见。要认真对每项成果进行研读、进行比较。评委对我国以及当今世界各国在基础教育研究方面最前沿的形势、已有的研究成果应该有所掌握。国际上对基础教育的一些研究很超前、很具体，具有引领和指导作用，已经解决了许多实际的问题。国内外、省内外或其他专门的科研单位早就公开宣布解决了的问题再不要重复出现在我省教育科研的成果中。有时我们对自己的一些看法、观点或者体悟，很兴奋，沾沾自喜，误认为是自己发现的新东西，实际上早在千、百、十年前就已经被别人研究得很清楚、很到位、很深入了，只是我们不了解这方面的情况而已。总之，作为专家确实要发挥业务权威的优势和作用，做好比较、鉴别和选优工作，真正做到质量第一。别人已经研究清楚的、重复的东西，发现一个剔除一个。

与过去相比，目前广大中小学教师的政治、社会、经济地位都已经得到了比较大的提高。但是，辩证地看，也可以说中小学教师尤其是基层农村中小学的教师，在实际生活、工作的处境方面仍然处在初级阶段，他们在待遇上唯一奋斗的目标就是职称，希望通过提高职称来改善自己的生活条件，通过提高职称来提升自己的社会地位，通过提高职称来提升在学生心目中的影响。教师申报的成果是他们在教育实践中长期钻研、积累的成果，是他们辛勤劳动的结晶，因此，评审中既要坚持原则，把握标准，又要慎之又慎。对发现有明显重复、抄袭别人的成果的必须取消评审资格。但是，如果是教师个人教育实践过程中有个性、有特色的记录、思考，是教师自己在教学一线长期积累的一些独到的经验和体悟，看似平淡的也一定要珍惜，尤其不要轻易忽略有特色、有亮点，确实凝聚教师血汗和原创的成果。对此大家要高度重视，只有评奖结果真正让广大教师满意、学校领导满意、社会都满意，才能既起到激励先进的作用，又能体现政策的引导与导向作用，进一步推动我省基础教育事业的发展等预期的目标。

(六)发挥导向作用，严格坚持评审原则。科研成果评审的指导思想要贯穿和体现在评审工作的全过程，科研成果评奖是省上对全省基础教育科研成果的一个阶段性评价，事关教师个人的切身利益，影响非同小可。可以说这项工作是甘肃教育行业的一个品牌，一个量大面广的集中展示教研成果的全局性的重要工作，所以，优秀科研成果评奖必须体现全省的最高水平，以利于树立、扩大教育系统的影响和形象，促进教师教育科研的良性竞争，推动教育科研的进一步振兴。有鉴于此，除了坚持上述评价标准以外，对评奖究竟应该体现怎样的原则性和导向性，我还想提出以下六个原则或条件，供大家思考和参照。凡获奖的科研成果至少要具备以下条件中的1到2个条件，其中一些成熟的意见应补充到下一届的评奖办法当中。

1.目的性原则。教师虽然长期从事教书育人的工作,一辈子都献给了教育事业,但实际上教师的职业仍然是很值得研究的一个课题。譬如,教师自身对自己的职业怎样认识的问题,对各级各类教育阶段的教师怎样定位的问题等。教师是人类灵魂的工程师,这样一个崇高而神圣的职业和专业,是不是人人都能够胜任?或者哪一类人才是合格的教师?我省的教育科研评奖以什么为目的,必须搞清楚。不能以为有传统、有文件,两年一届进行评奖就完了,有必要深入思考这方面的一系列问题,就是通过评奖,我们应如何更好地促进教师队伍的专业化发展?建立健全能够满足教育改革发展需要的教研体系?甘肃的教研体系或水平在西部,乃至在全国要形成怎样的特色、保持怎样的优势、占有怎样的地位?以评奖带动教研工作这个目的,必须放在基础教育快速发展、义务教育均衡发展、教育基本实现现代化这样一个大的奋斗目标的范围去统筹考虑,才能解决好这些前提性、基础性的重大问题。不能关门搞科研、走过场评成果。要形成一个系统、完整、开放性的科研评判体系,并且自成一体。甘肃最优秀的与基础教育科研最高奖项相匹配的成果到底以什么为标准?我想甘肃基础教育科研成果的一等奖、特等奖必须在西部乃至全国要立得住、有影响,能在国家的优秀成果中占有一席之地,能在全国得到认可,而不能满足于仅仅是在甘肃区域内得到认可。

2.创新性原则。教育科研作为一门以人的身心发展为研究对象的综合性的人文科学研究,比纯自然科学的研究更加复杂,创新确实比较难。尤其在基础教育的科学研究方面,队伍庞大,积累丰厚,要出成果、出经验,比任何其他学科都要难。这几年我们并不是不想总结、推广一些好的经验、新的模式,只是完全有把握满足创新要求的经验太少了。但是创新再难,省级的科研奖也必须有新的见解、新的突破,做到人无我有、人低我高、人旧我新、人弱我强。研究的本质特征在于创新，创新也是教育科研的本质、生命和灵魂。教育科研如果没有创新、没有突破，只是这儿摘一点、那儿编一点，或原地踏步、人云亦云，或老调重弹、换汤不换药，那么两年评一次奖，到底还有什么意义呢？所以真正优秀的教育科研成果必须体现出新思想、新观点或新方法、新思路、新举措。成果评奖要以创新成分的多少、水平的高低作为评价的一个基本原则。

3.导向性原则。人们的目的性中一个是公益性，一个是实用性，实用性往往会放在第一位。省教育厅的评委会肯定什么，欣赏什么，教师就会研究什么。譬如，每一次评出的优秀成果奖，如一等奖，授予什么样的成果，授予哪个领域的教师，教师队伍就会自然而然地朝这个方向努力、关注这个领域的研究，所以评奖的导向性是不言而喻的。因此，在评定成果的导向上要符合国家教育发展的趋势，为教师指明比较具体、清晰的研究方向，指明专业发展的目标。省教育厅应该有本省教育科研课题重点拓展的一些研究领域。通过这几年的观察思考，我认为，如果说全省基础教育有一万个问题可以思考、可以研究的话，那么，最需要研究的只有一个基本的问题，就是怎样才能实现"每个老师所讲授的课程，使每个学生都喜欢听"这个目标。因为现在学生的厌学情绪很普遍，这个问题的原因是非常复杂的，是多方面的，也有深层的原因。但是，教育科研工作者对一个学生从儿童时期开始，对其认知特点、成长规律，社会、家庭背景对其学业的影响力，学校课堂教学对其所产生的影响力，每个学科的教师发挥作用的情况等跟踪研究不够，记录的数据严重不足。学校教育究竟怎样发挥作用，如何体现每个学科实施课程形成共同的高质量的教育等，却缺乏必要的量化标准，这都是需要我们深入思考的根本性的重大难题。如果大多数学生连教师的课堂授课都不愿意听，还谈什么教育的质量？所以评奖的导向性非常重要。要通过评奖，引导教师正确把握研究的着力点和主攻方向，切实关注那些影响教育教学质量的重点、关键问题,增强研究的针对性和实效性。

4.实践性原则。甘肃省基础教育优秀科研成果奖已经评选了六届,评出了一系列优秀的成果。那么,这些成果是否转化成了教育新的生产力呢?如果按每届评选100~150项计算,共有近1000项成果,如果全部能够应用到教育教学实践当中,那么,基础教育课堂教学存在的很多突出问题早就迎刃而解了。但是,事实并非如此。因此必须强调基础教育科研的实践性原则。通俗地说,就是评选出来的这些教育科研成果必须有用、能用,必须能够解决教育教学中的新情况、新问题,对促进教育工作适应新形势、新任务,及时有效地解决全社会关注的教育热点、难点问题发挥作用,产生影响。尤其是对近年来党中央、国务院提出实施素质教育、办人民满意的教育等一系列基本国策的实践问题,每个教育工作者都应该去研究"什么是人民满意的教育?""怎样才能办成人民满意的教育?"对这个总体目标和中心任务,重点课题是如何解决突出的现实差距难题。当然基础理论的原理性、规律性的问题也要研究和探索,但是,这些问题基层教师很难突破,也不是中小学教研工作的优势和重点。有的行业,可以搞许多的发明、创造,跨越式发展,唯独教育行业来不得半点的虚假,不能搞形式,不能有人为的、短期的行为。教育就是要按照"十年树木,百年树人"这个基本规律办事。基础教育课程改革以后,各级各类学校和各个学科的教师面临很多急需解决的新矛盾、新问题,我们不能在评出许多成果的同时,课堂教学的矛盾和问题仍然堆积如山。要做到教育科研"研而有用",在科研与实践之间就应相互促进,实现良性互动。过去教育面临的最大的问题是缺少教育经费,现在我国已经实行义务教育全免费,过去研究的许多问题已经不是问题了。现在我国基础教育转入内涵发展的新阶段,教育科研的目标转向一些新的深层次的问题,如教育公平的问题,义务教育均衡发展的问题,优质资源共享的问题,等等。教育科研只有面向不断变化的教育实践,与时俱进,跟踪新形势，破解新课题，才能为我省的教育事业作出实实在在的贡献。

5.典型性原则。任何一项优秀的科研成果，它所呈现的事实、观点和结论，都应该客观反映教育现象，准确揭示问题的本质，真正寻找到解决问题的基本对策和方法；都应该从具体、特殊的教育实践中，抽象出一些适合同类或近似教育情境的、普遍的经验模式或规律性的认识，具有一定的概括性，比较广泛的适用性，有在面上推广的价值。别人参考后能解决实际的教育教学问题，或者行政决策者、教育管理者可以变为教育决策的依据，并且有利于教育的又好又快发展，有利于把基础教育办成人民满意的教育。科研成果只有具有典型性，才有可能实现社会价值，发挥社会效益。典型性一般人不太强调、不太重视，但是，在教育科研方面我觉得典型性特别重要。实际上，有时被忽视的东西往往是最重要的东西。

6.权威性原则。中国教育的学术思想到底以谁的认识为准？谁是教育科学家？学术领域到底谁说了算？中国教育发展的"晴雨表"到底以哪个专家的观点为准？虽然中国人多、人才也多，似乎这个问题并不是很明确。但是，甘肃的教育科研成果必须具有省域内的权威性。所谓权威性就是见解独到，观点新颖，而且立足特有的个人实践，立足真切的事实情境，有理有据，真实可靠；富有个性，是第一线的成果，第一手的资料，独一无二，让人信赖，令人折服。能经得起理论的推敲，实践的检验，赢得专家、教师的广泛认可，深受家长和学生的欢迎和喜爱，具有持久的生命力。这应该包括立论的过程、实施的工具、具体的方法以及最终研究的结论，都应该独一无二，严谨可靠，令人信服。

大家可能觉得这些标准太高了，但是，作为基础教育的省级奖项，还是应该坚持这六个大的原则。如果评审过程真正体现六个原则和特性的要求，评出的每项成果，少则一个，多则几十个，都会是优秀的，也都能经得起全省教育系统的考验、经得起全省其他行业的考验、经得起教育发展历史的考验、经得起教育实践的考验。同时，也能经得起国家标准的检验。评审结果最终还要在报上、网上公示，这也是一个社会检验我们工作质量的机会和平台。这次评审与过去不同的是有几项藏文成果，我们专门聘请了这方面的专家，希望评审中坚持统一的原则、标准，与其他成果一视同仁，不要有什么特殊照顾，不能出现滥竽充数的现象。

以上都是我个人学习的体会和观点，理论性比较强，可操作性可能不太好把握。还需要靠大家在评审成果的过程中进行具体的落实和运用。总之，我希望大家对这六个原则性的要求认真思考，严肃对待，使全省基础教育科研优秀成果每一次评奖活动都成为一项有权威性、有影响力的工作，成为一个教师今后乐意奋斗的目标，成为一个其他行业评价我们工作的亮点。

（七）要高度关注区域教育率先均衡发展和教育基本实现现代化的问题。全省要以“金昌市区域教育率先发展、课堂教学高效达标”课题论证评估为突破口，高度关注区域教育率先均衡发展和教育基本实现现代化的问题。具体思路如下：

根据《金昌市教育局请求组织省内外专家对我市各级学校课堂教学改革给予指导和引领的报告》，针对《金昌市教育局关于在全市教育系统开展构建课堂教学改革模式大讨论的安排意见》提出的“要提升教师的研究能力，把课堂还给学生；要提升学生的学习能力，把学习的主动权交给学生”的理念，在市教育局主导下，以实验小学、市三中、市一中为对象，设计了小学、初中、高中课堂教学衔接链的改革实验。小学以认知习惯和认知能力培养为重点，初中以思维能力培养为重点，高中以合作探究能力为重点。要求对形成的课堂教学改革系列实验，“一个不高于”、“五个不低于”等问题进行论证评估、研究指导。

我认为，金昌市的中小学课堂教学系列实验针对性强，具有较强的可操作性，对解决我省基础教育课程改革不深入、不到位等突出问题意义特别重大。省课改办、教科所和课程中心要从全面落实新课标，促进中小学全面发展的高度，集中人力和时间，对金昌市中小学课堂教学改革给予全力支持和帮助，努力把金昌市建设成为甘肃省教育率先基本实现现代化的地区。拟邀请中央教育科学研究院、教育部课程中心、教育部基教一、二司等的部分国家专家，组织省内西北师范大学、省教科所、省课程中心、省电教中心、甘肃高中教育学会等的课程专家，分别开展以下工作。

1.积极开展“构建高效课堂”专项课题研究。

课题一：围绕金昌市如何“在新课程背景下，构建以高质量为核心的区域教育发展和管理新机制，率先基本实现教育现代化”为战略主题的主课题研究。主要立足点为：

①观念更新——树立“一切为了每一位学生的全面发展”为学校教育宗旨和教育核心的理念，建立以学生为本，实现学生的可持续发展的学校教育理念体系。

②聚焦课堂教学——研究建立区域教育教学率先基本实现达标的指标体系和考核制度，分学科、分学段、分年度进行量化分解。

课题二：课堂教与学的传统模式的转变和创新。要明确为什么要进行课程改革，改革哪些课程内容，怎么进行课程改革等问题。如何构建“高效课堂”教学新模式，如何适应学生认知变化规律和身心发展规律。

①如何构建“导学案”课堂教学新模式。探索实施“问题教学法”、“设计教学法”、“先学后教，当堂训练”实验。

②如何构建“自主学习、互动学习型”课堂教学新模式。探索实施“道尔顿教学法（针对学生个别差异而实行的个别化教学法）”、“交纳特卡教学法”（适应个性教学法）等教学新模式。

③如何按照阶梯式教学法的精神，落实学案式教学的策略，实验并形成“5+2 七个环节循环教学”新模式。

课题三：重建教学管理制度，构建“高效课堂”教学改革新模式和学业质量评价指标体系。

对金昌市实施的以“为每个学生的终身发展奠基”为目标和主旨，建立“一个不高于”量化制度(即教师主讲时间不高于20分钟)，打破教师单边活动过多的“满堂灌”式的传统教法，建立“五个不低于”的量化评价指标体系。

①学生自学、互动、练习时间不低于20分钟。

②电化教学手段的使用率不低于20%的课节数。

③教师与学生的提问互动交流不低于20%的人数。

④课堂达标率不低于85%。

⑤地方课程和学校课程分别不低于总课时的8%～12%等。

省教科所要按照省教育厅于2011年提出的“全省性的教研工作会议，每年要选择围绕一个市州或县市区教育改革和发展课题，在深入基线调研的基础上，整合全省教研系统力量，集中时间和精力，剖析、研讨重点难点问题，为教育教学改革提供智力支撑，推动区域教育特色发展”的要求，先期安排各学科专家进入金昌市中小学课堂，进行深入调研，主要围绕金昌市提出的三个课题展开系统的论证，梳理今后课堂教学改革的思路，为2012年全省教研工作会在金昌市召开做好各项准备工作。

(根据录音由省教科所王宗信整理，经过作者修改定稿)

第六讲

构建中小学校课程体系的实践与探索

Goujian Zhong-xiao Xuexiao Kecheng Tixi de Shijian yu Tansuo

第一次讲座

时　　间:2011 年 5 月 11 日

地　　点:平凉市静宁县政府大会议室

听讲范围:全省地方课程与学校课程示范学校建设项目现场会

第二次讲座

时　　间:2012 年 4 月 1 日

地　　点:张掖市高台县大会堂

听讲范围:全省地方课程与学校课程建设推进会

尊敬的各位校长、同志们：

大家好！

全省义务教育地方课程与学校课程示范学校建设项目现场观摩和培训推进会议，在平凉市静宁县进行了两天的现场观摩和会议交流，我们邀请教育部基础教育课程教材中心的付宜红副处长作了学校课程建设的专题讲座。还邀请兰州城市学院陈婷副教授作了“学校如何做好项目研究”的专题讲座，这对认清学校课程建设工作的形势和差距，澄清认识存在的一些误区，消除思想上存在的一些顾虑和困惑，都起到了专业引领和解疑释惑的作用，对做好今后的学校课程建设有很强的启示和指导意义。对大家形成了一定的压力，希望把压力变成动力，把地方课程和学校课程建设作为刚性指标，常规任务，开创一个新的局面。我一直牢记我刚到省教育厅时，胡德海先生对我说过的一句话：“一个教育工作者对教育理论和教学实践的学习和研究，从思考、研究学校课程设置和实施的基础入手，才能钻得深，体验到教育的真相和内涵，才能把握学生身心规律和学科知识的内在逻辑,才能成为懂得遵循教育规律的真正内行。”给我安排的题目是“以构建实施学校课程体系为突破口，进一步推进全省地方课程和学校课程建设向纵深发展”,对此我做了比较扎实的准备,下面分四个部分进行阐述。

第一部分 关于探索和研究地方课程和学校课程的目的和意义

地方课程和学校课程开发与建设,是国家规定的基础教育课程改革同步落实的一项十分重要的工作任务，应该成为每个学生的必修课程。但是,由于各种原因,我省义务教育阶段课程改革欠下了这个工作账,因此这是一项“补课”性质的工作。全省义务教育地方课程与学校课程示范学校建设项目的目标和内容是，实施全省地方课程和学校课程示范学校建设,建立相应的评价指标体系,开展全省地方课程与学校课程的开发,指导实施和展示评比工作,全面构建符合甘肃实际的三级课程体系。我省的地方和学校课程建设采取“以课题研究为纽带,以项目推动课程发展”的办法,在先行试点的基础上,力争逐步把成功的经验在面上推广，最终建立起具有我省特色的三级课程体系。本次会议采取省、市、县、学校四级参加,通过看项目学校,听学校介绍经验,请专家讲解课程政策和全国案例等综合性的方式,使与会人员对进一步加强学校课程建设提高认识,统一思想,消除困惑,坚定信心,明确方向,为学校课程开发与实施拓宽思路,相信与会人员都会得到一些有益的启示和收获。通过实施学校课程项目样本学校建设,在以下方面取得了突破。

(一)在探索“多元参与、集体决议、教师主导”的学校课程开发模

式方面迈出了可喜的一步。国家课程、地方课程都是政府行为，而学校课程是以学校为主体的课程创新活动，是国家赋予学校的办学自主权的具体体现，也赋予了教师一定的专业自主权，为教育能更好地发展学生的个性提供了必要的条件。过去，学校领导和教师对学校课程体系建设存在认识上的欠缺和实践上的空白。学校课程建设本身也存在“理论上讲得通的道理，在实践中很难行得通”的问题，比如学校课程要不要编教材的问题，学校课程指导意见指出，“学校课程开发与实施中，一般以讲义、活页、指导手册、活动方案等形式开展教学活动，不得将统一编印的学校课程教材出售给学生”。但是，在课程的内容和形式上如何超越学科、超越活动的局限的问题等，说起来容易，做起来很难。重在实施，难在实施，贵在有实效。因此，建立学校课程建设制度和实施长效机制尤其重要。从静宁课程建设示范学校的课程开发实践来看，学校在课程开发的过程中，首先，比较好地扩大了教育资源领域，把经典诵读等文化资源纳入到课程建设中来，实现了传统教育与现代教育的有效结合。其次，能够发挥集体的力量，注重国家课程、地方课程与学校课程的有效衔接，防止了把校本课程变成“校长课程”，克服了课程开发中的随意性、低水平重复，甚至一度出现的“山寨化”现象等。其三，充分依托学校的教师力量，增强了教师的课程资源意识，动员教师广泛参与，促进了教师的专业发展。

（二）学校课程的开发与实施，使得学校的办学理念和特色逐渐彰显，为学校文化的形成和发展提供了新的载体。通过学校课程开发和建设，促进了课程改革的不断深入，使广大师生不断理解和接受新课程的理念和目标。在回答教育培养什么人、如何培养人的问题的过程中，国家课程为学生的全面发展提供了共性的、基础性目标和要求，而新课改为地方课程和学校课程提供了很大的发展空间，为促进学生的个性化发展、发掘学生的特长和潜力、提供学习动力、激发学生学习兴趣、提高独立思考能力将发挥不可替代的补充作用，使教育公平得到一种量化的指标,让学生的潜能得到充分的发展,有平等的发展机会。因此,在学校课程建设中,我们应当研究、思考一些问题,如全面了解学生的发展需求,及时为每个学生的发展提供机会和平台,避免"千校一面"等等问题。这就是我们所期待的理想的学校课程体系。学校课程开发和建设,促进了学校文化的改造与重塑。课程是传承文化的一种工具,学校课程的基本宗旨,就是要通过课程的创新来彰显学校的办学理念和办学特色,满足学生全面而有个性的发展。

(三)坚持规划先行,逐步开发与实施学校课程,促进了学校课程的制度化管理,为学校课程建设提供了良好的发展空间。学校的课程建设绝不是一蹴而就的事情,需要一个长期的、动态的发展过程,是一项具有一切课程属性的教育科学研究和教学实践的复杂教育方式的创新。因此,没有科学的学校课程规划,就无法保证学校课程发展的方向;没有完备的制度保障,就无法保证学校课程发展的动力和可持续发展。学校的课程规划可以用年限时间来确定,也可以从内容的角度来确定,关键是要确保学校课程建设不会因人而变,保持课程发展的延续性。静宁县阿阳实验中学探索制定了学校课程纲要、各类学校课程标准、学校课程申报制度、学校课程评价办法建议等规划和制度体系,具有较好的借鉴价值。

(四)在本次会议上付宜红副处长回应了学校在课程建设中的一些困惑与问题。比如学校课程的实施是否会增加学生负担的问题,学校课程开发中的经费保障问题,学校课程开发与实施中的教师的工作量的考核问题,学校课程教学实施与评价的问题,学校课程的规范性和科学性问题,等等。

(五)榜样的力量是无穷的,要树立旗帜和先进典型。其实,静宁县义务教育阶段的办学条件、配套设施并不优越,但是,项目做得这样出色,其他地方做得应该更好。静宁县阿阳实验学校向大会所做的报告是最近几年我所听到的在学校课程开发与实施方面最高水平的成果。这更加坚定了我的信念,中国的教育家不在机关,而在学校教学第一线。阿阳实验学校真正把学校课程的开发和实施搞透了，破题了。特别是曹宁子先生,以教育家的情怀和魄力,带领学校专家团队,以创建特色学校为更高的目标,由理解、实践、分享、启迪四大部分组成的,从理论到实践、从学生发展到学校发展需求等方面,紧紧围绕学校课程开发与实施这个主题,对项目实施全过程进行了系统全面、认真细致、翔实的总结,为我们做了一个高质量、高水平、充满激情、处处生动、现身说法、学术性很强的精彩报告,从中得到了很多启示。

1. 学校课程开发与实施必须有更多的像曹宁子这样的校长亲力亲为,当好带头人,专家团队站得高,看得远,以学生全面发展为出发点和落脚点，把学校课程开发与建设纳入学校教学管理和长远发展规划,进行研究、谋划、开发、实施。

2. 甘肃学校课程的开发迫切需要更多的像阿阳实验学校这样一批旗帜和名校群体,发挥榜样和辐射作用;迫切需要像曹宁子这样的名校长的引领带动；迫切需要更多的像阿阳实验学校这样的教育科研和教学研究的氛围和精神;迫切需要这样的责任心强、富有爱心、具有较高的教学能力、具有创新能力和研究水平的教师队伍作为专业支撑,不断钻研和全力实施学校课程。在此,我们可以看到学校课程开发与实施的前景和未来。既然全省性的现场会选择在静宁县召开,就要把静宁县树立起来,宣传出去,这才是我们这次会议深层次的意义所在。我们号召全省中小学向静宁县阿阳实验学校学习,更希望静宁全县中小学校以实验学校为榜样,不断创新、不断完善、不断发展,努力成为全省中小学学校课程开发与实施的一面旗帜,在全省乃至全国产生一定的影响力!

(六)思想有待解放,视野有待开阔,资源空间有待拓展,还处在认识上没有形成自觉意识,思路上找不到要领、切入点和突破口,行动上放不开手脚,开发与实施小打小闹的初级阶段。从目前全省中小学学校课程开发所涉及的内容和领域看，主要涉及了人文与国学经典诵读、礼仪与感恩教育、安全与健康教育、乡情与民俗(民族)教育、体育与艺术教育、学科拓展与延伸、科技与实践、家庭教育等资源。各个学校表现的形态和侧重各有不同,还存在思想不够解放,研究不够系统的问题,课程视野不够开阔,课程形态比较单一,课程内容学科化,课程内容相对封闭等现象。在如何培养学生的国际视野和未来眼光,增强学生对多元文化的理解,尊重和敬畏生命,在课程推动“农科教三结合”等方面还有继续提升的空间。同时,从学校的课程实践来看,学校课程的学科特征比较明显，要防止将国家课程学科的拓展类课程演变成为应对考试的专项训练、人为拔高教学要求等现象。

第二部分

学校课程开发与建设中需要进一步研究和解决的突出矛盾和问题

教育的专业性主要体现在课程理论与课程实践方面,教育行政管理和教育的专业应该以课程的实施与建设为主，因为教书育人主要靠课程来完成,学校的一切工作都是围绕课程的实施而展开的。我省的义务教育阶段课程改革完成以后，省教育厅和课程中心将把学校课程的开发与建设作为重点工作之一，计划分三个阶段来组织实施和大力推进。

第一阶段为省级培训,是展示成果、宣传动员阶段。2008 年在兰州举办了全省学校课程成果展示活动,进行了动员部署,制定了《甘肃省义务教育学校课程指导意见》,开发编写了地方课程《写字》,并且作为必修课纳入了课程体系。

第二阶段为 2012 年之前,以“义务教育阶段地方课程与学校课程示范建设项目”为主要抓手,在70所学校、学区的层面上试点、实验性展开。

第三阶段将采取整县推进的办法,到2015年基本建立健全全省义务教育阶段的三级课程体系。

学校课程体系的开发与建设是基础教育课程改革的重要组成部分,课程改革的侧重点在于“改革”二字,就是要破旧立新。学校课程则侧重于“开发”与“实施”,其本质要求就是创新和实践,探索建立一条在国家课程体系指引下,符合教育规律的、新的课程标准尚未覆盖的教育领域的学校课程补充体系。课程改革的核心是转变教师的教学方法和改变学生的学习方法,使学生被动的学习变为主动的学习。可以说,在全面落实课程改革纲要和新课标的前提下,课程改革的彻底与否主要取决于学校课程体系的建设程度。

课程改革和学校课程建设是一个全新的工作,也可以说是每一个学校面临的最大的考验和挑战。我认为,传统的思想观念和思维习惯,已经成为当前学校课程开发和建设的最大障碍。

基础教育课程改革已经十年了,我们是否真的理解了三级课程的内涵?是否真的处理好了三级课程之间的关系?是否真的对学校课程建设有了一个清晰的认识?学校课程在学校的运行情况如何?等等。如果我们做区域层面的分析,还不能做过高的评价,还有很多理论和实践上的问题需要进一步研究和实践。

我省学校课程的开发与建设,虽然提上了省教育厅的议事日程,在部分城区学校和农村中心校已经开发了一些学校课程,更多地表现是编了一些教材类书籍。但是,还存在地区之间、城乡之间、学校之间不平衡的问题,学校课程开发得不够规范的问题,学校课程如何上课表、进课堂的问题,如何提高学校课程实施水平和能力的问题,如何加强学校课程的管理与评价的问题。还有一个问题必须引起高度重视,这就是省上制定下发的《甘肃省义务教育学校课程开发与实施指导意见(试行)》贯彻不得力、落实不到位,特别是校本教材编写完成后审查和监管的缺失,造成了义务教育课程改革不完整,存在不规范、不完善、不成熟的现象。省上的指导意见对学校课程开发的意义、原则、目标、步骤、保障、管理都做了明确的规定和要求,现在的学校课程开发与建设和省上的指导意见出入较大,差距也较大,必须按照省上的实施意见来规范。

我在公开场合多次说过,我省义务教育阶段的课程改革存在三大差距。

第一,课程改革经费不落实,教师培训不到位,教师适应新课程的问题没有彻底解决。

第二,学校教学管理制度体系的更新没有完成,对学生的综合评价、成长记录的长效机制尚未建立,对课程改革的评价存在致命的缺陷。

第三,教师的教学方式和学生的学习方法尚未得到彻底的改变,只是换了教材,仍然存在"穿新鞋、走老路"的现象,合作式学习、探究式学习、综合实践活动等新课程的特点没有体现出来。

第四,学校和校长在开发建设学校课程方面不作为的现象比较突出,尚未形成多元化、特色化的学校课程体系。

造成这种现象的根本原因是,我们教育系统尚未在思想上真正搞通、搞懂学校课程体系开发建设对深化课程改革的意义和作用,关注和参与学校课程开发与建设的力量还很薄弱,更谈不上构建学校课程体系的问题。关键是广大教师对三级课程体系建设的改革要求把握不够准确,导致学生对三级课程体系缺乏体验和认知。学校课程体系建设绝不是为某个常规性活动贴上特色的标签就万事大吉,要着眼于促进学校的特色发展和学生的个性化发展。说到底就是能不能利用扩大办学自主权的问题,实际上,16%~20%的综合实践活动课程和学校课程的课时(地方、学校课程课时占8%~10%)被其他学科占用了,就是放弃了给予学校的办学自主权。

第三部分
科学规划，特色发展
全面构建符合我省实际的三级课程体系

学校课程体系建设是一个复杂的系统工程，也是一个长期而艰巨的教育改革任务之一。开放和合作是学校课程建设的基本出路，学校课程建设补充的性质不可更改，学校教育的根本宗旨和出发点、落脚点是教书育人，可以挖掘促进教育内涵发展的领域，文化育人。在培养学生的独立思考和判断能力，注重养成教育对解决学生学习动力不足的问题，多学科教师共同参与的模式，促进学生对各学科的学习兴趣，促进德育为首的教育目标的实现等领域，都有很广阔的空间，可以发挥更大的作用。特别是学校课程开发建设与各个学校办学理念之间的衔接也是一个非常现实的问题。按照课程改革的要求，对学校课程要求高、标准也高，学校课程也要明确建立目标定位、内容形式、实施保障、评价落实等完整的体系，防止盲目性和随意性。入学教育课程可以作为学校的普遍课程，家长专家的讲座可作为学校课程的资源。

学校课程体系建设是我们中小学面临的最大的挑战和考验，其难度之大是学校办学历史上前所未有的。例如，学校课程是否需要教材的问题是一个很大的困惑。在工作中，各级教育行政部门和学校，需要重点解决好以下几个难题。

一、进一步提高认识，增强课程建设的责任感和使命感，把思想和行动统一到《教育规划纲要》和省上学校课程开发与实施指导意见的精神上来

基础教育课程教材建设，是建设创新型国家和人力资源强国的基

础工程，是全面贯彻党的教育方针和全面推进素质教育的重要保障，是推进教育现代化和教育公平的重要内容。在教育系统中，课程居于核心位置——教师为落实课程而教，学生为掌握课程而学，领导为优化课程而管理，社会为促进课程而评价。因此，是否触及课程结构的变革是直接关系到素质教育能否全面落实的重大问题，加强学校课程建设工作绝不是一项简单的业务性工作，而是一项事关缩小教育发展差距、促进教育公平的基础性工作。今年是"十二五"开局之年，《甘肃省中长期教育改革和发展规划纲要》提出，"要全面实施素质教育，加强课程和教材建设，精选课程内容，优化课程结构，推进初中综合课程和高中选修课程建设，构建具有时代特征和甘肃特色的课程体系"，要推进"阳光体育"、高雅艺术进校园活动，等等，这些都为我们加强校本课程建设提供了新的思考点。

二、提升学校办学理念，丰富学校文化内涵，逐步走出一条"教有特色，学有所长"的内涵式发展之路

新课程呼唤新的课程管理理念和实践范式，而不单纯是课程内容的更新或教材变换的问题，但是一些学校和老师还没有从思想上理解、认同和跟进新课程理念，课程资源意识不强，教学中仅凭经验，发展动力不足，无法适应校本课程开发的需要。

当前，随着国家投入的大力增加和经费投入机制的改变，学校的办学条件和硬件设施得到了大力改善，学校越来越气派、越来越现代了，但同时也忽略或者疏于挖掘学校环境中暗含着的教育理念及其教育意义，忽视了学校的隐性课程。或者说，学校只顾及了学校形象等表层的设计，而忽略了深层底蕴的积淀。建立以人为本的办学理念，就是要通过课程实践，激活教师的发展动力，"给孩子提供可以值得一生回忆的优质教育"，使学校成为孩子的乐园。办学理念是学校发展的灵魂、纲领、思想体系和学校哲学，承载着学校的教育文化，是

教师应具有的教育思想的基础。没有清晰的办学理念,就不可能有高质量的教育和优质的学校。

课程作为学校文化的承载者和传递工具之一,校本课程开发的任务,最终要落到学校教师身上,要靠教师去具体推进,包括课程问题诊断、目标拟订、方案设计、课程实施及课程评价等,都要依赖教师的传统角色,使教师从原来国家课程实施者转变为校本课程的规划者、组织者、实施者和评价者。因此,学校课程建设中要不断地培育和提升学校的办学理念,形成有特色的学校文化。为教师创设宽松的发展氛围,提供必要的发展条件和支持,使教师"教有所长",消除发展顾虑,学会科学分析学生的发展需求,并通过课程教学内化为学生的自觉行动和意识,使学生"学有特色"。我们要把示范校建设作为滚动式发展的项目,越做越大,越做越好,真正让广大学生受益,解决好以下几个重点课题。

(一)多元、特色的问题。解决千校一面的问题,能否建设特色学校,防止重复?避免类似的挑战,一个县的文化资源可以支撑起一个比较完整的学校课程,但是一个学校建立起一个比较完整的学校课程是个很大的难题,在连综合实践活动课程都没有开齐开足的情况下,还能谈得上学校课程的开发与建设吗?

(二)在新课标课程教学计划难以落实的情况下,还能谈得上学校课程的有效开发和实施吗?怎么落实课时?当前,各学校在大力加强学校课程建设的过程中,是不是首先确保了国家课程的完全落实呢?我看未必,比如综合实践活动课程,作为国家课程在有些地方、有些学校并没有落实,那么就无从谈起对新课程综合课程设置的价值理解和把握,对综合实践活动课程的开设还未提到课程的高度来看待。在地方课程实施中,《写字》作为我省必修的地方课程,如何提高课程实施水平就是当前一个很重要的问题。我也看到,有些学校又另辟蹊径地开发了一些诸如写字、书法欣赏等内容的校本课程,那么这些课程与地方课程又怎么融合呢?

(三)课程改革的核心是转变教师的教学方式和学生的学习方式,在传统的教学方式没有改变的情况下,如何把兴趣小组作为学校课程的雏形和基础,确保学校课程的综合性、实践性和活动性?

(四)在经费保障方面如何建立长效机制的问题。

(五)课程评价的问题,如何使学校课程得到社会的认可。

(六)如何创新、探索新的资源领域,比如为每个学生选择一个终身保持的锻炼项目和艺术特长。

(七)学校课程长期发挥作用难,资源过期后的更替问题。

(八)围绕素质教育开动脑筋、放宽视野,课程天地宽。

(九)在所有专项教育开展不到位的情况下,如何增加新课程的问题。

(十)全员参与,学校课程制度化、常态化、规范化很难。

(十一)升学率和学校课程开发与实施的问题,学校有顾虑,总担心开发与实施学校课程会影响升学率。

(十二)减负与学校课程建设的问题,既要开发学校课程还不能增加学生的负担,关键要在学生的发展需求和兴趣点上下工夫。

三、及时梳理、提升,形成成熟的理论成果和实践经验,做好项目成果推广和延伸工作

截至2009年底,全省农村中小学共有14206所,城市中小学共有512所。目前,全省示范建设项目学校仅有70所,这在全省层面上是个很小的样本,推动全省三级课程建设,提升学校课程建设水平还很艰难,但我们要从这些工作条件和基础比较好的学校里发现经验,推广成果。

(一)省上要做好全省三级课程建设的三年发展规划。按照分步实施、分层推进的方式,不断加强和提高对各学校的指导水平。此次会

议之后，要结合项目的整体进程，认真开展项目的结题总结工作，客观理性地分析项目实施中的经验和做法，积极探索区域推进学校课程建设的策略，为下一步工作奠定良好的基础。

（二）各级教育行政部门也要建立自己的示范校。要重点培植和扶持一批学校，积极探索整县推进三级课程建设的路子，要建立有助于学校发展的督导评价制度，破解学校课程发展中的机制体制障碍问题。要将校本课程开发与实施状况纳入到学校和教师的考核之中，切实维护教师的工作积极性和创造性。课程开发与教材编写是一件严肃的、专业性要求很高的事情，随着各学校在课程建设中的工作推进，怎样确保所开发的课程、所编写教材的科学性、方向性，教育行政部门要有专门人员对学校课程开发与实施进行管理，对所开发的课程、教材要进行审定。

（三）教研部门要及时拓展研究领域。安排专职人员，负责学校课程开发与实施的研究和指导工作，将研究和指导学校课程建设作为重要内容纳入到研究视野中，加强对教师的课程开发和实施方面的理论与实践的指导。教育行政、教研和督导部门要统筹规划，协调对学校课程开发与实施的研究、培训、指导和资源支持，出台相应的鼓励政策，通过评比奖励等激励性政策，引导广大教师参与学校课程开发，不断提升学校的课程开发与实施水平。学校要在公用经费中设立课程开发的经费，积极同教科研等部门联系，寻求专业支持。

（四）各项目学校要有责任感和紧迫感。成为项目学校并不等于我们当前的工作就比非项目学校做得好，继续提升和完善加强的空间还很大。会后，各学校要结合此次会议精神，继续完善各自的经验和做法，积极探索学校课程建设的有效途径，切实发挥区域内的示范引领作用。

（五）进一步扩大学校的办学自主权。构建学校课程体系，向每一位学生奉送一份终生难忘和受益的学校课程大礼，让每个学生都能吃到学校课程的丰富的自助大餐。要坚持国家课程开足开齐、地方课程求精求实、学校课程突出特色的原则。可以借鉴静宁一中学校课程开发和实施做到六个结合的好经验：

1.学校课程开发与学生兴趣、爱好相结合。

2 学校课程开发与学校发展历史和实际相结合。

3.学校课程开发与学校教师开发校本教材的能力和潜能相结合。

4.学校课程开发与学生社团组织活动相结合。

5.学校课程开发与学生动手实践活动相结合。

6.学校课程开发与提高学生综合素质和未来发展相结合。

四、恰当融合三级课程之间的关系，拓宽课程视野，提升课程开发与实施水平

国家、地方、学校三级课程在学校层面是一个整体，对学生而言，所有开设的课程是没有“三级”区别的，那么在学校课程开发中如何处理三级课程之间的关系？国家在课程设置和课程方案中对三级课程的课时数都有明确的规定，那么是不是都落实了这些课时内容呢？因此，这不是一个理论探讨的问题，而是一个在具体的实践中如何把握的问题。

全省义务教育阶段的地方课程和学校课程开发与实施，要与教育资源整合、配套设施建设、教师专业化、特色快乐校园“四大工程”紧密结合起来，有计划、分步骤地推进。第一步宣传动员阶段，广泛宣传，广泛动员起来，扎实开展宣传、研究、部署工作。第二步要行动起来，以学校为单位，由点到面，全力推进。第三步总结经验，树立典型，以整县推进，全面促进素质教育的有效实施。

第四部分

要把建立学校课程体系作为实施素质教育的突破口

全省地方课程和学校课程建设推进会是深化基础教育课程改革，理论性、专业性很强的工作会。我们把此次会议放在张掖市高台县召开，采取以会代训的方式，让近200名中小学校长参加，学习交流平凉市静宁县、定西市陇西县和张掖市高台县等学校课程开发项目实施的基本经验。特别是学校课程费尽了心血和汗水，几所项目学校的师生也做了大量的准备，大到高中学生，小到幼儿园小朋友为我们介绍他们班上的成果，我们很受感动，享受了一顿高品位的教育大餐，体验了我们作为教育人的一种幸福。2011年我在平凉市静宁县就开发中小学校课程体系作过一次讲座，这次又要求我搞一个专题讲座，我就把自己学习思考的心得与大家分享。

一、我省基础教育课程改革不断深入，学校课程开发的体系建设取得了阶段性成果

我省从2003年正式准备，2005年全省义务教育阶段起始年级全面启动，到2013年，我们整个高中阶段就要完成。从2008年开始，我们就跟教育部相关单位的领导和专家联系，邀请课程专家进行专题培训，并开展了优秀校本课程资源展示活动，与三年前的五花八门的课程资源相比，学校在课程资源开发方面进步确实很大。所以，我们开展这一项工作对深化基础教育课程改革，全面实施素质教育，促进学生的个性和全面发展，都具有战略意义。

二、我认为我们仍然面临着一个共同的课题，这就是如何来界定学校课程的问题

目前，我们开发的中小学学校课程总体上都是正面反响，老师和学生都比较欢迎，并积极参与和接受。但是，这些以文本形式呈现的课程教材，是不是真正意义上的学校（校本）课程，是不是完全符合国家对三级课程管理的要求？我们是否能够构建起具有不同学段、不同学校特色的课程体系，对学校（校本）课程的认识是否到位，教育部的精神是否吃透了等诸多问题，还需要我们进一步地梳理、澄清，统一思想，提高认识，达成共识。不论是哪个学校以哪种形式开发的学校课程，都有它自身的价值，比如说我们把某个课程不认定为学校课程，那么我们也可以将它认定为国家或地方课程的衍生，甚至是一些学科教学活动的延伸。当然，对学校课程的发言权就在你们手里。对于学校课程的鉴定任务非常繁重，包括高台经验在内，真正要鉴定它，要靠你们大家共同来完成，实现全社会的认可，如果采取无记名投票，有80%以上的认可，才可以定性为学校（校本）课程。要达到这样的水平还任重而道远。既不能按传统的观念来理解学校课程，又不能完全脱离目前学校课程的结构，更不能把某个学科的延伸教学作为学校（校本）课程，否则，就与教育部建立学校课程体系的精神不相符，这既要有理论的高度，还有实践的价值，我觉得是为学生立行，为教育立命。为了逐步解决这个问题，省教育厅确定了70所义务教育阶段中小学为学校（校本）课程建设示范学校，可以说，这具有里程碑的意义。省教育厅在省级层面上推动学校课程建设的规范性政策文件已经基本形成，直接抓中小学课程建设的工作也取得了阶段性成果，下一步我们将把工作的重心和责任下移到市州一级教育行政部门来组织实施。

三、要进一步提升学校课程建设水平和质量，坚持探索实施素质教育的有效途径，深刻领会和总结提炼高台经验的内化价值及对我们下一步工作的启示

学习高台县的经验，不能只图它的形式，要找到高台经验的内化价值。这次我们聚集了全省基础教育领域对学校课程建设最有发言权的第一线的专家，共同探讨如何建设学校课程、如何实施学校课程这个课程改革的具体问题。选择甘肃经济社会相对发达，教育机制体制相对健全，教育改革发展相对超前的张掖市高台县召开学校课程推进会，大家的收获和启发肯定很大。

在新课程背景下，教育新理念在高台县得到了深入实践，我们感到高台县的教育实践已经比较成熟、和谐，可以说已经形成了比较先进的、完整的、成熟的县域教育结构体系，从学前教育、义务教育、普通高中教育、职业教育到特殊教育，体系比较完整。在历届县委、县政府大力支持和教育部门的长期努力之下，全县教育长期以“抓管理、提质量、创特色、树形象”为工作思路，倡导“学有特长、教有个性、校有特色”的办学模式，致力于创建质量高、有特色、现代化的基础教育名校，赢得了学生、家长、社会的赞誉。在全县中小学广泛深入开展“快乐校园”和“特色校园”创建工程，对课程改革和学校(校本)课程体系建设的认识比较深刻，“以课程支撑特色学校的建设” 这个定位比较准确。高台县教育局组织开展了学生人人能够展示一项才艺、掌握两项健身运动的技能、学会三种基本生活本领的“123”活动，全面落实国家、地方、学校三级课程管理的精神，加强课程管理，规范办学行为。学校的日常教学和管理运转，都能够按照教育部新课改纲要、新课表和新教材来展开，在此基础上积极探索学校课程建设工程，取得了明显的成效。高台县国庆小学等五所省上确定的义务教育阶段学校课程建设的项目学校，都认真负责、稳步探索，动员组织全校上下、校内校外

的因素和力量,挖掘了学校的潜力,挖掘了老师的潜力,挖掘了学生发展的空间,取得了一系列的成果。高台县的教育改革与发展确实有很多可圈可点的亮点。高台已不仅是一个教育大县,更是一个教育强县。我相信高台在现有的基础上, 必将继续落实教育优先发展的战略,进一步巩固提高学校课程建设的成果。我希望高台县能够成为全省实施素质教育的一面旗帜!今天大家看到了,高台县几乎所有的中小学,中午放学以后,全部学生都很自觉(自然)地排队回家,而且在每一个路段都设置了交警、少先队监督岗,整个社会的氛围已经形成。大家不要小看这个习惯,我们很多地方还都做不到。高台县还有一个很好的经验,每天早上都坚持开晨会,就是早晨上课之前给每个学生有一次演讲的机会,让学生表现自己,展示自我,为一天的学习树立信心,振奋精神,与大家共享每个学生的进步、自信等。这个活动已经坚持实施了十年之久。在高台,我们体验到了按照教育规律办教育的伟大实践,看到了学校教育充满生机与活力、与时俱进的办学模式,看到了素质教育的新课堂已初步形成,给我们又上了一堂生动的、丰富多彩的教育内涵发展和素质教育的实践课。

四、要把开发和建立学校课程体系作为推进素质教育的突破口,以深化基础教育课程改革,加快三级课程体系建设为主题,坚持以下几个基本原则

(一)学校课程开发必须以开足开齐开好国家和地方课程为基本前提的原则。如果连国家的课程都开得不是很全、很齐、很好,还能谈啥学校课程,不可能。学校的课程必须以实施素质教育为目标,这个方向不要错了。因为此次基础教育课程改革的核心主题就是实施素质教育,素质教育已经上升为我们国家法定的基础教育的基本国策。所以,要开足开齐国家课程,不要一强调某一个方面的工作,其他工作也要为它让步。我们的学校课程,是最低层级的课程,不存在与国

家和地方课程相互让步的问题,是相互补充的问题。

(二) 学校课程研发和实施必须坚持以德育和养成教育为首的指导思想。

(三)学校课程建设必须聚焦课堂,对传统的课堂教与学模式、课堂学和教的呈现形式进行实质性的改造、改革和创新。必须要有利于高效课堂的建设,必须聚焦课堂,立足课堂,一切围绕课堂。

(四)学校课程开发必须成为全面实施素质教育的突破口。素质教育的突破口过去只限于学校体育,高台县、静宁县、陇西县等已经在实践中大胆提出把学校课程也作为实施素质教育的突破口，实施素质教育离不开有效开发学校(校本)课程体系,我们要高度重视基层学校的这些创新和经验。

(五) 要把学校课程开发的新成果融入到传统教育教学各个学科的教育经验当中去,与学科的资源进行有效整合。基础教育课程改革唯一的亮点，或者说与旧课程不同的地方是什么呢？在总课时里,让出来16%～24%的课时给地方课程和学校课程,把这个自主权交给地方,交给学校,这就是最大的办学自主权。因为国家把地方课程的开发权限制在省级,学校课程开发也必须经过一系列的申报审定程序,特别是绝对不允许出现与政治、与历史事件等有关的颠覆性的观点。

(六)学校课程开发,必须与创建的特色示范校相结合,与已经建成的校外活动中心的活动紧密结合。学校课程比较重要的实施场所在校外而不在校内,在课堂之外而不局限在课堂内。目前,全省已经建成了84所校外活动中心,而且都是科级单位,是为全县的中小学学生服务的,中心的资源配置非常有利于学校课程的实施。

(七)学校课程开发,必须建立准入制度和退出机制。就是说要建立什么样的课程才能纳入学校课程的衡量标准,例如：

1.古诗文诵读是否可以作为学校课程？因为中国文化和汉字的特点还是需要死记硬背的,各地都在做试验。

2.一部分棋艺是否可以作为学校课程？

3.教育部提出的影视作品欣赏，也可以作为学校课程。

4.兰州市第十六中学(初中)把桥牌作为一门校本课程开发，提供两间专门的教室，器具也很规范，还有教练，而且他们已经参加了省上和全国的比赛，取得了很好的成绩，这让我很受启发。桥牌对人的智力发掘、人的潜能的发掘、人的智商的发掘都很有好处，还可以把学生学习的压力释放和缓解下来，这个作用不可低估。

5.学校课程建设示范校环县环城小学，把入学教育和校史教育作为学校(校本)课程，让学生在轻松的活动当中了解学校的历史。作为学校的新成员，这里将要度过多长时间，要接受什么教育，要学到什么知识。而且，家长和他的孩子共同接受这个教育，这门学校(校本)课程我觉得非常好。

6.高台县各学校每天的晨会，十分钟展示演讲活动，是否也应该纳入学校课程。

7.中学生心理健康的标准，教师队伍心理健康的标准，是否应该纳入学校课程。如果所有的学校(校本)课程都能够追求和体现娱乐的性质，采取寓教于乐的模式，这也许是教育部基础教育建立三级课程体系的初衷。此外，还要制定学校课程退出机制，比如，目前一部分中小学把开足开齐声乐、器乐、绘画、书法、体育等国家课程和地方课程的一些教学活动也称为学校(校本)课程，我认为不能简单地把这些定性为学校课程，因为这些本来就属于国家课程和地方课程的范畴，只是很多学校由于没有专任教师而没有按国家规定开课而已。所以，准入制度和退出机制还需要进一步严格，将来要组建学科专家组来评定，不能走入误区。

(八)综合素质评价特色学校的模式，是最好的学校课程。因为评价的过程也是素质教育教的过程，每个环节都体现了人的德智体美全面发展的内容和要求，而且它的参与度很高，比如说综合素质评价分为自我评价、民主评价、教师评价、总体评价，这些评价的机制体制是正确的。如学生自我评价这一项，基本涵盖了全面发展的所有内容——道德品质、公民素养、学习能力、交流合作、运动与健康、审美表现，还有些学校设置了学生成长足迹的档案。高台县把小学生建立成长足迹档案制度坚持了近十年，已经比较成熟了。其他地方可能十年以后能干的事，高台县十年以前就已经开始了，这就是最大的特色。

（九）学校课程的开发，有必要分为选修课和必修课，课程形态要多样、丰富，给学生要有更多的选择余地和空间。目前，学校课程最大的问题就是学生没有更多的可供选择的东西，很多学校就综合开发一门或者两门学校课程，还说让学生个性发展，这是不现实的。要开设一些能够让每一个学生都按一个个模块去选择，像活动的课程，应该以学生兴趣小组、团队为主来开展，所有的学校课程应以娱乐性、生活性、实验性为主，以解决学生的快乐学习的问题。如何解决快乐学习、健康成长的问题，是说得最多却最难做到的事情。所以，我们还要进一步研究、探索学校（校本）课程开发中选修课和必修课的关系问题。

（十）学校课程的开发，要成为教研员科研的重要内容，成为教师教研的重中之重和核心领域。省教科所作为全省基础教育教研机构，要发挥引领作用。学校课程开发是硬道理，非开不可。否则，素质教育就是一个口号，课程改革也只能是形式，地方课程和学校课程的开设情况就是其衡量的重要标准。当前，我们开发出来的这些课程，还不清楚它是不是一个非常正规的、合格的、科学的学校课程，我们对学校课程的帽子不要太大，评价不要太高，形势也不要过于乐观，我觉得还是初始阶段、探索阶段，我们还要摸着石头过河，绝对不能一刀切，更不能搞行政命令，不能搞形式主义。如果一刀切，千校一面，名字起的不一样，实质都是一个东西，那就是走入了误区，面临的一系列问题还需要深入地研究。

（十一）学校课程开发要系统、到位、丰富。观摩高台县的学校课程建设成果的深刻体会是，如果你把学校课程开发得非常系统、非常到位、非常丰富，既能够满足教师的教学需要，也能够满足学生的选择需要的话，实际上这是推进整个城乡教育健康均衡发展的一个非常重要的渠道。事实上，学校课程的开发就应当成为标准化学校建设的最基本的内容之一，没有学校课程开发的到位，怎么能够成为标准化学校呢？从规范办学行为的角度看，如果学校课程开发不到位，那么其办学行为也是不规范的。更重要的，现在我们要探索建立现代学校制度，什么叫现代学校制度呢？就是把最先进的理念、最先进的课程体现在学校的课堂上，传播传承。所以，我们说特色建设是学校课程的一个支撑，或者说特色的学校建设以课程为支撑，就是这个意思。

（十二）学校课程开发必须强化过程管理，必须建立健全课程实施的一系列管理制度，逐步作为常态化的学校行为。高台县从四个维度来加强制度建设，我觉得非常必要。学校课程管理制度建设的核心是要找出目前开足开齐开好国家课程和地方课程的老大难问题是什么？素质教育、三级课程体系建设的瓶颈问题是什么？学生不满意，家长不满意，还是领导不满意？这就是学校课程开发的基本出发点，应该把天天说、反复出现的问题逐一得到有效的解决。

（十三）学校课程的开发主体一定要多元化，而且责任主体要下移，要构建省、市、县、学校四级开发管理体系，这才叫做学校课程的体系。通过对平凉、张掖、兰州、庆阳等市经验的总结，我们可以得出这样的结论：学校课程开发光靠学校不行，光靠县教育局也不行，光靠几个专家的力量更不行，必须整合全省课程人才资源，建立“四级研发、管理体系”。因此，从今天开始，今后学校课程开发管理工作，主要由市州教育局负责，省教育科学研究机构承担业务指导，希望这次会以后，14个市州都自行召开推进会，可以请一些专家来做专门的培训。

（十四）学校课程开发必须改善学校办学的硬件和软件条件。从学校课程建设的实践来看，主观上要做百分之百的努力。同时，要创造一个基本达标的硬件和软件条件。还要营造一个宽松良好的外部环境，加强宣传，树立典型。学校课程开发责任主体下移以后，省教育厅将把工作重点放在建设学校课程的先进示范市（县），扩大特色学校建设规模，不断加大推进的工作力度。初步计划，经过几年的努力，要在全省创建一大批学校课程开发和建设的省级示范学校。

（十五）学校课程开发必须以信息技术作为主要的呈现形式和载体。学校课程要网络化和信息化，只有依托互联网和信息化，才有生命力。学校（校本）课程呈现形式肯定与电子白板有关，与电脑有关，与信息化有关。下一步，在学校课程开发过程中，各地要将网络化、信息化课程资源的开发和利用作为一个重要的课题，彻底改进传统的教育教学方法和手段。

（十六）根据义务教育新课标，调整地方课程和学校课程开发的领域和空间。今年教育部颁布了义务教育19个学科的课程标准（2011版），这是对义务教育课程又一次比较大的修订，各个学科都进行了不同程度的修改。厅基教处和省课程中心要进一步深入解读和研究，根据课标修改情况，确定我省地方课程和学校课程如何调整发展的空间和开发的领域，有些可能要扩大，有些可能要收缩，这些对我们下一步地方课程和学校课程两个体系建设提出了严峻的挑战。

五、下一步学校课程体系建设的思路和要求

当前，亟待解决的一个问题是学校课程的定性和定位，必须现在完成，这不能讨论，要统一意见。课程是我们学校教育的灵魂，这一点毫无疑问。教育以教材的教与学为手段，学生学的是教材，老师教的也是教材。课程的呈现方式是多样的，但是，在定性定位时，首先要考虑到国家从法律的高度把素质教育确定为“基本国策”。那么学校课

程的定性定位应该是打开素质教育之门的钥匙，是我们学校特色化发展的根基,是扩大学校办学自主权的最新的空间。这既是学校的话语权和自主权,也是我国第八次基础教育课程改革的生命线。抓不好三级课程建设,深究起来,就是我们欠了学生课时的账、教育内容的账,弄不好就误人子弟。省上已经出台了地方课程和学校课程开发与实施的指导意见,现在省上的政策、方案都有了。

近日,省教育厅下发了《关于进一步推进中小学学校课程建设的通知》,特别提出确保学校课程的课时量,义务教育学校课程的课时应该达到义务教育总课时的8%～12%的具体要求。这是个什么概念呢?对义务教育阶段来看,从一年级到九年级,总课时是9522个学时,按照8%～12%计算的下限是712节课,上限是1012节课,如果欠学生这么多的课,这不是误人子弟是什么?最近,我刚接待了国家教育督导团对我省阳光体育的督导,督导团专家认为,当前,从全国的情况看,体育课时的80%被语文所占,20%被数学所占,学校基本没有上体育课的课时。音乐、美术的课时被其他学科挤占的情况也比较严重。这种现象绝不是素质教育,更不是学校完整的教育。现在的学生一天都在忙于应付考试,其实,这是低层次的教育。最近我们正在研究制定普通高中新课程高考改革方案，主要是把学生的综合素质评价作为一种制度建立起来,纳入到招生考试与录取制度改革中,在录取方式上,将来普通高校将逐步采取自主录取、推荐录取、破格录取等多种形式,这些对象主要是综合素质评价最高的那些学生,所以,像高台县已经实行了十多年的学生成长的足迹档案将成为高校参考的依据之一。

为了进一步推进学校课程体系建设,要将学校课程开发管理的责任主体的工作重心下移到市州一级教育行政部门，下移到省教科所和整个教研系统。其前提是要实施真正意义上的学校课程体系建设,要严格遵循实施方案、指导意见中的基本原则,严格执行对整个学校课程开发申报的程序、审批的权限等各项规定。我们将采取分三个层面开发的策略。

第一个层面是由14个市州教育局充分利用本地的人文资源、社会经济发展、地方资源的特色,统筹开发一套(种)学校课程。全省加起来共计开发14套(种)学校课程资源,均需报省教育厅和省教材委员会审定。在课程开发前期要对课程的框架进行充分论证,要作为课题进行研究,强化课程开发的理论基础和实践研究。

第二个层面是由86个县(市、区)教育局,根据本县域人文资源、经济社会发展、地方特色资源开发一门(套、种)学校课程,并报市州教育局审批、审定,向省教育厅备案,供本县中小学校试用。

第三个层面是由所有的中小学自己组织力量开发学校 (校本)课程,包括普通高中,都要普遍开发学校课程,由县(市、区)教育行政部门和市州教育行政部门负责审定,明确各工作环节的职责。同时,在全省创建1000所左右的小学, 500所左右的初中,100所左右的普通高中作为省级示范学校和特色学校,经过大家评议,专家评估,采取以奖代补的方法, 把全省的学校课程开发逐步引向正轨, 实现全覆盖。

当前,我们面临的最大问题是处理好国家课程、地方课程和学校课程三者之间的关系,省、市、县、校要各自承担起责任,省上要组织力量,筹措资金,集中优质资源,提升课程开发水平。要把本区域的教育资源、教师资源都集中起来,整合起来,由教育行政部门来推动。课程建设和课程开发是政府行为,只有教育行政部门认可了,发了文件才算数,国家课程以文本形式呈现,地方课程也基本上以文本的形式出现, 学校课程再不能单纯以文本的形式呈现, 应按综合性的形式呈现。我们对学校课程的功能、作用、地位过于扩大,把学校课程当做一个框,什么东西都往里面装,不能把学校课程建设这项复杂的、专业化程度很高的问题简单化, 比如有些学校把教辅资料都简单地称做学校课程,这是错误的。

最后,我还要强调一下,大家要贯彻落实省上对学校课程的指导意见,意见的起草过程中邀请教育部的专家进行了指导,参照了先期进入课程改革的省份的政策,吸取了其他省的经验教训,稳妥而慎重地制定了这些文件,能够经得起推敲,经得起实践的考验。我省的课程资源、专家资源比较丰富,得到了教育部的认可和肯定,在全国的排名也比较靠前。所以,大家一定要严肃对待,不能太随意。现在我们面临的最大任务就是要把13000多所中小学校组织起来,把30多万中小学教师动员起来,把400多万学生活动起来,我们要搞一个新的伟大的创举,就是要进行学校课程开发,在省上统筹规划、统一管理、统一指导下,发挥每一个地方的特色和优势,把全省的学校课程形成一个整体,成为甘肃教育的一个新的亮点,努力形成具有推向全国价值的经验。为了全面推动此项工作,从今年开始,我们要把学校课程开发作为一个刚性指标纳入到对下级教育行政部门的绩效考核范围。在普通高中学校,我们也要将学校课程建设情况纳入到对省级示范校的创建和复评的指标中,进行一票否决。要多管齐下,课程开发目标要明确,方向要正确,操作应该规范,不要走弯路,不要交学费,把握好课程开发的过程性环节,充分借鉴国内外一些比较成功的经验。

(根据录音由省课程中心张炳意整理,经过作者修改并定稿)

第七讲

“双语”教育的困境与藏区教育“跨越式”发展探究

Shuangyu Jiaoyu de Kunjing yu Zangqu Jiaoyu *Kuayueshi* Fazhan Tanjiu

——兼论有本民族文字的少数民族“双语”教育的特殊性与难度

第一次讲座

时　　间:2010 年 6 月 19 日

地　　点:兰州城市学院东校区多功能厅

听讲范围:全省藏区中学校长新课程培训班

第二次讲座

时　　间:2011 年 8 月 11 日

地　　点:西北师范大学教育学院

听讲范围:全省藏区普通高中校长培训班

甘肃藏区的教育通过“两基攻坚”的拉动,基本实现了跨越发展,取得了历史性的巨大变化。这个成绩和局面来之不易,是党的民族政策的成果,是社会主义制度优越性的体现,也是各级党委政府、教育系统、社会各界共同努力的结果。我就如何研判双语教育特殊性的发展形势,进一步推动甘肃藏区教育跨越式发展问题作如下探讨。

我国实施的改革开放战略, 极大地推动了各项事业的发展和兴起, 广泛地拓宽了各个学科的研究和探索的领域和空间。少数民族“双语”教育(简称“双语”教育)是教育重要而特殊的组成部分。最近几年的调查研究过程中,发现“双语”教育发展受到外部环境和内部环境的严峻挑战和多种制约。“双语”教育面临“两难选择”,即本民族语与汉语两种语言相结合的教学模式举步维艰;少数民族语言环境弱化,以少数民族语言为主的教学方式大幅度萎缩。特别是藏族地区的“双语”教育在理论和实践上都遇到了前所未有的挑战,这个问题涉及发展根本,牵扯民族命脉,必须进行深刻的反思。认识和研究“双语”

教育，应该坚持以科学发展观和构建和谐社会理念为指导，就“双语”教育完善制度，创新机制。理论上侧重于论证提出符合历史、经济、社会、文化发展趋势，具有时代特色和说服力的政策依据；实践上侧重于反映少数民族历史文化对世界和祖国的贡献和价值，提出保障平等发展和体现学习使用本民族语言文字权利的政策思路和实践路径。

一、深刻认识“双语”教育的特殊性和复杂性

(一)正确认识母语教育在稳定和发展中的地位和作用。甘肃少数民族地区的特点：一是少数民族人口“多”(240万)，占全省总人口的9.3%。二是民族地区面积“大”(18万平方公里)，占全省总面积的40%。三是民族地区位“边”(大部分聚居边远、边境地区)。四是民族地区发展水平“低”，只占全省生产总值的5.49%。五是民族地区贫困程度“深”，贫困人口占全省贫困人口的21.6%。六是民族地区发展前景“广”，各种资源比较丰富，国家加大了扶持力度。

甘肃少数民族地区的“双语”教育得到了全面发展，总结了一些经验，建立了比较健全的“双语”教育体系。2009年7月，党中央、国务院第一次把甘肃藏区的经济社会发展问题纳入“中央第五次西藏工作座谈会”的准备工作范畴，统筹调研享受与西藏自治区基本均衡和参照的扶持优惠政策。经济社会发展离不开教育事业的发展，甘肃少数民族“双语”教育发展问题，成为各级领导关注的焦点，先后多次组织调研组，深入甘肃藏区开展藏区“双语”教育调查研究。这种高层全面直接介入“双语”教育的情况是前所未有的，也充分体现了各级领导对“双语”教育的高度重视。我们把目光聚焦到“双语”教育的生存、发展问题，既审视当前形势，又站在长远发展，就甘肃藏区实施“双语”教育工程、建设标准化寄宿制学校等问题进行了调查论证，期待着国家加大投资力度，在重点扶持发展“双语教育”的新的历史机遇期，坚持

“三个离不开”的指导思想,以政治稳定与科学发展为目标,统筹兼顾区域内各民族整体的教育事业的和谐发展。

(二)“双语”教育概念的理解有待统一,教学模式有待规范。“双语”教育概念的含义具有广义和狭义之分,狭义的含义为“少数民族语言加授汉语言的教育”,是以少数民族语言为第一地位的教学方式,实际上巩固了少数民族语言的地位。民族教育概念内涵和外延的界定,存在一个到底“谁说了算”的问题。民族教育是中国少数民族教育的简称,特指对除汉语以外的其他55个少数民族实施的教育。更进一步讲,是指以国家既定的社会制度和教育方针为基础,依据各少数民族所处的自然地理条件、社会历史和文化传统所实施的国民教育。民族教育除具有汉族教育的一切特征外,还有学习本民族语言文字的内容。

甘肃藏区是指甘南藏族自治州七县一市、天祝藏族自治县、陇南市和张掖市肃南县的7个藏族自治乡。“双语”教育与普通教育是否可以视为(或认为)是两个完全不同的、各成独立的教育体系,的确是一个值得深入研究的重大课题。由于是两个完全不同的语言文字体系,民族的思维方式也不同,必须确认其特殊性,克服盲目性,不能把复杂问题简单化。语言文字关乎一个民族的生存和发展,对一个民族具有特殊的价值。语言文字是文明和文化传承的最重要的载体,也是民族特征中最重要的基础。没有文字的文化缺乏生命力,而文化对经济、社会的影响力很大,也是一个民族的生命力所在。所以说,文化是一个民族的灵魂。那种把“双语”教育仅仅看做像普通教育中的英语教学一样,纯粹是为了应付考试,那是一个很大的误区,不仅失去了教育的本义,也是一种无效教育,这与全面实施素质教育,促进学生全面发展是相违背的。

(三)甘肃藏区教育事业发展的特殊性研究。新中国建立以来,甘肃藏区教育事业实现了跨越式发展,但是受高寒阴湿等自然条件的限制、历史的影响和经济社会欠发达的制约,无钱办事、无法办事、无人办事等问题仍然突出。应该认真研究藏区的特殊性,对存在的问题应该从主客观两个方面寻找答案,找准症结,提出建议。

1.自然环境、气候条件恶劣,社会历史发展阶段滞后。发达地区不是问题的问题在藏区依然是非常重大的困难和问题,发达地区是局部的问题在藏区是全局性、普遍性的问题,发达地区已经解决了的问题在藏区正在认识或着手解决。

2.群众居住分散,交通不便,信息闭塞,思想观念落后,造成社会生产力水平低下。藏族是我国畜牧业生产的主要劳动力,从事的是最辛苦或收入最少的工作。生产经营简单粗放,经济活动范围狭小,经济发展落后,贫困面大,程度深,州穷民穷,生活质量低,消费结构不科学,投入效益无法量化。

3.经济社会发展方面,国家和省上的重大项目偏少,投入总量不足,资金短缺问题仍然十分突出。财政自给能力太差,地方性财政收入过低,大部分县都是财政补贴县,而且是国家级贫困县,财政自给率均在10%以下,财政困难导致了教育经费投入严重不足,公用经费偏低。值得注意的是,随着国家对教育投入的逐年增长,地方财政收入中对教育的支出却在一直下降。

4.欠发达地区政府支撑教育发展的能力很弱。教育经费投入"三个增长"难以兑现,地方投资配套近乎空白。"以县为主"无能为力,行政管理、项目建设、社会运行成本很高。发达地区花很少的钱,能办好很大的事,办得很好,甘南花很多的钱也办不了一般的事情,而且往往达不到预期的目标。

5.社会发育不足,社会文明程度低。主要表现在城市化程度低,游牧生活、游牧文化、游牧社会向城镇化、小康社会跨越难度大。

6.教育结构不合理,形成"点多、线长、面广、规模小、投入多、效益差"的特点。教育发展层次低,小学过多,中学过少,农牧村教育尤其薄弱，已经完成的“两基”层次低、水平低，少数民族语言文字出现弱化和萎缩，“双语”教育就业出现空前困难，职业教育发展严重滞后。

7.藏区人口文盲和半文盲人数很多。文盲比例很高，受教育年限短，文化水平综合均值低，较高程度的文化人口少，构成层次低，男女文化素质差异大是少数民族经济社会发展的主要障碍之一，政治思想工作没有实现“双语”并行，社会文化公益性设施少，“双语”翻译力量不足，党中央的声音和政治宣传“听不懂”、“看不懂”的情况普遍存在，宣传教育效果差，甚至“望图生意”，产生很多歧义和曲解。

8.民族文化心理原则问题。温家宝说：谈到尊重文明的多样性，必须看到各个民族、各种宗教都是多样性文明的重要载体。中国政府的基本政策是，坚定不移地坚持和完善民族区域自治制度，切实保障各民族一律平等，加快少数民族和民族地区经济社会发展；坚定不移地坚持宗教信仰自由政策，发挥宗教界人士和信教群众在促进经济社会发展中的积极作用。

9.宗教信仰与教育关系问题。藏族全民信教，这使人们的世界观、人生观、价值观形成与学校教育截然不同的思想基础，对此要进行研究和反思。

10.少数民族地区的学校普遍存在“四个不如”。我省著名教育专家胡德海先生在研究少数民族地区教育现状和存在的问题时指出：少数民族地区的学校在各方面不如汉族地区的学校那样井然有序；少数民族地区的教师队伍的职业责任心不如汉族地区的教师那样严肃认真；少数民族地区学校的各项规章制度不如汉族地区学校那样正规运行；少数民族地区学校学生的勤奋学习精神不如汉族地区学生。

二、甘肃有本民族文字的少数民族教育课堂教学难度问题研究

最新版本《辞海》对民族教育概念的最权威定义：民族教育——亦

称“少数民族教育”。多民族国家内对人数最多的民族以外的民族实施的教育。在中国，指对汉族以外的民族实施的教育。按山、林、牧、边境等不同居住地区，采用不同办学形式，并照顾少数民族学生特点，使用本民族语言进行教学，也学习汉语文(《辞海》2009年10月第六版第1583页)。

新中国建立以来，党和国家通过各方面的政策来支持甘肃藏区的发展，藏区教育事业实现了跨越式发展，取得了显著的成果。但受高寒阴湿等自然条件的限制、历史的影响，经济社会发育仍然不成熟，经费缺少，无钱办事；设备缺少，无法办事；人才缺少，无人办事。民族教育的特殊性表现在一些老大难问题都没有彻底解决，出现了许多新的困难和问题，面临一系列靠自己难以解决的新的严峻挑战。工作难度主要体现在以下几个方面：

(一)难在藏区社会历史发展阶段滞后，教育发展阶段和水平滞后于全国，在全省也处在最末尾。藏区基本上以畜牧业生产为主导产业，生产经营简单粗放而且效益低下，经济发展落后，贫困面大，程度深，州穷民穷，生活质量低，消费结构不科学，投入效益无法量化。群众的教育意识、教育观念陈旧落后，政府苦抓教育还处在宣传动员阶段，个别地方甚至采取适龄儿童不入学予以罚款的办法，家长苦供、学生苦学的氛围不浓厚。

(二)难在区域面积大，城市化程度低，居住分散，交通不便，自然环境、气候条件恶劣，信息闭塞。发达地区不是问题的问题在藏区依然是非常重大的困难和问题，发达地区是局部问题而在藏区是最为全局性的普遍性的突出的问题，发达地区已经解决了的问题，藏区正在认识或着手解决，但要达到发达地区的标准和效益还有很大差距。少数民族缺乏自我发展能力，其发展是典型的国家投资项目拉动型的发展，有很强的依赖性。国家在民族地区重点解决的问题是过去的欠账或早应解决的问题。发达地区解决的很多问题却是发展中的问题，或发展过程中新出现的新问题，这在少数民族地区是尚未认识到的问题，或者无法无力解决的问题。

（三）难在经济基础薄弱，财政自给能力太差。地方性财政收入过低，大部分县都是财政补贴县，而且是国家级贫困县，财政自给率均在10%以下，财政困难导致了教育经费投入严重不足，公用经费偏低。“以县为主”的教育经费管理体制出现“空转”，办学条件差，不能满足教育教学的实际需要。行政管理、项目建设、社会运行成本很高。发达地区花很少的钱，能办好很大的事，办得很好；甘南花很多的钱也办不了一般的事情，而且往往达不到预期的目标。

（四）难在社会发育不足，社会文明程度低，全民文化素质差。主要表现在城市化程度低，游牧生活、游牧文化、游牧社会向城镇化、小康社会跨越难度大。学校很难达到发达地区的标准，社会教育资源不足，家庭教育严重滞后，教学质量徘徊不前，缺乏教育可持续发展的能力、动力。

（五）难在教育结构不合理。教育发展层次低，小学过多，中学过少，农牧村教育尤其薄弱，已经完成的“两基”层次低、水平低，还有两个县没有完成两基攻坚任务，“双语”教育难度大，少数民族语言文字出现弱化和萎缩，“双语”教育就业出现空前困难，职业教育发展严重滞后。学校德育的形式和内容不适应少数民族地区的实际情况。

（六）难在“两基攻坚”的很多指标没有达到标准，辍学、失学现象未能彻底解决。工作欠账多，出现人为数字，一年级学生和高中学生在校结构失去平衡，文盲比例居高不下，受教育年限短，较高程度文化人口少、构成层次低，男女文化素质差异大，新的文盲继续产生。应该肯定“两基攻坚”对边远贫困地区和少数民族地区教育跨越式发展的成绩，更应该反思“两基攻坚”任务达标的质量和效果方面出现的新的工作欠账。

（七）难在课程标准难以实施，教学内容和难度成倍增加。母语、第二语言、第三语言交叉教学，跨越语言障碍困难重重。藏语文虽然作为学校教学语言，但是汉语文始终是行政语言。现实是：开会、上班用汉语文，生活和下班交流、家庭交流用藏语文。实际广泛流通的是汉语文，其承担着全国共同语文和同各民族之间信息交流的纽带。书面文字受方言的障碍，在本民族区域之间交流也多用汉语文。

（八）难在“双语”教育体系不健全，在单一的轨道上同时运行两种不同的教育模式。就业难，不能学以致用，教与学在体制之外循环，母语学习、使用人口萎缩，“双语”教育走在了何去何从的十字路口，面临功利性的严峻挑战。

（九）难在新课程改革难以有效实施，教学质量普遍差。能够考入重点大学的人数偏低，办学行为不规范，音乐、美术、体育、英语不能开足、开齐，素质教育处在“口号”阶段。“双语”教育增加了近一倍的授课难度和学习难度。“双语”教育国家、地方、学校三级课程体系建设，研发、翻译与“双语”教育对等的配套教材等都是既紧迫又重大的课题。在学校办好教育方面，当前存在的突出问题有：一是教育起点低，文化基础薄弱。二是教育起步晚，发展快，但质量普遍不高。三是学制和教学计划不够规范统一。四是办学形式多种多样，而评价机制和办法只有一套标准。五是部分学校或课程无法按法律法规要求使用民族语言文字教学。

（十）难在教师队伍的学科结构不合理，文凭与水平差距过大，双语兼通型教师短缺。名校、名师队伍和骨干教师队伍尚未形成，培养不出全省优秀拔尖的学生。

三、从多元角度研究分析“双语”教育面临困境的深层原因

“双语”教育，属于民族学范畴，从国家层面应该寻找制约“双语”教育发展的主要因素，关注少数民族语言文字环境的弱化甚至退化

现象,尽快开展少数民族语言文字保护和抢救大调研行动。经济社会落后与教育落后相互关联、相互作用,形成一种恶性循环状态。对"双语"教育研究方法,要运用人类文化多元的理念和移情换位的意识。教育部门的任务是实施学校"双语"教育,但是社会语言环境的变化是当前"双语"教育不得不反思和面对的现实问题。发展是硬道理,"双语"教育发展的硬道理在于如何更好地为当地的经济社会发展服务,为全面建设社会主义小康社会提供智力保障。这种客观现实决定了在教育科学研究中,特别是在研究"双语"教育面临的复杂局面和多种危机的重大问题时,应该把教育学原理与经济学、社会学、民族学紧密结合起来,更加全面、深入、系统、准确地认识和破解"双语"教育面临的各种难题。

(一)着眼于教育与经济发展的密切关系,注重研究"双语"教育对经济的作用和经济对"双语"教育的反作用的关系。根据经济学的追求利润最大化、价格的杠杆作用原理,应以地方的经济实力、财政的自给率为"双语"教育学校的建设规模、建设标准和发展速度的前提,分析研究"双语"教育如何发展,如何为经济社会发展服务的问题。要用资金投入与经济社会发展之间的效益原则,算清楚经济效益与社会效益、有效教育与无效教育的经济账。重点要研究自然条件严酷、经济发展滞后对教育发展的制约因素,民族教育与经济社会发展相脱节,教育作用的发挥受到了限制;教育经费投入不足,限制了教育的发展。

(二)着眼于教育与社会发展密不可分的关系,注重研究"双语"教育对社会的作用和社会对"双语"教育的反作用之间的关系。针对新的历史时期,人们在受利益驱动、社会格局、生活质量、消费结构、价值取向等方面发生巨大变化的影响,要用社会学的原理分析和研究"双语"教育的社会需求、发展趋势,特别是在社会转型的过程中"双语"教育如何为社会发展服务的问题。重点要研究传统社会结构、生产生活方式、人口素质结构、青壮年文盲高对教育发展的制约因素。在当今条件下,少数民族语言文字的使用范围问题,是一个不得不面对的现实问题。在少数民族群众的家庭、社会语言环境日益发生变化的情况下,少数民族群众日常使用的语言也普遍夹带着"双语"现象。人民对于教育的追求,在很大程度上受到功利性驱动,为以各自基本生存的物质基础的经济利益出发的教育,竞争很激烈、很残酷,淘汰率很高,仍然是既痛苦又疑惑无限,抑或人人向往的荣耀人生的奋斗之路。

(三)着眼于"双语"教育与民族文化发展的传承渗透关系,注重研究在全球化的背景下多元文化互动与社会变迁之间的必然关系。同时,也要注重研究不同文化所具有的不同的价值观。重点研究传统文化、思想观念和语言文字对教育的制约因素。因为,价值观的不同也就意味着文化鸿沟的存在,如果两种价值观不能包容和谐,文化的冲突就在所难免。少数民族传统文化的传承和外来文化的影响力之间呈现出一种链条式连锁反应模式,很难避免横向不确定性的波及和影响,这既是和谐社会要化解的矛盾,也是"双语"教育在社会变迁过程中面临的新的目标选择。在城乡一体化、游牧文化向城市文明转型的过程中,"双语"教育在提高全民科学文化素质,促进各种文化交流和精神文明建设等方面将发挥更加重要的作用。

(四)着眼于"双语"教育与民族问题的密切关系,学习和使用少数民族语言文字是宪法和民族区域自治法赋予的基本权利和自由。注重分析研究民族特征的演变、民族风俗习惯的变化、各民族之间的融合,在各民族共同团结进步、共同繁荣富强的过程中,"双语"教育如何坚持"三个面向",在民族地区维护稳定,加快发展中发挥不可替代的重要作用的问题。还要着眼于宗教问题的长期性,注重研究"双语"教育与宗教的关系,宗教用语一般都是少数民族语言,只要宗教存在,母语就会存在。

四、为教育事业发展而争取新的特殊优惠政策的侧重点和思路

(一)对甘肃藏区现行的特殊优惠政策的完善。要回头看,总结"十一五"规划中那些规划没有落实,在制定和实施特殊帮扶政策时,应当把授人以鱼(输血)和授人以渔(造血)结合起来。以体制和机制延伸、更替、创新,制定出台含金量高、管长远的特殊优惠政策体系。

(二)参照其他藏区的特殊优惠政策。在找准问题前提下,积极争取国家的支持,提出政策建议,要从全国整个藏区的同一性和公平性去考虑甘肃藏区的政策问题。争取西藏多年享受而甘肃藏区没有享受的特殊优惠政策,如经济建设、社会事业、干部职工待遇等方面的各项重大援助项目建设。还要争取青海等民族师范在藏区已经享受而甘肃藏区没有享受到的特殊优惠政策。

(三)提出"十二五"内重点发展的投资项目。重点应该放在发达地区已经解决,而甘肃藏区仍然没有且无法解决的问题、发达地区自身可以解决而甘肃藏区无法自身解决的问题,提出的方案必须符合国家现阶段的发展和现行法规政策,别的地区甚至发达地区都还没有解决的问题,在藏区提出来解决不现实。

(四)高标准实施少数民族地区寄宿制学校建设。重点要实施寄宿制学校建设、学校温暖、食堂建设三大工程,优先解决宿舍、食堂、取暖三个项目建设配套到位的问题。

(五)扩大教育经费保障机制范围。将学前教育、高中教育、职业教育全部纳入免费教育政策范围。

(六)建立健全"双语"兼通型的教师培养培训体系。增加少数民族定向招生计划,提高少数民族考生加分幅度;扩大省内外高等学校民族预科班班级数量和招生计划。在省内省级示范性高中举办"甘南藏区民族班"。

(七)内地政府实施教育对口帮扶支援计划。努力加大天津、北京、上海、广州、深圳对口帮扶支援甘肃藏区教育发展项目。

(八)实施教师"双语"集中重点培训工程,支持提高藏区教师的整体素质。义务教育均衡发展是当前的一项基本国策。如果没有少数民族教育的均衡发展,就不会有全省义务教育的均衡发展。没有少数民族地区教育的跨越式发展,就会直接影响全省教育的科学、协调发展。同样的道理,如果个别学校或一部分学校的办学硬件和软件不达标、不规范、质量低、问题多,表明这个区域的发展阶段和水平不高,对一个县、市甚至州有很大的影响,对全省也有一定的影响,反映了一个省的发展阶段和水平。因为,这些问题在发达地方早就解决了。

甘肃省委、省政府高度重视藏区经济社会发展,2008 年省委下发了 40 号文件,对藏区教育连续三年每年安排专项资金 500 万,其中教师培训 200 万,设备器材 200 万,远程教育 100 万。我们计划利用这一笔钱,重点提高藏区教师队伍的专业素质,解决教育教学中面临的实际问题。但是,省、州教育部门对藏区校长、教师最迫切需要的培训内容了解不深,研究不透,是不是按合适的时间、内容、形式、主题等培训,还有待研究,培训的针对性、指导性、权威性、规范性、实效性如何,只有培训对象最有发言权。

甘肃藏区的"双语"教育对五省区藏族教育和教材协作机构的依赖性很强。因此,要以发展的眼光来认识教师培训,要以"走出去"与"请进来"相结合开门搞培训,以更深的层面和更高的标准组织落实好教师培训任务。要邀请教育部相关领导、教育部专家库里的专家、教育发达省份的专家、藏区教育专家(五协办的专家资源)开办讲座,传授经验,以针对性和有效性为最高原则,切实解决好教育教学进程中存在的长期议而不决的"老大难"问题,探索解决出现的新情况、新困难、新问题,全面提升办学水平,明显提高教育教学质量,最大限度地缩小藏区教育发展的差距。

五、坚持实施依法治教，创新拓宽“双语”教育发展途径

现阶段，民族地区经济社会发展压倒一切的任务仍然是解决贫困问题，不可能拿出更多的钱来办教育。各级政府要按照法律规定的义务，制定能解决贫困问题的长期稳定的资金投入机制，逐步解决“双语”教育特殊优惠政策落实不到位、“双语”教育发展后劲不足的问题。

（一）全面落实“双语”教育政策。新时期“双语”教育要遵循的基本方针和原则是：

1.坚持社会主义办学方向，为社会主义现代化建设服务，同生产劳动相结合，培养德、智、体全面发展的建设者和接班人。向学生进行基本路线教育，国情、爱国、团结、统一的教育，使他们坚持正确的政治方向。

2.坚持为当地经济建设和社会发展服务。坚持三个面向，提高质量和效益。

3.坚持一切从实际出发。根据不同的特点和实际，确定本地教育发展、规划、政策和办学形式，通过深化改革，逐步走出符合本民族和本地区实际的办学路子。学习和借鉴其他民族的经验，结合实际，防止“一刀切”。

4.坚持开放，扩大交流。在继承发扬本民族优秀文化传统的同时，要扩大民族间的交流，大胆吸收和借鉴人类创造的一切文明成果。在使用本民族语言文字教学的地区，要因地制宜地搞好“双语”教学，大力推广普通话。

5.坚持教育与宗教相分离。向学生进行科学知识教育，树立正确的科学世界观。

6.坚持国家帮助与自力更生相结合。需要少数民族和民族地区发扬自力更生、艰苦奋斗的精神，努力实现本地区的发展，获得民族的进步。

(二)要用好、用足、用活现有“双语”教育优惠政策。从中央到地方,为扶持少数民族教育事业的发展,制定和实施了一系列特殊优惠政策,归纳起来主要有:

1.国家重视,为帮助民教事业,专门设立了民族(主)教育管理机构。

2. 赋予和尊重少数民族和民族自治地方自己发展民族教育的权利。

3.重视民族语文教学,“双语”教学,加强少数民族文字教材建设。

4.加强少数民族师资队伍建设。

5.在经费上对少数民族和民族自治地区给予特别照顾。

6.从民族地区和少数民族的实际出发,举办多种类型的民族学校,采取定向招生的办法,为民族地区培养人才。

7.在招生中和生活上对少数民族学生给予适当照顾。

8.组织发达地区对民族地区开展对口支援。

与此同时,一定要积极争取“双语”教育特殊优惠政策的更新和延伸。甘肃是一个多民族的西部欠发达省份,“双语”教育事业既面临着许多困难和挑战,也迎来了党的民族政策进一步落实的发展机遇期,要把“零就业”家庭解决一人就业作为未来“双语”教育的主要目标,抓好落实。没有“双语”教育的同步发展,全省基础教育很难和谐发展。在今后教育投入方面,应把国家力量与地方力量相结合,逐步形成二者良性互动的体制和机制,促进民族地区各级各类教育协调发展,推动民族地区教育实现“追赶上”、“跨越式”发展,办好少数民族人民群众满意的教育。

(三)准确把握教育规律,努力实施藏区教育跨越式发展战略。我国民族工作部门指出,做好民族工作,集中到一点,就是必须把贯彻执行党和国家的教育方针同贯彻执行党和国家的民族政策有机地结合起来,坚持从少数民族的特点和民族地区的实际出发,发展民族教育事业。

1.要打好基础,在数量上和质量上有一个新的发展和提高。

2.要坚持改革开放,进一步明确办学的路子,使民族教育更好地为各地经济建设和人民群众的富裕服务。

3.要努力缩小困难较大的民族地区同全国教育发展平均水平的差距,解决“两个适应”的问题,这就是民族教育的发展与全国教育发展相适应,与少数民族和民族地区的经济社会发展相适应。

4.应该遵循的基本原则和规律。

(1)遵循依存母语的原则。藏族社会历史尚处在农业文明前期,与工业文明相距甚远。在人类文化发展史上,每个人的接受教育的开端也遵循着依存母语的原则。

(2)遵循思维认知规律的原则。人对事物的认识活动是完全借助语言进行的,没有语言的认知活动就不可能有人的教育活动。同样,对完全不懂汉语的农村儿童,因为语言障碍,毫无汉语思维能力。因此,在实行“双语”教学的同时,进行汉语普通话会话训练就显得尤为重要。

(3)遵循语言逻辑相一致的原则。教师教学的语言逻辑、学生学习的语言逻辑、教材的文本语言逻辑和教育实施区域的社区语言逻辑四个方面的语言逻辑必须达到一致。

(4)遵循学以致用的有效性原则。语言是少数民族内在的权利,解决学以致用的责任关键在于各级政府,因为这已经超出了学校教育的范围。

(5)坚持普及与提高并重的原则。民族地区教育工作要坚持夯实基础,重点突破,整体推进的方针,重点解决普及九年义务教育覆盖率,延长全体公民接受教育的平均年限,加大青壮年文盲的扫盲力度,减少辍学率,控制新文盲群体的出现。在此基础上要扩大高中教育规模,为高等学校输送更多合格的人才,努力培养高层次的人才队伍。

(6)坚持办学模式分散与集中相结合的原则。民族地区的城乡二元结构和农牧产业结构比较特殊,而且变化比较缓慢,寄宿制的办学模式在城市和农牧村都是首选的模式,也是目前唯一适合其社会形态和生活方式的办学模式。

(7)坚持"双语"并举兼通的原则。坚持学习"双语",体现了教育的需要和有用的原则,要承认藏族语言文字使用的局限性,学习汉语主要是自己生活方便和与他人交流沟通的需要。只有双语兼通,才能做到双语互补,克服藏语文的局限性,更好地为本民族经济社会发展和生活服务。

(8)坚持以扶持促公平的原则。民族教育需要支持,更需要增强造血功能。特事特办,加大资金项目扶持力度。

(四)国家优惠政策为我省藏区教育发展注入了新的活力和动力,确定了工作重点:

1.认真贯彻落实中央第五次西藏工作会议精神和省委、省政府关于加强藏区工作文件精神,促进藏区教育实现跨越式发展。全力保障藏区教育发展和学校长治久安,认真实施"五大建设工程",即:民族团结教育、双语教育、寄宿制学校建设、中等职业教育发展、高等教育发展等工程。建立完善三大保障体系,即:学生保障、教师保障、"双语"教育保障体系。

2.坚持"双语"教育的"科学定位,"双语"兼顾,城乡统筹,均衡发展;遵循依存母语的认知规律;遵循语言逻辑的一致;坚持科学知识型劳动者的培养目标;面向全体学生和整体民族;教学模式的相对稳定性;从实际出发;实事求是;维护公民宪法权利;以德育为首等十大原则。实现特殊优惠政策与"双语"教育新模式的有效结合。

3.制定出台《关于加强甘南藏区中小学德育工作的意见》。制定出台甘肃省贯彻教育部《双语教育指导纲要》的实施意见。积极筹备召开全省民族教育工作会议。制定出台《学校民族团结教育指导纲要》实施意见。

4.配合组织部门制定出台中小学加强党组织建设意见。甘南藏区的中小学党组织软弱涣散,教师中的党员比例偏低,基本上未能发挥核心领导作用,应该采取特殊的加强措施。

5.向教育部五协办公室提出藏语文课本修改建议、申报甘肃藏区辅助教材意见。我省藏区教育主要依赖教育部在青海设立的甘、青、川、滇、西藏五省区藏族教育、教材协作领导小组及其办公室。目前我省藏区"以藏为主"学校教学所采用的教材都是"五协"编写和翻译的,我省没有编写教材和教辅的权利。

总之,为了破解甘肃藏区"双语"教育发展的"坚冰",实现藏区教育跨越式发展,今后我们应该坚持以建设西部教育强省为总目标,牢牢把握全省经济社会发展和教育事业发展的阶段性特征,从学生发展、教师专业发展、部门自身建设入手,深入剖析、研究和着力解决好影响我省教育科学发展的教育质量、课程改革、教育评价、素质教育、义务教育均衡发展、办好人民满意的教育、构建和谐教育结构、专家型教育管理队伍、"超大班额"、音体美教育、信息技术教育等重大问题。

第八讲

开创中小学民族团结教育新领域探究

Kaichuang Zhong-xiaoxue Mingzu Tuanjie Jiaoyu Xinlingyu Tanjiu

时间:2011 年 7 月 9 日

地点:西北师范大学小礼堂

听讲范围:全省民族团结教育骨干教师培训班

一、民族团结的含义

在政治学理论中介绍了民族的定义、民族的形成和融合、民族与国家的关系、民族问题与阶级问题的关系，唯一与民族团结有关的是提出了“民族平等和民族团结是马克思主义处理民族问题的根本原则”的观点。在比较权威的由中国人民大学出版社出版的杨光斌主编的《政治学导论》中，只在“人权”一章中提到了“民族权利”，主要包括民族自决权、发展权、和平权。可见民族团结问题基本上没有进入政治学家们的视野。

在社会学理论中，国外的学者着重论述了民族关系，最有价值的是美国新泽西州立大学戴维·波普诺所著的《社会学(第十版)》，在其第十一章专门定义了民族、种族以及少数民族的概念，并讨论了少数民族群体与主流社会群体关系的接受型模式和排斥型模式。梁钊韬等编著的《中国民族学概论》(1985)中有“坚持民族平等、加强民族团结”一节，定义民族团结“就是各族人民基于共同的利益，在反抗民族压迫与剥削的斗争和社会主义的革命与建设中建立起来的友好的平等互助关系”。林耀华主编的《民族学通论》、杨群的《民族学概论》、欧潮泉的《基础民族学》等均没有涉及民族团结问题。

我国《宪法》明确规定:我国各个民族一律平等。其含义是:反对任何民族歧视和民族压迫;既反对大民族主义,又反对地方民族主义;国家尊重少数民族的风俗习惯;少数民族有使用本民族文字、语言的权利和自由;对于少数民族比较集中的地区实行民族自治政策;民族自治的行政单位有民族自治乡、自治县(旗)、自治州(盟)、自治区;各民族在政治上一律平等;国家反对任何形式的民族分裂活动;要求各民族在共产党的领导下,实现全国各民族的大团结,建立社会主义的民族大家庭。

民族团结是社会主义民族关系的基本特征和核心内容之一,也是中国共产党和国家所追求的目标。社会主义社会各民族之间的团结,是以中国共产党的领导和党的团结为核心的,是以社会主义制度和祖国统一为基础的。作为中国民族政策体系的重要的组成部分,包括以下几方面的含义:反对民族压迫和民族歧视;维护促进民族团结,包括不同民族之间的团结,也包括民族内部的团结;各族人民齐心协力,共同促进祖国的繁荣发展;反对民族分裂,维护祖国统一。

二、民族团结的意义

新中国成立以来的60年,是我国各民族在党的领导下,共同团结奋斗、共同繁荣发展的60年,少数民族的面貌、民族关系的面貌、民族团结进步事业的面貌发生历史性巨大变化的60年。60年来,民族团结为祖国的繁荣发展奠定了坚实基础。今天,我们可以从历史和现实的结合上更加深刻地认识到民族团结的重大意义,更加深刻地体会到民族团结的重要性和必要性。

(一)民族团结是社会和谐稳定、国家长治久安的重要保证。我国是各族人民共同缔造的团结统一的多民族国家,少数民族有1亿多人口,占全国总人口的8%以上,分布在全国各地;民族自治地方占国土总面积的64%左右,西部和边疆绝大部分地区是少数民族聚居区。这一基本国情,决定了我国的民族团结在维护国家统一和长期稳定方面具有更为重要的地位和分量。

(二)民族团结是增强中华民族凝聚力和综合国力的必然要求。民族团结形成的力量,既是民族向心力、凝聚力的重要体现,也极大地影响着综合国力。60年来,民族团结始终是中华民族凝聚力的重要内核,是我国综合国力的重要组成部分。经过60年的发展,我国综合国力大大增强,这与我国各族人民大团结产生的巨大力量有着密切关系。

(三)民族团结是中华民族伟大复兴的强大动力。中华民族的伟大复兴,根本动力来自全国各族人民大团结。只有各族人民共同当家做主,才能使各族人民建设中国特色社会主义的参与热情和创造活力最大限度地激发出来,使社会主义制度下一切物质的和精神的、现实的和潜在的积极因素竞相迸发其能量,一切有利于造福社会和人民的源泉充分涌流,从而使中华民族伟大复兴的光明前景真正变为现实。

(四)民族团结是牢牢把握重要战略机遇期的客观需要。我们现在所处的战略机遇期,既是黄金发展期,也是矛盾凸显期。新中国成立60年来的实践充分证明:民族团结是福,民族分裂是祸。只有高举各民族大团结的旗帜,把一切可以团结的力量团结起来,把一切可以调动的积极因素调动起来,把各民族的力量凝聚起来,才能牢牢抓住和利用好重要战略机遇期。

(五)民族团结是国家统一、繁荣昌盛的前提和保证。民族关系和睦,政治就稳定,经济就会发展。民族关系恶化,国家的统一就会受到威胁,经济就会受到破坏。加强民族团结,维护祖国统一是中华民族的最高利益,也是各民族人民的共同愿望。

民族团结是一种精神、一种思想整合力量、一种追求,它对凝聚人心、整合社会起着重要作用。我国是一个统一的多民族国家。民族团结关系到中华民族的生死存亡，关系到国家的安危和各族人民的根本利益。没有民族团结,就没有社会的稳定;没有民族团结,就没有经济的发展;没有民族团结,构建社会主义和谐社会就无从谈起。加强民族团结是顺应历史发展趋势的国策，是符合全国广大人民群众情感和意愿的大举。

三、民族团结教育的政治任务

民族团结的实质是放大了的人与人之间的关系,因而平等、尊重、团结、互助、和谐,共同团结奋斗,共同繁荣发展是各民族大团结的基础和目标。各民族之间呈现出贫困与发达、先进与落后的关系,物质、经济、生产力等外在的关系,观念、文化、习俗等内在的关系。根本出路在于自身的努力奋斗,改革创新,适应时代潮流,走向现代化,走向世界。

开展民族团结教育活动的基本目的是:使中小学各民族学生对我国56个民族的历史、文化、宗教、风俗习惯等有初步的了解;对马克思主义关于民族、宗教问题的基本理论和党的民族、宗教政策有一定的认识和理解,为在社会交往中,正确贯彻党的民族、宗教政策打下较好的思想基础；具备正确对待和处理涉及民族、宗教问题的基本素质,提高增强民族团结、维护祖国统一的自觉性,增进我国各民族平等、团结、互助的社会主义民族观意识的形成。针对学生年龄和认知特点,在小学阶段开设《民族常识》活动课,重点是学习和了解我国各民族的基本状况;在初中阶段开设《民族政策常识》课,重点是通过对马克思主义民族、宗教理论和党的民族、宗教政策的学习,在思想和行为上具备正确贯彻党的民族、宗教政策的基本素质。中小学的民族团结教育,采取课外活动的形式进行。在课外活动中,利用团队、班会歌舞表演、民族知识演讲、绘画、民族团结故事会、讲座等形式开展,寓民族团结教育于丰富多彩的活动之中。同时,民族团结教育要与中小学的艺术教育和素质教育紧密结合起来。

四、民族团结教育的基本内容

增强民族团结、维护祖国统一,是我国各族人民的共同责任,在学校开展民族团结教育值得高度重视。

(一)开展民族团结教育,必须正确认识中华各民族的特征,普及民族知识,树立民族团结意识。知道党和国家的民族政策及其必要性和重要性,了解我国民族问题的基本特点,学习马克思主义和党的民族基本理论,树立马克思主义民族观;从历史的、世界的视野分析和探讨各种民族现象,进一步认识党和国家的民族政策的优越性;联系实际进行思考、探讨,在思想和行为上培养贯彻执行党和国家民族政策的基本素质和能力。

(二)开展民族团结教育,必须贯彻"以人为本"的原则。必须从不同地区的实际和各族学生不同年龄阶段身心发展的特点出发,分阶段、分层次、有重点、有针对性地设置具体教育内容。要把不同学段的民族团结教育内容有机地整合起来,统筹安排。各级教育行政部门和学校必须保证民族团结教育课程的时间安排,小学和初中阶段每学年要保证10~12个学时的教学活动时间,高中阶段的普通高中每学年保证8~10个学时,高中阶段的中等职业技术学校每学年保证12~14个学时。

(三)中小学校各阶段教育的内容。

1.小学中年级阶段(三、四年级)的民族知识启蒙教育:了解我国是一个由56个民族组成的统一的多民族社会主义国家;知道中华民族是由56个民族共同组成的大家庭,中华民族是我国56个民族的总称;初步了解56个民族的基本特征;了解自己所属民族的分布区域、人口数量,以及语言、文字及主要的文化特点和风俗习惯等;形成民族团结的基本意识。

2.小学高年级阶段(五、六年级)的民族常识教育:了解56个民族的地域分布及居住特点;了解各民族的主要风俗习惯;了解各民族语言文字特点;知道各民族著名人物;了解各民族在文化艺术、科技等方面的特色与成就;知道中华各族人民凭借勤劳、勇敢和智慧,共同开拓了祖国的疆土,发展了祖国的经济和文化;了解各民族之间应当平等相待以及各民族人民需要和谐相处,共同进步;形成"促进民族团结、维护国家统一、反对民族分裂"必要性的基本认识。

3.初中阶段(七、八年级)的民族政策常识教育:了解党和国家制定的坚持民族平等、维护民族团结、实行民族区域自治、培养少数民族干部和各类人才、发展民族地区经济和科教文卫事业、各民族有使用和发展本民族语言文字的权利、各民族有保持和改革本民族风俗习惯的权利、依法保障少数民族宗教信仰自由等民族政策的基本内容;知道党和国家制定上述政策的历史背景和取得的巨大成就;正确认识与对待党和国家的民族政策,在日常生活中,能遵循并运用民族政策分析和解决实际问题,进一步树立和巩固促进民族团结、维护国家统一、反对民族分裂的意识。

4.高中阶段(普通高级中学十、十一年级)的民族理论常识教育:学习和掌握我们党关于民族问题的基本理论,具备一定的理论素养;从中华民族的历史演变、现状和特点,了解我国现阶段民族问题的特点及其原因,牢固树立马克思主义民族观;初步了解世界各国多民族国家进退兴衰的历史和现状,在比较中进一步认识我们党和国家民族政策的优越性,坚定中华民族伟大复兴的信心。

5.高中阶段(中等职业技术学校一、二年级)的民族理论常识教育:学习马克思主义和党的民族理论,提高理论素养;从中华民族的历史演变、现状和特点,了解我国现阶段民族问题的基本国情及其原因,牢固树立马克思主义民族观;初步了解世界各国多民族国家进退兴衰的历史和现状，在比较中进一步认识我们党和国家民族政策的优越性，坚定中华民族伟大复兴的信心；对贯彻党的民族政策的重要意义有较全面的认识；在职业生涯和交往中具备较强正确处理民族关系的能力。

五、民族团结教育学学科理论体系建设

(一)时代背景。纵观全球，霸权主义和强权政治是世界和平与发展的最大威胁，也是当今世界民族问题存在和激化的根本原因。20世纪80年代末90年代初，以苏联解体、东欧剧变为标志，世界范围的民族主义浪潮汹涌。西方敌对势力借机加紧对我实施“西化”、“分化”的战略图谋。民族分裂势力、暴力恐怖势力、宗教极端势力无论发生在哪里，本质上都是反对中国共产党领导的社会主义制度，分裂祖国，破坏各民族的大团结，都是我国稳定和发展的严重祸害，是全国各族人民的共同敌人。

把维护世界和平与安宁、促进人类共同发展，与维护国家的主权与统一、巩固国内各民族的团结有机地统一起来，充分体现了我们党第三代中央领导集体总揽全局的战略眼光和理论创新的巨大勇气。我们必须始终保持清醒的头脑，不断增强忧患意识，安而不忘危，治而不忘乱；必须反对西方敌对势力打着“民族”、“宗教”和其他各种旗号，对我进行的渗透、分裂、颠覆、破坏活动；必须反对将恐怖主义与特定的民族和宗教相联系；必须反对在反恐问题上采取双重标准。许多问题需要在理论上加以正确回答，进一步正确认识和解决当代中国的民族问题。

(二)民族问题的特点。我们党关于民族问题的理论，深刻总结国际社会主义运动史上处理民族问题正反两方面的经验，指出民族问题具有普遍性、长期性、复杂性、国际性和重要性五个基本特征。民族问题的普遍性是指民族问题在世界上广泛存在，涉及政治和社会生

活的方方面面,贯穿于当今世界主要矛盾的始终。民族问题的复杂性是指民族问题往往与诸多社会问题交织在一起。民族问题的长期性是指民族的产生、发展和消亡是一个漫长的历史过程,只要民族还存在,就有民族问题存在。民族问题的国际性是指一国内部的民族问题往往引发国际性的问题,甚至导致国际关系变化,但不等于民族问题的国际化。民族问题的重要性是指民族问题对于社会发展的各个领域、对于国家的现实和未来都有着重要而深刻的影响。观察、研究和处理民族问题,必须把握这五个方面的基本特征。只有把握五个方面的基本特征,才能制定实施处理民族问题正确的方针政策,才能继续沿着中国特色处理民族问题的正确道路胜利前进。

(三)民族问题的理论。我们党关于民族问题的理论,反映了各族人民谋繁荣发展、求团结进步的共同意愿,体现了当今世界和中国发展的时代精神,显示了马克思主义科学理论的强大力量,具有鲜明的时代特点。贯穿这一理论的是我们党运用马克思主义的立场、观点和方法,观察新特点、研究新情况、解决新问题的科学态度和创造精神。

第一,实事求是。始终坚持从中国民族问题的实际出发,走自己的路。尊重民族发展规律,高度重视民族问题,不回避,不夸大,不缩小。制定的方针政策,经得住实践的检验,经得住风险与挑战的考验,经得住历史的检验。

第二,与时俱进。始终注意把握时代前进的脉搏,体现实践发展的要求,不断研究新情况、提出新论断、制定新政策、采取新措施,推进马克思主义民族理论的中国化和当代化,推动民族工作实践与时代发展同步伐。

第三,放眼世界。始终以世界的宽广眼光,观察、研究和处理民族问题。紧密关注当代世界民族问题的发展变化,从中得出有益的启示与结论;准确把握出现的新情况、新问题、新特点、新趋势,未雨绸缪,趋利避害。

第四，综观历史。始终以历史的深远眼光，观察、研究和处理民族问题。深刻总结我国历史上处理民族问题的经验教训，注重从各民族发展的历史中把握民族问题发展规律。

第五，胸怀全局。始终以全局的战略眼光，观察、研究和处理民族问题。站在坚持党的先进性的高度，站在推进中国特色社会主义事业发展的高度，站在实现好维护好发展好中华民族根本利益的高度，妥善处理好民族问题，认真做好民族工作。

（四）党的宗教政策。民族问题与宗教问题日益密切地交织在一起，反映了民族问题的复杂性，成为当今世界一个突出的现象。纵观全球，一些国家和地区矛盾激烈、冲突不断、战火连绵，与民族、宗教问题卷在一起不无关系。处理好民族问题必须注意贯彻党的宗教政策。江泽民同志正确揭示了民族的宗教性和宗教的民族性的关系，他指出，“我国是一个多民族、多宗教的国家，宗教在一些民族特别是边疆少数民族中有着广泛的影响”、“民族问题和宗教问题在一些地方往往交织在一起”。

在处理民族问题时，必须注意“全面正确地贯彻落实党的宗教政策”，尊重和保护公民的宗教信仰自由，依法管理宗教事务，积极引导宗教与社会主义社会相适应，坚持“独立、自主、自办”的原则。这不仅是一个重大的政策问题，也是一个重要的策略问题。必须坚定社会主义信念、坚定共产主义信念，不论出身哪个民族的党员，都不得信仰宗教、不得参与和组织宗教活动、不得参与封建迷信活动。必须按照“政治上团结合作，信仰上相互尊重”的原则，认真做好少数民族中的宗教工作，最充分最广泛地调动一切积极因素，为建设中国特色社会主义的宏伟事业和实现中华民族的伟大复兴不断增添新的力量。

（五）党的民族政策。根据十五大精神，新修订的《民族区域自治法》正式从法律上把民族区域自治制度确立为我国的基本政治制度，符合我国国情和各民族根本利益，是从带有根本性、全局性、稳定性和长期性的制度来解决民族问题，是事关我们党和我们这个多民族国家前途命运的重大问题，是我们党在中国特色社会主义政治制度上的一次与时俱进，也是在民族问题理论与实践上的一个历史性贡献。

在新的历史条件下坚持和完善民族区域自治制度，是依法治国、建设社会主义法治国家的重要内容，也是发展社会主义民主政治、建设社会主义政治文明的必然要求。《民族区域自治法》集中体现了党的民族政策，体现了各族人民的共同意志，是坚持和完善民族区域自治制度的法律保障。胡锦涛同志明确提出，要在各族干部群众特别是领导干部中加强《民族区域自治法》的宣传教育，依法做好民族工作；要抓紧制定《民族区域自治法》的实施细则，把法律的原则规定具体化，确保这一法律得到全面贯彻落实；各级党委和政府要带头贯彻《民族区域自治法》，认真研究和解决这一法律实施过程中遇到的问题，坚定不移地把这一法律实施好。目前，全国 155 个民族自治地方，已经制定了 133 个自治条例、280 个单行条例和 65 个变通规定和补充规定。这些法律法规的制定与出台，标志着坚持和完善民族区域自治制度进入了一个新的历史阶段。

第九讲

青少年学生校外活动场所管理与功能发挥探究

Qing-shaonian Xuesheng Xiaowai Huodong Changsuo Guanli yu Gongneng Fahui Tanjiu

时间:2011 年 5 月 15 日

地点:天水市天辰大酒店多功能厅

听讲范围:全省青少年学生校外活动场所建设推进会议代表

在认真调研和充分准备的基础上，全省青少年学生校外活动场所建设工作会议暨全省青少年学生校外活动中心主任培训班在天水市举行，除了兰州市城关、安宁、七里河三区尚无校外活动场所建设项目外，全省 84 个活动中心负责人都来参加培训，这对于促进发挥校外活动中心作用，推进我省中小学素质教育跃上新台阶，具有非常重要的意义。下面我以专题讲座的形式讲三个问题。

第一个问题，简要总结回顾一下近年来我省青少年校外教育工作的主要进展情况，客观梳理一下存在的突出问题。

根据目前全省绝大部分县青少年学生课外活动中心建设和运转情况，我认为我省建设国家安排的这个项目，落实情况不太理想，建设情况很不平衡，好的与差的差距很大，评价不能太高。但是，整个项目建设任务基本完成，构建了校外教育体系，部分县市区在国家项目投资的基础上，增加投入，扩大规模，增加功能。天水市、临夏市、镇原县、酒泉市肃州区等地成绩比较显著。会宁县投资660万元修建了全省一流的学生活动中心，核定17个编制，高素质的专职人员基本配齐，这些都为全省各地活动中心的规范建设、正常运转、发挥作用，提供了样板，做出了表率，积累了经验。

（一）省教育厅对国家青少年学生校外活动中心项目建设的性质和目标定位的认识比较到位。青少年学生校外活动中心建设，顺应历史潮流，根据是基础教育新课程改革目标和全面实施素质教育的需要，依据是中共中央、国务院《关于进一步加强和改进未成年人思想道德建设的若干意见》精神。为了加强和改进全省青少年学生校外活动中心标准化建设和规范化管理，充分发挥活动中心在未成年人思想道德建设中的重要作用，促进青少年学生健康成长和全面发展，中共中央办公厅、国务院办公厅印发《关于进一步加强和改进未成年人校外活动场所建设和管理工作的意见的通知》作出了安排部署，由发改委、财政、教育部门共同实施。这是唯一由中办国办安排部署，筹措国家福利彩票资金实施的普及长效机制项目，其中包括由省财政按国家标准建设的项目，也是按国家建筑和设备统一标准配套、地方无需配套资金的项目，最后由国家进行验收。这是唯一与项目建设同步建立教育系统的新的办学机构和体制创新，具有独立性，是按制度化运行的工作实体。工作对象的“青少年学生”包括中小学全体学生。工作范围和任务的“学校外面”，指学校无法开展的教育内容。具体工作形式是开展面向全县域中小学学生的群体性实践“活动”，巩固学校教学，提高学校教学，拓展学校教学。“中心”——就是要发挥辐射带动、集中引领的基地作用。增加建立县级正科级新的办学事业单位，就是要作为教育行政部门直属单位，与教研室、督导室、电教室等单位独立开展工作的要求完全一致，要围绕全县学校课堂教学，以促进全县学生全面发展为主要目标和任务。

（二）项目建设十年来，在全国校外教育联席会议的正确领导下，

我省青少年学生校外活动场所建设进展比较顺利，为进一步发挥作用打下了较好的基础。

1.校外活动场所建设基本普及,校外教育阵地初具规模。2000年以前,除兰州等个别城市有上世纪八十年代建设的少年宫外,全省再无校外教育机构，青少年学生校外活动场所在县级层面更是一片空白。2001年我省启动国家彩票公益金资助建设青少年学生校外活动场所项目。经过省市县三级教育、财政部门的共同努力,截至2009年底,全省先后分8批次共建设了84所校外活动场所,使我省青少年学生校外活动场所县级覆盖率达到了96.6%,目前建成并投入使用的已达到74所。2008年以前,每个活动中心国家土建投资120万元,设备配套60万元,总计180万元。2008年以后,每个活动中心国家土建投资240万元,设备配套60万元,合计300万元。多数活动场所的占地面积、绿地面积、建筑面积,功能教室建设和设施设备配备都实现了建设目标和要求，为各地校外教育的开展奠定了最基本的物质技术基础。

2.在校外活动中心开展了多种形式的校外教育活动。全省各市县已建成的活动中心，在策划和组织实施青少年校外活动的主业上都做了大量的卓有成效的工作。

(1)坚持开展多种形式免费的参与式实践活动,如图书阅览、四驱车竞技、天文室观摩等。

(2)举办科技、艺术、体育等培训班,培养青少年的兴趣,发展他们的特长。

(3)联合科协、团委等部门,组织开展各类科技实践活动,如机器人比赛、电脑技能大赛等。

(4)利用“六一”、“国庆”、“元旦”、“教师节”等重大节日,举办各类主题教育活动。

(5)承担当地的科技节、艺术展演和小型运动会的组织举办工作,如举办乒乓球赛、舞蹈大赛、书画大赛、声乐大赛等赛事。

（6）积极开展具有当地特色的非物质文化遗产传承教育活动，如剪纸比赛、刺绣比赛、泥塑展览等。

上述活动的开展，发掘了学生的多方面潜能，培养了学生的多方面兴趣和特长，增强了他们的实践能力和创新精神，极大地丰富了学生的课余生活、校外生活，得到了家长和社会的充分认同与赞赏。

3.校外教育队伍成为新的办学力量，学校教育得到了拓展。目前全省已开展活动的74所活动中心共有主任或专职副主任74人，专职教师约280人，外聘兼职教师约840人。这两支队伍年富力强，大都具备大专以上学历，具有丰富的组织能力和管理经验。为了提升校外教育管理和教师队伍的整体素质，我们一是组织校外场所管理人员走出去参观考察学习，先后组织了6批共168人次前往中国福利会少年宫、广州市少年宫、北京教育学院等地进行实地培训；二是请专家来我省讲课，先后邀请到教育部基础教育一司领导、全国知名专家、知名校外活动中心主任等10多位领导、专家和主任来甘肃讲课，共开办培训班2期，培训校外活动场所骨干教师300人次；三是选派活动中心主任和业务骨干赴发达地区进行参与式挂职培训，先后有多名中心主任赴浙江省多所青少年宫挂职学习。

4.校外教育场所管理得到高度重视，管理工作逐步规范。随着校外教育活动场所不断建成并投入使用，各中心都结合自身实际在运行管理方面采取了一系列有效措施，大部分中心都制定了相应的管理制度。省教育厅印发了《关于进一步加强青少年校外活动场所安全管理工作的意见》，各活动场所在丰富活动内容的同时，加强了各项安全管理工作，确保了参加活动学生的安全。

（三）校外活动中心正常运转，发挥作用方面还存在一系列不容忽视的问题。

1.由于县级政府和省市县教育行政部门认识不到位，校外活动中心没有明确工作任务。虽然已经建成了74个工作机构和活动场所，但是，50%存在这样那样的问题，例如，建设不够规范，体制没有理顺，人越少困难和问题越多，工作心中无数，感到无从下手，基本处于不开展任何活动的休闲状态。没有成为独立的事业单位，有的甚至挂靠中小学管理，职能作用不落实，普遍存在教育行政部门领导和使用不到位的问题；内部管理不畅，导致设备闲置，人员闲置，工作处于无序和无所作为的状态。

2.目前全省的校外教育管理队伍和教师的整体水平远远不能适应新形势下的新要求，尤其在现代教育理念、育人意识和专业素养等方面还存在较大的欠缺。活动中心人员构成复杂，调入了非教学人员，能力水平不高，不知道什么是素质教育，找不到自己的位置，想不出发展的路子，不会主动开展工作，不懂得学生课外学习实践的需求，导致无所事事，一筹莫展，成为最清闲的单位，甚至可有可无，发挥不了任何作用。

3.校外活动与学校教育衔接不够紧密。各地普遍处在广大中小学领导不会提出活动需求，广大学生不懂得可以在课余时间充分利用活动中心，体验和展示自己的兴趣和特长的盲目阶段。

4.活动中心的管理和运转不够规范。一些活动场所侧重于经营性创收，偏重于培养特专长学生，未能充分体现公益性原则和面向广大未成年人的服务宗旨；管理体制不顺，投入保障机制不健全，内部运行缺乏活力，发展后劲不足等问题都还比较突出。这些问题制约了青少年校外活动场所功能的发挥，影响了校外教育事业的健康发展，迫切需要我们采取有效措施，切实加以解决。

5.对学生校外活动中心的功能、作用、任务宣传不够到位，学校、学生、家长知晓度不高，很多中小学学生和家长根本不知道有为中小学生课余、节假日提供社会实践服务机构的存在。

第二个问题,关于在校外教育方面应该向先进地区学习和借鉴什么,发展方向怎样确定,发展趋势如何指导,办学行为怎样规范等问题。

整个项目建成后,关键是如何发挥其巨大的社会效益,由现在的名不符实变成名副其实,使其真正成为教育系统素质教育的重要渠道。参加这次会议的同志,所在县的青少年学生活动中心建设和运转情况不同,甚至有些县尚未建设活动中心,大家的感受肯定会多种多样。但是,国家的建设标准、设施器材配套、活动目标要求却是完全一致的。对我感受最深的是天水市青少年活动中心拥挤的家长,对校外教育从思想上形成了强烈的意识、自觉的追求,从根本上反映了社会对教育的追求,也反映了学生个性、特长发展的需求。由此实践证明了党中央、国务院决策的英明,显示了校外教育发展壮大的广阔前景和强大的生命力。从工作成效比较显著、工作特色比较明显的几个中心总结的初步经验中,我们可以得到一些方向性的启示:

——临夏市在主动作为中不断蓄积发展动力。提出了普及校外教育,挖掘个性潜质,提高学生综合素质,抓管理、强素质、抓培训、强活动、重品牌、促发展的工作思路。为把活动中心建设成为专项教育综合基地,办学模式采取五个相结合的办法,想了好多办法,动了好多脑子,费了很多心思。举办了爱国主义影片展、艺术教育家长论坛、暑期夏令营等活动,采取建立中心网站、在基层小学设立活动站、从州内外聘请高水平兼职教师等措施,针对教学中的难点问题,激发学生参加活动的积极性和主动性。重视学生减负降压,提出了建设学生向往、家长满意、社会认可的省级示范性校外活动中心的目标。

——酒泉市肃州区坚持常规活动与重点活动相结合的办法,举办了四种全市性大型活动。

——镇原县采取"全县摸底、挖掘人才、尽其所能、为我所用"的原则，加强活动中心教师队伍，还尝试了会员卡管理的模式。

——秦安县提出“尊重个性，培养兴趣，发展特长，提高素质”的理念。

对每一项工作有个非常清晰的思路是发展壮大事业的基本前提。据天水市青少年学生校外活动中心张文全主任介绍，我省和东部发达地区的最大差距就在于我们的社会对校外教育的意识仍然很淡漠，我们过分强调学校的作用，把学校的教育功能无限扩大，近乎万能，忽视了校外教育的功能和作用，而东部地区同样强调校外教育的功能和作用。我认为这个认识既有高度，也有深度。从客观上比较，我省最好的活动中心可能处在东部一般的水平。

——天水市中心提出了“快乐、体验、实践、成长”的校外教育的办学理念，确立了工作宗旨、中心特色、工作作风、工作目标。

天水市青少年学生校外活动中心办学能力和水平已经到了全省一流水平，办学理念明确，重视中心文化建设，加强思想道德、艺术教育、科普教育三个阵地建设，提出了“一二三四”工作思路：围绕一个宗旨，即以贴近和服务广大未成年人为宗旨；坚持两个原则，即坚持公益性原则和素质教育原则；深化三项改革，即教育思想观念改革、教育人事制度改革、项目管理运行机制改革；加强四项建设，即加强班子建设、队伍建设、活动阵地建设和精神文明建设。在建设全市青少年校外教育示范指导中心的基础上，致力打造全省青少年学生校外教育一流阵地的工作目标。其主要特点是：

（一）各级党委和政府重视。对党中央、国务院的文件执行力度比较大，各有关部门支持，建立健全了中心党政机构、工会组织、办公室、培训部、活动部等内部管理机构，设置了会计出纳、教师等岗位，理顺了工作关系，明确了职责任务，配备了较高水平的专职专业教师队伍，聘请了大中专学校、文艺团体、专业组织的高层次兼职教师。

（二）建立健全了完整系统的内部管理制度和岗位责任。他们的文本已经发给大家,各县活动中心都可以参照建立自己的管理制度。

(三)思想解放,思路开阔。建立公益性合唱团,在网络上开展清明节网上祭奠英烈活动,与各级各类学校、文化系统、社会组织建立关系,初步形成了社会各种资源共享的良好格局。

(四)活动中心工作实现了规范化、常态化。活动能够按照活动安排表定期开展,教学能够按照课程表连续开展。

(五)有长远发展规划和近期发展思路。据张文全同志介绍,他们打算下一步按照四个层次,分四个阶段提高办学水平和能力。

第一步:进一步加强活动中心对全市活动中心的带动、辐射、指导、示范作用的能力建设。

第二步:深化内部管理制度改革,提升举办各种大型活动的能力和水平,向规模要效益,增强校外教育可持续发展的活力。

第三步:进一步加强宣传和协调力度,提高社会对校外教育重视的程度,促进全社会的支持和参与。

第四步:克服重培训、轻活动,重常规、轻科技的现象,大力开展科普活动,最大限度地激发学生学科学、用科学的热情,注重培养学生的科技创新意识和动手动脑能力。

这些与教育部提出的"让每个孩子都在体验实践中快乐健康成长"的目标相一致。但是,个别地方提出的关于培养特长生的工作目标,追求经济效益的思路等,与中央四号文件精神不相符,要加以纠正和规范。各县校外活动中心都可以建立全县性的少儿合唱团队、少儿艺术团队,创作一些精品节目,打造一些适合中小学生的文化品牌。

教育的先进理念是人类共同的财富。校外活动中心是新生事物,各级教育部门应该坚持因地制宜、分类指导的原则,扎扎实实地抓下去,让好的变得更好,差的变成不一般,把校外活动中心建设成为教育系统新的发展极和新的亮点,力争在西部处于领先,在全国也有特色和影响力。

第三个问题，以省上即将下发的学生校外活动场所管理办法为思路和线索，进一步加强我省校外教育工作，努力开创我省青少年校外教育工作新局面。

我省校外活动场所建设工作经过了从无到有，从局部建设到全覆盖普及的历程。从全国形势看，校外教育工作得到了国家的高度重视，校外教育发展较快，规模迅速扩大，校外教育的成就和作用的不断显现，使青少年校外教育工作逐渐成为社会关注的热点问题，家长送子女到校外活动中心的热情日益高涨。校外教育的公益性、教育性、普及性也越来越为媒体所重点关注。校外教育逐渐成为各级党委和政府教育决策的重要内容。根据全国的发展形势，根据教育部的规定和要求，针对我省校外教育面临的新形势、新问题，在总结各地经验的基础上，省教育厅拟定了《甘肃省青少年学生校外活动中心管理办法》(讨论稿)在这次会议上征求意见，将在进一步完善后印发，希望能认真贯彻执行。

(一)进一步明确目标定位，完善体制，量化工作任务，把迎接国家抽查验收工作摆上各级教育部门的重要议事日程。各级教育部门要尽快向各级政府书面汇报，国家和省上为每个县(市、区)建设一所统一标准的青少年学生校外活动中心的意义和目的，按国家规定要求完善体制，全面建立独立的正科级事业单位，核定落实足够的编制，配备活动中心领导班子，配齐所需的专职教师，建立覆盖中小学的兼职教师。《国家教育规划纲要》明确指出，要“树立系统培养的观念，推进小学、中学、大学有机衔接，教学、科研、实践紧密结合，学校、家庭、社会密切配合，加强学校之间、校企之间、学校与科研机构之间以及中外合作等多种联合培养方式，形成体系开放、机制灵活、渠道互通、选择多样的人才培养体制”。要“充分利用社会教育资源，开展多种课外及校外活动,加强中小学校外活动场所建设”。要“着力提高学生的学习能力、实践能力、创新能力,教育学生学会知识技能,学会动手动脑,学会生存生活,学会做人做事”。要“促进德育、智育、体育、美育有机融合,提高学生综合素质,使学生成为德智体美全面发展的社会主义建设者和接班人”。这些内容对今后十年校外教育工作的改革和发展,都具有极为重要的指导意义。我们所有承担校外教育工作责任的教育工作者,对这一点都要有清醒的认识。各级政府和教育部门要深刻认识到青少年学生校外教育是加强和改进未成年人思想道德建设工作的重要组成部分。青少年学生校外活动场所是开展青少年校外教育的重要阵地,是对青少年学生进行思想品德教育,培养科学精神和实践能力,加强体育和美育教育,实施素质教育的重要基地。校外教育不仅是学校教育的补充、扩展和延伸,也是实施素质教育的重要途径。各级教育行政部门要继续积极争取当地党委和政府领导的重视和支持,积极争取相关部门的配合与支持。要健全校外教育联席会议制度,充分发挥其对校外教育工作的协调、衔接、整合和推动作用。要切实加强对校外教育活动场所的工作指导,教育行政部门的领导要坚持经常深入活动中心调查研究,帮助中心及时解决突出矛盾和困难,确保各个活动中心高效运行,充分发挥功能作用。省上的管理办法要增加这方面的内容。

(二)高度重视校外教育与学校教育的有效衔接,进一步发挥校外教育的育人功能。青少年学生校外活动中心是与学校教育相互联系、相互补充,促进青少年学生全面发展的实践课堂,是教育、服务广大青少年学生健康成长的活动平台。要积极探索建立健全校外活动与学校教育有效衔接的工作机制。校外活动场所要加强与当地中小学校的联系,积极主动地为学生参加校外活动提供周到优质的服务。要根据学校校外活动的需要,及时调整活动内容,精心设计开发与学校教育教学有机结合的活动项目,积极探索参与式、体验式、互动式的活动方式,创新活动载体,并配备相应的辅导讲解人员,使校外活动与学校教育相互补充、相互促进。

各地中小学校都要结合学校课程设置,统筹安排校外活动。要逐步把校外活动列入学校教育教学计划,逐步做到学生参加校外活动的经常性和制度化。学校要结合新课程改革,把校外实践活动排入课表,切实保证活动时间,并做好具体组织工作。要增加德育、科学、文史、艺术、体育等方面课程的实践环节,充分利用校外活动场所开展现场教学。要把学校组织学生到校外活动中心参加活动以及学生参加校外活动的情况,作为对学校和学生进行综合评价的重要内容。

(三)当前和今后的工作关键点是切实保障活动中心的工作按制度化、规范化、常态化运行。青少年学生校外活动中心要坚持"活动育人、实践育人"的原则,充分发挥体验性、实践性和参与性强的优势,针对青少年学生的身心特点、接受能力和实际情况,精心设计并广泛开展经常性、大众化、参与面广、实践性强的校外活动,结合学校课程设置组织开展生动活泼、怡情益智的普及性教育活动、兴趣小组活动和社团活动。要以普及性活动为主,着力培养引导青少年学生健康成长和全面发展。要努力使校外活动中心成为中小学生德育教育基地、科技创新教育基地、体育艺术教育基地、国防教育基地、素质教育基地,使校外教育成为学校教育的有效延伸,成为实施素质教育、促进学生全面发展的重要阵地。

1. 探索思想品德教育新的途径和方法。结合国内外重大事件、重大纪念日、民族传统节日、新时期各行各业英雄模范人物的先进事迹,选择鲜明的主题,采取丰富多样的形式,进行民族精神教育、传统美德教育、法制教育、诚信教育、文明礼仪教育、心理健康教育、安全教育、环境教育,培养青少年学生良好的思想品德和综合素质。

2.加强科技知识普及教育。通过组织开展科普知识传授、科技制作、科学实验、科学探究、发明创造等活动,使青少年学生了解科学技术的发展，掌握必要的知识、技能，培养学科学、讲科学、爱科学、用科学的态度和对科学技术的兴趣爱好，增强创新精神和实践能力，提高青少年学生的科学素养。

3.充分利用县域文化艺术教育资源。通过经典诵读、文学欣赏、艺术创作及戏剧、绘画、书法、工艺、摄影等活动进行教育，激发青少年学生对文化艺术的兴趣，增强青少年学生的美感体验，培养欣赏美和创造美的能力，陶冶情操，树立正确的审美观，提高文化艺术素养。

4.进一步拓宽体育与健康教育领域。通过田径、球类、体操、武术、棋艺、航模、跆拳道、轮滑、滑板及国防军事体育等活动，使青少年学生掌握基本知识和技能技巧，锻造健康体魄，磨炼意志品质，培养竞争意识，增强团队精神，全面提高青少年学生的健康素质。

5.围绕学校综合实践课程重点加强劳动与社会实践教育。组织开展各种劳动实践活动和社会公益性活动，引导青少年学生接触自然、了解社会、参与劳动，培养热爱劳动、珍惜劳动成果的优良品质，掌握一定的生产劳动知识和技能，提高动手能力，树立劳动观念，养成劳动习惯，提高适应社会的能力。

6.充分利用当地民间传统文化资源，帮助中小学开发与实施学校课程。结合当地实际，开展具有民族文化特色的剪纸、腰鼓、泥塑、手工艺制作、地方戏曲等活动，在青少年学生中传承和创新民族文化。开展丰富多彩的符合青少年学生特点、情趣和心理特征的益智性游戏，成为学校课程的组成部分，让青少年学生在娱乐中掌握知识，在体验中锻炼能力。

青少年学生校外活动中心要坚持常年开放，充分利用课余时间、节假日和寒暑假为青少年学生服务，应根据学校作息时间和课程安排，设定科学合理的开放时间，增强接待能力，提高活动场所利用率，丰富青少年学生的课外、校外生活。节假日应适当延长开放和活动时间。省上的管理办法要补充这方面的内容。

（四）青少年学生校外活动中心属于公共文化服务机构，要始终坚持青少年学生校外活动场所的公益性、普及性原则，进一步端正校外教育工作方向。积极开展内容丰富多彩、形式多种多样的活动，这是校外教育活动场所最基本的功能与任务。要坚持以普及性活动为主，力求丰富多彩、生动活泼，把思想道德教育融入其中，满足未成年人多种多样的兴趣爱好。要坚持常年开放，节假日的开放时间要适当延长，增强接待能力，提高场所利用率，为未成年人更好地参加校外活动创造条件。青少年校外活动场所不得开展以赢利为目的的经营性创收。对集体组织的普及性教育实践活动和文体活动要实行免费。对确需集中食宿和使用消耗品的集体活动，以及特专长培训项目，只能收取成本费用，对特困家庭的未成年人要全部免费。

（五）当前和今后工作的着力点应该放在加强活动中心组织管理方面。青少年学生校外活动中心实行归口管理，隶属各级教育行政部门，为具有独立法人资格的全额拨款的事业单位。各市州、县区要成立青少年学生校外教育工作领导小组，下设的校外教育办公室设在教育行政部门（省级青少年学生校外教育工作领导小组办公室设在省教育厅），主要负责活动中心的规划建设和管理工作，加强对活动中心的组织领导和业务指导，提出目标要求，制订考核办法，定期研究解决活动中心工作中的困难和问题。活动中心实行分级管理，逐步完善省、市（州）、县（区）、乡（镇）管理工作机制。要加强青少年学生校外活动中心内部的科学管理，建立和完善各项管理制度。

1.健全内设机构，建立各部门、各岗位的工作目标责任制度，做到任务明确，责任到人。

2.明确活动内容，做到活动有计划，实施有保证，过程有检查，成效有评估。

3.完善考评制度，制定具体考核办法，从职业道德、管理能力、工作绩效、服务效益等方面对中心工作和员工进行综合考评。

4.严格财务制度,加强财务管理,保证运行经费用于开展活动和维护、更新设施。

5.加强财产管理,设施设备要有专人负责,定期安全维护,严格执行活动器材出入库及损耗登记制度。

(六)坚持抓好校外教育队伍建设,进一步提高管理人员和教师队伍整体素质。 校外教育要快速、健康发展,就需要一支热爱校外教育,思想觉悟高的管理者队伍和业务能力强、专业水平高的教师队伍。尽快解决这些问题,是校外教育工作的当务之急,是整个校外教育事业发展的关键。全体校外教育工作者一定要努力提高自己的思想道德素质和业务素质,努力学习马克思主义理论,学习党的路线、方针和政策,提倡公而忘私、乐于奉献的精神,以崇高的理想、优良的道德、聪颖的智慧、文明的行为激发、引导孩子们;要热爱和了解少年儿童,经常深入孩子群体,了解他们的特点、要求、兴趣和爱好,把握他们的思想、心理脉搏,全心全意为孩子服务;要认真学习教育学、心理学、少先队理论以及工作所必需的各种专门知识,青年教职工尤其要加强学习,努力提高业务水平。

教育行政部门和各活动中心都要努力为校外教育工作者提供学习、短期进修、深造的机会和条件。在校外教育工作队伍中,要倡导理论研究和教育实验的风气,努力把校外教育的实践经验升华为理论。要大力加强兼职辅导员队伍,尽力把那些品德好、业务强、有特长和有奉献精神的专业人士聘为兼职辅导员,改变目前有些青少年活动中心内部教职工比例不合理的现象。对确不胜任的人员要逐步调整。要采取措施,逐步改善校外教育工作者的工作条件和生活待遇,努力使队伍思想稳定,素质不断提升。各地要做好青少年学生校外活动中心人员的选拔和任用。活动中心设主任 1 人、副主任 1~2 人,实行主任负责制。活动中心主任要选拔热爱校外教育事业、有较强组织管理能力和教学经验、具有本科以上文化程度等条件的优秀教师担任。要采取公开招录的方式配备人员,工作人员实行先培训后上岗制度。青少年学生校外活动中心专兼职人员必须具备规定的政治素质、学历层次、专业技能、组织协调等方面的条件。专任教师的工资晋升、职务评聘、课时计算、评优选先要和中小学校教师同等对待。在教学能手、科研成果评选等方面单独列入活动中心教师队伍。

(七)努力健全和完善保障机制,进一步推动青少年校外教育工作持续健康发展。建设好校外活动中心也是办人民满意教育的组成部分,学生在期望,家长在期待。

1.要加强领导,统一思想,提高认识,狠抓落实,创新激励机制,增强抓好校外教育工作的责任感,为校外教育提供组织保证。

2.要明确目标定位,研究制定发展规划,纳入整个教育工作范围,统一研究,统一安排,统一行动,统一考核,同步发展。

3.要加强制度建设,引导青少年校外教育的有序、科学、规范发展。

4.要落实投入,建立经费保障机制,尽力解决青少年活动中心日常运转等方面的经费,确保中心能够更多地开展免费活动,充分体现活动的公益特性。

5.要把校外教育工作开展情况,列入教育部门年度工作考核内容,作为各级教育行政部门开展德育工作、推进素质教育和提高教育质量的一个重要环节。

省教育厅、省财政厅将完善对校外活动中心的考核管理机制,今后采取两年一次的检查评比考核办法,并将考核结果与经费分配挂钩,用以奖代补的方式进行经费分配。各县教育行政、财政部门对校外活动中心工作人员可以采取量化考核的办法,工资待遇与实际工作量、活动开展情况、任务完成情况挂钩,实行绩效工资制度。

(八)要努力营造有利于校外教育的舆论氛围和外部环境。

1.大力呼吁各级政府把青少年学生校外活动中心建设纳入公共服务体系建设发展规划和教育事业发展总体规划,各级财政部门要继续支持青少年校外活动中心的建设。要积极协调宣传、发展和改革、人力资源和社会保障、国土资源、住房和城市建设、科技、文化、体育、公安、民政、卫生、妇联、共青团等部门,积极支持青少年学生校外活动中心建设与发展，为青少年学生校外活动中心可持续发展提供有力保障。活动中心还可以争取社会力量的支持和参与,鼓励社会各界通过捐助、资助等方式支持活动中心建设。

2.各地青少年校外教育工作领导小组办公室负责活动中心的督导检查评估工作,要建立和完善活动中心督导评估制度、表彰奖励制度和检查通报制度,实施每两年一轮的督导检查工作,检查结果作为划拨校外活动中心工作运行经费和设备更新经费的依据。通过监督、检查和评估实现校外活动的经常化和制度化。

3.各级教育督导机构要把校外教育活动纳入督导检查范围,作为考核政府履行发展教育职责的主要内容，作为考核教育主管部门加强青少年德育工作、全面实施素质教育、全面提高教育质量的重要内容。

4.加强教学研究,积极探索活动模式,创建示范中心。各级教育科学研究机构要加强校外教育研究工作，为校外教育工作提供理论支持。对青少年学生校外活动中心工作要奖惩分明，实行严格的考核,建立一套行之有效的奖惩制度。及时总结经验,树立典型,表彰先进,形成良好的形象和健康的作风。

第十讲

甘肃青壮年扫盲教育工作的成效与反思

Gansu Qing-zhuangnian Saomang Jiaoyu Gongzuo de Chengxiao yu Fansi

时　　间:2010年2月2日

地　　点:兰州友谊饭店贵宾楼六楼会议室

听讲范围:全省扫盲专干培训研讨班

同志们：

这次全省扫盲教育骨干培训班是在新的形势下，为全面完成两基攻坚任务，迎接国家“两基攻坚”检查验收的一个重要举措。过去扫盲工作组织机构健全，工作人员力量比较强，工作经费也有保障，最近几年有的地方把扫盲工作力量“刀枪入库”了，但是全省扫除青壮年文盲的任务仍然异常艰巨，工作力度千万不可松懈。我被教育部委以全国扫盲教育专家组常务理事的重任，对甘肃扫盲工作必须了如指掌。省教育厅重新编写了《甘肃省扫盲工作手册》，已经分发给大家。实际上扫盲工作对完成“两基攻坚”任务作用很大。下面我从四个方面向大家简要介绍甘肃扫盲工作的基本情况。

一、全省扫盲教育近几年工作的简要回顾

扫除文盲教育是对失去教育机会的成人最基本的教育，是基础教育的起点和重要组成部分，也是《国务院扫除文盲工作条例》规定的

基础性工程。

2002年省政府颁布《甘肃省扫除文盲工作办法》以来，省教育厅按照国家和省上的各项规定和要求，紧密结合实施“两基”攻坚计划，加强了对扫盲教育的组织领导和协调指导，开展了一系列扎实有效的工作。

（一）全力跟进“两基”攻坚，扎实推进基本扫除青壮年文盲工作。我省扫盲教育工作紧紧围绕教育部、财政部与甘肃省人民政府签订的《“两基”攻坚责任书》的目标和任务，认真贯彻落实教育部等12部委联合下发的《关于进一步加强扫盲工作的指导意见》和《甘肃省扫除文盲工作办法》，提出了到2010年青壮年文盲率下降到3%左右的目标。2008年省政府办公厅批转了省教育厅等12个部门《关于进一步加强扫盲工作的意见》，加大扫盲工作的力度，明确了新的目标和任务，建立了较为完备的保障机制。

（二）认真实施扫盲教育工程，充分发挥教育系统的教学保障作用。2008年，根据省政府提出的组织实施“扫盲教育工程”的要求，省教育厅积极组织落实扫盲教育工程，制定了“十百千万计划”实施方案，启动了10个县，每个县选择10个乡（镇），每个乡镇选择10个村（组），形成十县、百乡（镇）、千村（组），每个县完成扫盲1万人为目标的“十百千万”扫盲试点行动。

（三）深化扫盲教学与评价改革，积极探索扫盲教育新机制。随着农村经济社会和文化生活的巨大改变，广大文盲人口对知识和技能的需求也发生了较大的变化，我们对扫盲教育工作在教学方式和评价方式上进行了相应的改革和完善。为了更加有效地为文盲群众提供便捷的扫盲和自学服务，省教育厅提出了建立1000个农村社区继续教育中心的工作目标，并组织开展论证和实验工作。

（四）实施教育革新，精心开发具有时代特色的扫盲教育新教材。根据教育部《扫盲教育课程设置及教学材料编写指导纲要（试行）》的精神，制定了《甘肃省扫盲教育课程设置及教学材料编写实施纲要(试行)》，组织人力、物力，认真编写了《生活中的数与算》、《生活中的读与写》、《生活中的知与能》等三本现代农民知识系列读本，并和中央电教馆合作，开发了与扫盲教材配套的电视扫盲教学片，免费赠送扫盲对象。

(五)加大了资金投入力度，为扫盲教育工作提供了有力保障。通过积极争取，在中央和省上2008年投入600万元(中央500万元，省财政100万元)扫盲专项经费的基础上，2009年中央和省上继续投入扫盲专项经费590万元。

二、我省扫盲教育工作存在的困难与问题

在认真总结我省扫盲教育工作经验，充分肯定扫盲教育工作取得的成绩的同时，我们必须清醒地看到，扫盲工作还存在一些比较突出的困难和问题。

(一)思想认识不到位，扫盲教育成为"两基"工作的"软肋"。虽然有规划、政策、目标、措施，但是具体工作大多没有落实。政府责任不到位，工作机构、人员、经费与工作任务不相称，在主观上和客观上都没有形成共识和合力。社会参与度不够，不适应扫盲教育的实际需要。在思想上至今仍然存在"扫盲是教育系统的事情"，"扫盲识字是农民自己的事、对农民意义不大"，扫盲"是学校的额外负担"等认识上的偏差。在一些地区对扫盲教育工作有畏难情绪，没有引起足够的重视，存在仅仅为了应付检查，重形式、轻落实甚至编造数据等不良现象，影响了扫盲教育目标的实现。

(二)农村的发展和生活的变化，增加了扫盲教育工作的难度。

首先，随着城镇化进程的加快，大量农村人口发生迁移和流动，农村大量的文盲劳动力转移到城市就业，城市暂居地无法对流动性较大的文盲人员组织有效的扫盲教育，户籍所在地难以有效地组织他

们集中学习，造成了扫盲工作新的盲点。

其次，当前剩余文盲主要集中在交通不便、经济滞后、农业生产任务繁重的贫困、民族、高原和边远地区，对扫盲工作提出了新的挑战。

再次，扫盲教育内容也发生了较大变化，由单一的识字教学开始向以识字为基础、注重向生产生活技能的方向转变，对扫盲教育工作增加了新的难度。

（三）市县财政扫盲教育经费投入严重不足，扫盲教育和巩固提高难以得到有效保障。尽管近几年在中央和省财政的大力支持下，扫盲经费的投入了有了一定的提高。但是，由于扫盲工作量大面宽，难度加大，市县扫盲经费投入严重不足，有些县区投入为零。在摸底调查中各地普遍反映，乡、村农民技校设施欠缺，教学条件简陋，一线扫盲教师没有扫盲教育补助，难以调动教员的工作积极性。在一些地方仍然存在着省上下拨的扫盲教育专项资金被挤占挪用的现象，专项资金未能发挥有效地推进扫盲工作的作用。

（四）扫盲教育工作人员短缺，严重制约了扫盲教育工作的有效开展。青壮年文盲底子不清，扫盲数据不符合逻辑，不符合客观事实，甚至出现了数字游戏和数字腐败。由于受机构改革和人员压缩的影响，编制数量受到严格限制，目前扫盲教育工作人员数量出现了锐减的局面。从2009年各地上报的《扫盲教育基本情况统计表》中可以看出，个别县甚至没有一名扫盲教育专干，扫盲教育任务完全依靠农村中小学，而广大农村中小学教师队伍本来教学任务繁重，且很多地方存在缺编现象，加上没有明确的扫盲工作量计算标准和考核办法，很难抽调出教师承担专门的扫盲教学课程。

（五）扫盲教育工作措施不到位，目标责任不落实。一些地方对扫盲对象底子不清，扫盲后发证不及时，户口更改未能落实，造成文盲统计出现很大偏差。每年各地上报的完成扫盲任务的数字虽然很多，但是，一个农民要在集中一个月的有效学习时间（280学时）之内，完成1500个汉字的识字任务几乎不太可能。实际工作展开情况对扫盲工作留下了许多薄弱环节,这就要求我们要进一步提高思想认识,改进工作作风,总结经验,反思教训,对扫盲工作必须回头看,进行查漏补缺。

三、今后三年我省扫盲教育的重点任务和主要措施

扫盲教育工作是一项基础性的艰巨工作,功在当代,惠及民生。要继续发扬"两基"攻坚精神,绝不能出现"刀枪入库,马放南山"的局面。我们必须清醒地认识到,我省扫盲教育工作形势仍然非常严峻,任务还非常艰巨。今后三年,我省的扫盲教育应该在狠抓落实、突出重点、突破难点、追求实效上下工夫,着力从以下几个方面抓好落实。

(一)树立危机意识,增强扫盲教育的责任感、使命感、紧迫感。目前,全省还有991635人未脱盲,全省青壮年文盲率为6.97%。特别是贫困边远山区,文盲人口比例还比较大,严重制约着这些地区经济社会的发展和人民生活水平的提高。教育行政部门一定要在各级政府的领导下,肩负起扫盲工作这个光荣而艰巨的任务。要提高思想认识,增强责任感、使命感和紧迫感,进一步提高扫盲教育工作的积极性和主动性。要明确责任目标,提高工作质量,不断巩固"两基"成果。要全力以赴,集中财力、人力和时间,全力实施好扫盲工程,力争用3年左右的时间,全面完成扫盲攻坚任务,以优异的成绩迎接国家"两基"攻坚工作检查验收,为第六次人口普查工作打下良好的基础。

(二)深入贯彻省政府批转省教育厅等十二个部门的意见,全面落实好本次会议精神。要认真贯彻落实《省政府办公厅批转省教育厅等12个部门关于进一步加强扫盲工作意见的通知》和郝远副省长在全省扫盲工作会议上的讲话精神,主动争取各级政府对扫盲工作的支持,为政府决策当好参谋、献计献策。省教育厅在深入调研和组织论证的基础上,要积极探讨农村扫盲教育教学方式和评价方式的改革

和完善。要树立以学习者为主体的扫盲教育观念,坚持以提高学习者生活质量为中心,以解决实际问题为出发点的基本原则,倡导和广泛应用以社区和村民小组为单位的教学组织形式,探索分散学习、送教上门、包教包学等教学方式,充分利用计算机网络、电视、VCD播放等现代化手段开展扫盲教育。各市(州)、县(区)教育部门要切实加强扫盲教育领导,严格实行考核制度,确保扫盲任务目标的顺利实现。

(三)进一步明确责任、细化任务,强化实施扫盲教育工程的力度。各级教育行政部门要落实省政府与各市(州)人民政府签订的扫盲责任,各市州都要重新制订扫盲教育工作三年攻坚计划,注重在责任的进一步明确、任务的进一步细化、重点的进一步强化上下功夫,力争把扫盲教育工作落到实处,形成从市(州)到县(区)、从县(区)到乡(镇)、从乡(镇)到扫盲班层层衔接的责任体系。已经实现基本扫除青壮年文盲的县(市、区),要做好巩固提高,防止复盲现象,使青壮年脱盲人员普遍接受继续教育,将青壮年非文盲率保持或提高到95%以上。城市和经济发达地区,要巩固提高扫盲工作成果,积极探索功能性扫盲教育和多种形式的继续教育的途径和方法,把扫盲教育与建立学习型社区工作紧密结合起来。

(四)积极争取各级政府加大投入,切实管好用好扫盲教育专项资金。各级教育行政部门要通过多种渠道努力争取政府筹措扫盲资金,探索建立新时期各级政府扫盲教育工作经费保障机制。教育系统要严格按照财政部、教育部下发的《扫盲教育中央专项资金管理暂行办法》,统筹合理运用扫盲教育专项经费。坚持“科学、规范、公平原则”,认真贯彻落实“资金主要用于支持地方扫除人口较少民族和妇女青壮年文盲”的文件精神,切实有效地将国家和省上扫盲教育专项资金落到实处。在资金分配、使用范围的监督和管理上加大监控力度,杜绝资金使用上发生违规行为,确保每一分扫盲教育专项资金真正用于扫盲工作。

(五)切实发挥好教育系统的牵头职能和主力军作用。要形成教育行政部门主管、教科研单位引领、教学单位承担教学任务的扫盲教育新的联动机制。教育系统内部各单位之间要实现有效衔接，相互配合，形成合力，承担起扫盲教育工作的社会责任。教育行政部门要积极组织，统筹安排，做好指导、监督和检查，确保扫盲教育质量。教育科研单位要充分发挥自身优势，深入农村和教学一线进行调研分析，研发符合要求、切合实际、省时省力、成效显著的扫盲教学方式，为扫盲教育决策和教师教学提供依据和素材。各教学单位要勇于承担扫盲教学任务，学校校长要千方百计为扫盲教学提供支持和便利条件，扫盲教学教师要结合实际开展创造性、针对性的教学工作。

(六)协调各方力量，紧密配合对接，形成扫盲工作的共识和合力。扫盲教育工作属于社会性的公益事业，必须充分调动各有关方面参与扫盲工作的积极性和主动性，狠抓具体关键环节工作的落实。

1.教育行政部门要进一步掌握扫盲工作的动态数据，建立扫盲信息电子档案，掌握剩余青壮年文盲的详细情况。

2.解决好乡镇政府和学校紧密配合的问题，成立乡镇扫盲工作领导小组，明确乡镇政府和学校负责人的具体分工职责。

3.采取由乡镇主要领导和行政村领导包扫盲任务的方式，与学校之间签订扫盲教育目标责任书。

4.乡、村、校三方密切配合，挨家逐户地做好扫盲人员的摸底、登记造册工作。

5.坚持因地制宜的原则，根据实际，对扫盲人员进行编班，并指派行政村负责人做好考勤和人员管理等工作。

6.学校要确定经验丰富、责任心强的教师承担教学工作。

7.乡镇政府向扫盲人员发放扫盲通知书，向授课教师颁发扫盲人员聘任证书。

8.广泛动员，群策群力，充分发挥共青团、妇联、财政等系统的优势和社会团体、志愿者队伍的作用，让更多的社会力量加入到扫盲教育队伍中来，为扫盲教育承担社会责任。

（七）扫盲教育课程设置及教学材料编写应当处理好几大关系。今天省教育厅组织的修订完善扫盲教育教材的各位专家也来参加培训，我就进一步编写和翻译更加贴近文盲群众实际情况的教学教材提出几点要求。

一是要处理好学校教育与扫盲教育的关系。树立成人教育的理念。以当代、当前扫盲对象的生产生活基本情况、认知能力等状况和扫盲对象的第一需要为前提，减少难度，能够激发学习兴趣和热情，树立信心，找到快捷方便的学习方式。以使用技能学习与生产生活密切相关的内容为主，以教会、记住汉语基本知识和现代生产生活基本技能为出发点和落脚点。

二是要处理好成功经验与失败教训的关系。过去省上、各部门、各市州、各县区、民族地区都编写过扫盲教材。要认真总结过去取得实效的基本经验，深刻反思基本无效的主客观原因，梳理新的扫盲教育工作思路，确定工作目标、工作步骤、工作责任、落实措施、工作保障等可操作性的解决方案。扫盲工作效果要做到人人心里有数。

三是要处理好学习工具与学习内容的关系。就是要处理好汉字与汉语拼音的关系。对成人而言，汉语拼音作为学习工具可能比较切合实际，要处理好纸质教学材料与电教片的关系，避免电教片中教学声响“未学先会”的现象出现。

四是要处理好青壮年完全文盲与半文盲的关系，处理好速成方式与渐进方式的关系。特别要处理好集中学习与个人自学的关系，力争通过学习，增长知识，脱贫致富，提高生活质量，成为现代农民，共享改革发展成果。

五是要处理好基本课程与地方课程的关系。重新修订《甘肃省扫盲教育课程设置及教学材料编写和实施指导纲要》，关系到省教育厅的形象,关系到专家团队的声誉。要报教育部备案。

六是要处理好扫盲教育课程设置及教学材料编写与两基攻坚的关系。妥善处理专家学术观点与扫盲对象迫切需要的关系,即解决好说与做的关系。按汉字使用频率高低为先后排列最可取。妥善处理扫盲课程、材料编写与扫盲工作途径方法的关系。

七是要处理好扫盲内容中涉及各种专业之间的关系。除了语文、数学的内容外,扫盲内容还涉及卫生、政法、民族宗教、农业产业、瓜果蔬菜、种植养殖业等方面的专业知识和规范称谓。要抽调相关部门的专家和科技人员、研究人员到编写队伍里来,要建立若干个课题组,来分工负责相关教材内容的编写。

八是处理好三本读物本身之间的大原则与小细节的关系。篇幅不能太长,最好控制在100页至150页以内。

九是处理好汉族扫盲与有本民族文字的少数民族扫盲工作的关系。要重视扫盲教育课题研究,公开研讨《生活中的读与写》、《生活中的数与算》、《生活中的知与能》等三本书的基本框架、体例形式、内容设置,要求大体一致,模块设计相互衔接、前后呼应。

十是切实做好脱盲后的考核认定、发证和户口更改工作。大力开展评先争优活动,树立一批扫盲教育工作和积极主动脱盲的先进典型,推广经验,表彰先进,营造扫盲教育良好的社会氛围。

跋

素质教育是我国法定的各级各类教育发展的基本国策，尽管有人讽刺说，现在的基础教育实际办学的真实情况可能是"轰轰烈烈说素质教育，扎扎实实搞应试教育"。其实，这并不符合实际情况，我国从2001年开始准备并实施的第八次基础教育课程改革，从课程设置开始就充分体现了素质教育的方向、目标和新的理念，基础教育新课改就是全面实施素质教育的最具体的实践。国家利用17年时间实施的基本普及九年义务教育、基本扫除青壮年文盲的"两基"攻坚的根本目的也是提高全民素质。与此同时，在各级各类教育发展过程中都在努力地探索实践教育内涵发展，在不断扩大教育规模的同时，千方百计提高教育质量，在缩小城乡教育差距，推进城乡教育基本均衡发展方面取得了一定的进展。作为全省基础教育发展的管理者、服务者、参与者，我有幸见证了甘肃基础教育"十五"和"十一五"两个规划实施和新一轮基础教育课程改革的全过程。我把学习、宣传、贯彻党的教育方针，政府的教育发展各项决策、谋划全省基础教育健康、规范、可持续发展为己任，先后自己查阅搜集资料，自己动手撰写讲稿，在各种不同类型的培训班上进行了近20次讲座，听讲人员有数万人(次)。之所以称之为"讲座"，与"领导讲话"有所区别，理论性较强，基层一线情况比较多，个人观点比较开放，语言比较通俗易懂，比较全面而系统地把某一个方面工作的过去、现在、未来等方方面面都基本阐述清楚了。同时，尽量避免重复自己已出版书籍中的内容。这本小册子选择了其中十个方面的讲稿内容。在这里特别对在难度极大的情况下整理讲座录音的同志们深表谢意！对讲座中被引用的各种资料的作者表示感谢！需要声明的是:各个讲座中的所有观点都是自己认同的或者是个人观点,如有偏颇甚至错误,完全由我自己负责。

谨向为本书付梓给予热情支持和帮助的兰州大学出版社敬献洁白的哈达！

作者于 2012 年 6 月 8 日